KB047802

NEGOTIATION

협상론

서순복·정용환

박영사

머리말

　사람이 사는 사회에 분쟁과 갈등이 없을 수가 없다. 갈등과 분쟁이 없으면 좋겠지만, 인간 사회에는 이해관계가 얽혀있고, 가치관의 차이가 있으며, 사실의 존부나 그 해석에 대한 차이 등등의 이유로 갈등이 존재하게 된다. 어느 시대, 어느 사회에서나 정도의 차이는 있을지언정 분쟁과 갈등은 있어 왔다. 갈등은 가정에서도, 조직사회에서도, 국가 간에도 발생한다.

　게임에 빠진 자녀에게 하루 30분만 하면 원하는 것을 해준다고 인센티브를 줄수도 있고, 공부하라고 닦달하면 오히려 역효과가 나지만 학교 성적을 어느 정도 올리면 자녀가 원하는 것을 해준다고 하기도 한다. 이른바 협상이다. 집안에서 부부가 가사분담을 두고 협상하기도 한다. 주말에 나들이를 갈 때 행선지를 정하고 맛집을 정할 때 서로의 선호와 기호가 달라 기분 좋게 놀러 가려다 다투기도 하는데 여기에도 배려와 설득과 협상이 필요하다. 영업사원과 고객 간의 거래에도, 회사와 회사관계뿐만 아니라, 조직 내에서도 부서 간의 업무 제휴관계에도 협상이 필요하다. 연봉협상은 개인과 조직 간에 이뤄지고, 노사협상은 근로자측과 사용자측 간에 이뤄진다. 원천기술 보유회사와 기술도입을 추진하는 회사 간에 로열티 협상이 이뤄지기도 한다. 협상은 국가 간에 이뤄지기도 한다. 한미 FTA협상, 북핵협상 등은 국가 간에 이뤄지는 협상이다.

　나를 키운 것은 8할이 바람이었다고 말한 시인도 있지만, 세상의 8할은 협상이라고 할 수 있다. 허브 코웬이 <협상의 법칙>에서 말한 것처럼 우리가 살고 있는 이 세상은 거대한 협상 테이블일지도 모른다. 협상 과정을 거치면서 주고 받고 밀고 당기고 이해득실을 저울질하면서 상호 간의 현안문제를 풀어간다. 협상은 일방적인 승자(winner)와 패자(loser)가 아닌 윈-윈(win-win)을 가져다 준다. 사람은 어떻게 보면 '협상하는 동물'이라고 할 수도 있다. 개는 뼈다귀를 가지고 다른 개하고 싸울 수는 있어도, 자기들끼리 가진 것을 흥정하거나 교환하지는 못한다. 인간만이 교환을 전제로 한 협상이 가능하다. 사람은 어찌 보면 매일 협상을 하고 살아간다고 할 수도 있다. 일어나서 잠들 때까지 많은 협상을 하면서 살아간다고 할 수 있다. 협상은 협잡이 아니다. 협상은 예술이다. 국민에게 희망을 선물하는 정치는 답답한 정쟁 대립을 초월해 불가능을 가능으로 만드는 예술이 될 때 실현될 것이다. 협상을 통해 쌍방 당사자가 모두 승리자로 될 수 있다.

협상은 의사소통과 양보라는 두 가지 요소로 구성되어 있다. 의사소통 즉 커뮤니케이션은 상대방을 설득하기 위한 대화이고, 양보는 협상에서 중요한 요소이다. 협상은 상충되는 이해관계에 대해 상대방과 자신이 서로 받아들일 수 있는 합의(mutually acceptable agreement)에 도달하기 위해 소통하는 과정이라고 할 수 있다. 또한 협상은 심리적 대결과정이다. 협상에는 심리적 요소가 개입되기 때문에, 관련 당사자에 따라 협상의 내용이 많이 다르고, 인간의 본성처럼 협상의 과정은 매우 미묘하다. 협상에서는 정보의 교환이 이루어진다. 협상과정에서 당사자 쌍방의 요구사항, 주장하는 사실관계, 증거관계 등에 관한 정보 교환이 있게 된다. 협상은 어찌 보면 논쟁을 통한 설득이다. 논리적 분석에 기초하여 상대방에게 자신의 견해를 설득시키는 것이 필요하다. 협상은 역동적인 상호반응 과정이다. 그리고 협상은 내가 원하는 것을 얻는 과정이다. 협상에서 가장 중요한 내용이다. 분배적 협상은, 협상의 쟁점 그 자체에 집중하는 협상으로 상대방을 적으로 보기 때문에 쌍방에게 모두 이득이 되는 결론을 찾을 수 없다. 그러나 통합적 협상은 당사자가 취하는 입장 뒤에 숨어있는 이해관계(interests)에 초점을 맞추는 협상으로, 입장 뒤에 숨어있는 이익을 만족시키기 위한 수단으로 쟁점에 관하여 협상하기에 쌍방 모두 윈-윈할 수 있다.

1962년 쿠바의 미사일 위기 때 구 소련이 쿠바의 카스트로 정권을 미국의 공격으로부터 보호한다는 명분으로 쿠바에 핵미사일 발사대를 설치하자, 당시 미국의 케네디 대통령은 미사일 발사대 제거를 위해 쿠바를 직접 공격하겠다고 하면서 제3차 세계대전 일촉즉발 위기에 처했을 때, 그 위기의 순간에 케네디와 후루시초프는 극적인 협상을 통해 사태를 마무리 지어 전쟁의 위기에서 벗어날 수 있었다. 이는 협상의 중요성을 상징적으로 보여준 사례이다. 실생활에서 접하게 될 협상에서 순발력과 직관만으로 임하기에는 협상의 의미와 중요성이 점점 커져가고 있다. 협상에서 지키면 바람직한 나름대로의 협상의 원칙을 본서에서는 제시할 것이다. 물론 원칙협상에서 협상자들은 신뢰에 바탕을 둔 쌍방의 우호적인 관계를 확립하기 위한 노력에서부터 출발해야 할 것이다.

군이 먼 나라의 예를 들 것도 없다, 고려시대 탁월한 협상가인 서희의 외교담판을 들어보자. 993년에 거란 장수 소손녕은 대군을 이끌고 고려에 쳐들어와 평양 이북의 땅을 요구하였다. 당시 조정에서는 땅을 내주고 화친하자는 주장이 우세하였으나, 당시 송나라 거란 여진 고려의 국제관계를 파악한 서희는 적진으로 가서 담판을 하였다. 거란(요)이 송나라와 전쟁 중인데, 송과 친한 고려가 거란을 배후에서 공격한다면 낭패였다. 서희는 거란이 고려를 침략한 진짜 이유는 겉으로는 평양 이북 땅을 내놓으라고 주장(position)하였으나 진짜 숨은 이유(interests)는 송나라와 전쟁시 고려가 거란의 배후를 공격하지 말라는 것을 간파하였다. 협상을 통해 송을 위한 출병은 하지 않겠다는 확신을 심어준 대신, 추가적인 협상전술을 통해 고려 조정 내 친송파를 설득하기 위한 선물로 옛 고구려 영토인 강동6주를 돌려받게 되었다. 경기도 이천에는 우리나라 최고 협상전술가인 서희 테마파크를 조성 운영 중에 있다. 이렇게 협상은 양 당사자가 서로 상충되는 이해관계를 가진 어느 쟁점에 대하여 서로 받아들일 수 있는 합의에 도달하기 위해 소통하는 과정이다. 협상에서는 겉으로 드러난 주장 이면에서 숨은 진짜 이유, 왜 그것을 원하는지, 그것을 통해 달성하고자 하는 이익과 필요를 파악하는

청계천 복원사업과 같은 공공정책을 둘러싼 갈등에서 서민의 생존권과 자연환경복원·역사문화복원·경제활성화 명분과 충돌하였다. 청계고가 및 복개도로가 건설된 지 3~40년이 지난 시점에서 이뤄진 청계천 복원 사업에서 서울특별시와 청계

천 상인 간 갈등 상황에서는 협상이 결렬되었을 때를 대비한 플랜 B도 준비하여 협상을 마무리하였다.

1차 한일어업협상에서는 우리나라에서 자료(data) 준비를 철저히 하지 못하여 엄청난 손실을 초래하여, 결국 재협상을 하였다. 협상에 임함에 있어 자료와 같은 과학적 근거와 유사 사례 참조와 논리적 근거를 토대로 얼마나 철저하게 준비해야 하는지 시사점을 주었다. 이하 협상의 원칙에서 자세히 다루어 독자들의 협상실무 역량을 높이는 데 초점을 두고자 한다.

본서의 구성은 제1장에서 기본적인 협상의 이해와 ADR의 역사를 포함하여 전체를 조망하고, 제2장에서는 협상의 원칙을 소개하였다. 제3장에서는 협상진행단계별로 나누어 협상원칙을 어떻게 적용하는지 살펴보고, 마지막 제4장에서는 협상연습을 다루었다. 본서는 협상의 실제연습과 훈련을 특히 강조하였고, 이를 위하여 제2장과 3장에 협상연습을 붙여 두었다. 그리고, 제4장에서도 3개의 협상연습문제를 다루었다. 책에서 다루는 협상연습은 우리 실생활에서 다룰 정도의 갈등상황을 위주로 만들었으므로, 실제 협상을 가정하여 훈련하기를 기대한다.

1993년 서울대학교 법과대학에서 The Asia Foundation의 후원으로 Thompson 변호사 등을 초청하여 특강을 하고, 사법연수원에서도 특강을 한 것이 우리나라 ADR 도입의 시발이 되었다. 행정학계에서도 ADR의 중요성을 인식하고 1996년 한국행정학회 동계세미나에서 기획논문을 발표할 기회가 주어져 ADR에 대해 관심을 갖게 된 것이 벌써 30여 년이 다 되어간다. 그 때는 박사과정 학생신분이었으나, 대학으로 자리를 옮겨 2005년에 「거버넌스 상황에서 갈등관리를 위한 대체적 분쟁해결제도」 저서를 아산사회복지재단의 후원으로 집필하게 되었다. 이렇게 우리나라에서 처음 ADR 교재를 집필하는 행운이 주어지고 대학에서 협상론을 강의해온 경험이 이번 책이 탄생하게 된 계기가 되었다. 무엇보다 감사한 것은 미국 대학에서 ADR로 박사학위 논문을 쓰고, 미국 현지에서 조정 관련 실무 경험을 다양하게 쌓고, 외국 대학에서 협상론을 강의해 온 협상 전문가인 정용환 교수를 만나게 된 것은 큰 행운이었다. 본서는 주로 정용환 교수의 탁월한 연구역량을 토대로 저술된 것임을 밝힌다.

탈고를 하고 보니 미흡한 점들이 눈에 띤다. 협상론 분야의 연구를 보다 강화하라는 명령으로 알고자 한다. 오늘의 부끄러움은 훗날 보다 완성된 연구로 대체하고자 한다.

2023년 5월

서순복(조선대학교), 정용환(인도 진달대학교)

책의 활용방법

　본서에서는 이론적인 부분을 최소화하고 훈련을 위하여 '협상연습'을 두었다. 협상연습을 위해서는 협상정보는 공유하지만 개인의 협상정보를 따로 두어서 협상연습을 하기를 권한다. 연습문제를 다음과 같이 나누어 협상을 연습하면 좋다.

공통정보	공통정보
(영희의 정보)	(철수의 정보)

　협상과정에서 개인의 협상정보를 어느 정도 공유할지는 스스로의 판단에 맡긴다. 어느 정도를 공유하여야 하는지는 협상과정에서 차츰 습득하게 될 것이다. 따라서, 협상의 결과물은 당연히 달라지게 된다.

　협상연습에서는 반드시 합의점을 찾을 필요는 없다. 다만, 각 장에서 언급하고 있는 사안들을 찾아내는 과정에 집중하는 것이 좋다. 어느 정도 협상 연습이 되면

'협상준비서'를 만들어 적용한다. 또한, 책에서 소개하고 있는 내용을 충분히 숙지한 후에는 협상진행단계에서 자신의 의사소통방식도 확인하기를 권한다. 의사소통에서 언급하고 있는 언어와 비언어적인 의사소통수단을 재확인하여야 한다.

책에서 제공하는 청킹기법상의 방향은 협상연습을 위한 방향성을 제공한 것일 뿐이며, 이것이 정답은 아니다. 따라서, 연습과정에서 전혀 다른 방향으로 협상을 진행하고 합의점에 도달하였다고 하더라도, 옳고 그름의 잣대로 바라보지 말기를 바란다. 무엇을, 어떻게, 왜하는지에 대한 답을 스스로 할 수 있다면 협상에 대한 올바른 접근이다. 연습에서 필요한 것은 자신과 상대방의 이해관계를 파악하고 효율적인 의사소통을 통하여 쌍방이 만족할 합의점을 찾아가는 과정이다.

차 례

제2장　협상의 원칙

제3장 협상진행단계

제4장 협상연습

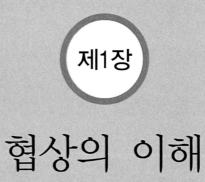

제1장

협상의 이해

협상의 이해

👥 학습목표

❶ 협상의 의미를 이해한다.
❷ 대체적 분쟁해결제도(ADR)의 발전과정과 종류, 적용에 대하여 살펴본다.
❸ 분쟁의 진행 과정에 대하여 살펴보고 이를 해소하기 위한 의사소통에 대하여 살펴본다.
❹ 설득, 협상, 조정, 중재의 의미와 그 차이점을 구분할 수 있다.

Ⅰ. 협상론의 기본

1. 협상에 대한 기대

사람이 사는 사회에 정도의 차이는 있을지라도 갈등과 분쟁이 없을 수 없다. 이해관계와 생각이 다른 사람들이 모여 사는 사회에 이는 자연스러운 현상이라고 할 수 있다. 사인(私人)간에 분쟁과 갈등이 발생할 경우, 이해관계인 상호 간의 협상과 교섭에 의해 분쟁이 해결되지 않을 경우 중립적인 제3자가 개입함으로써 해결을 기대할 수 있다.[1]

---

[1] 당사자 사이에 이해관계나 주장의 대립이 발생한 경우, 일방 당사자가 상대방에게 굴복하거나 참고 넘어갈 수도 있다. 자존심을 누르고 문제를 의식적으로 잊는 것을 심리학적으로 도피라고 할 것이다. 일방이 도피해버리면 분쟁은 발생하지 않는다. 다만 당사자 쌍방이 서로 주장을 굽히지 않는 경우에 비로써 분쟁이 발생하게 된다. 분쟁이 발생하여 소송이 제기되기까지의 과정을 단계화하면 아래와 같다(사법연수원, 2000: 6-7). ① 불만의 발생 ② 청구(시정, 보상의 요구) ③ 분쟁의 발생 ④ 변호사 방문 ⑤ 소송제기. 예컨대, 자동차 판매상으로부터 자동차를 구입한 소비자가 자동차에 하자가 있음을 발견하고(불만) 그대로 참고 넘어가는 경우(도피)를 제외하고는 판매

한미 FTA나 북핵협상 과정에서 주고 받고 밀고 당기며 이해득실을 저울질하면서 상호 간의 현안문제를 풀어가는 것을 보면 협상이 일상생활뿐만 아니라 국가 간의 협상에서도 중요한 위치를 차지함을 확인할 수 있다. 협상은 일방적인 승자(winner)와 패자(loser)가 아닌 협상참여자 모두가 원하는 것을 획득하는 원–윈(win–win) 협상이 바람직하다. 사람은 어떻게 보면 '협상하는 동물'이라고 할 수도 있다. 개는 뼈다귀를 가지고 다른 개하고 싸울 수는 있어도, 자기들끼리 가진 것을 흥정하거나 교환하지는 못한다. 인간만이 교환을 전제로 한 협상이 가능하다. 사람은 어찌 보면 매일 협상을 하고 살아간다고 할 수도 있다. 일어나서 잠들 때까지 많은 협상을 하면서 살아간다고 할 수 있다. 협상은 가장 오래되고 가장 널리 사용되는 분쟁해결방법이다. negotiation의 어원은 라틴어의 '사업을 수행함(carrying on business)'이며, 협상의 한자도 '힘을 합할 협(協)'과 '장사 상(商)'으로 되어 있다. 협상은 둘 이상의 집단이 사회적 충돌을 피하기 위해 서로의 이해상반을 해결할 목적으로 토론하는 것이다.2)

우리는 일상생활의 수많은 관계 속에서 생기는 수많은 사안에 대하여 협상을 한다. 매일 의사결정상황에 직면한다고 해도 과언이 아니다. 긍정적인 결과를 가져오고, 부정적 결과는 피하기 위해, 이른바 좋은 결과를 가져오기 위한 촉진 초점 선호(promotion–focused prefer)를 하거나 안 좋은 결과를 피하기 위한 예방 초점 선호(prevention–focused prefer)를 한다.3) "우리가 살고 있는 이 세상은 어떻게 보면 거대한 협상 테이블이라고 할 수 있으며, 좋든 싫든 우리 모두는 협상 테이블의 참석자이다. 협상은 거미줄같이 얽혀 있는 긴장 속에서 행동을 유발하도록 정보와 힘을

상에게 자동차의 보수, 교체 또는 환불을 요구하게 된다. 이때 자동차 판매상이 소비자의 청구를 100% 받아들인다면 분쟁이 발생하지 않지만, 판매상이 "내가 판매한 자동차에는 하자가 없다. 당신이 말하는 하자는 당신의 운행 중 잘못으로 생긴 것이다."라는 식으로 청구를 전부 부인하거나, 또는 "우리가 부속품을 무료로 줄테니 수리는 당신의 비용으로 하라."고 청구를 일부 부인한다면, 비로소 분쟁이 발생하게 된다.

2) Pruitt, D.G. & Carnevale, P.J. Negotiation in Social Conflict. Buckingham. UK: Open University Press. 1993. 1–2.

3) Higgins, E. T. Promotion and prevention: Regulatory focus as a motivational principle. In M. Zanna (Ed.), Advances in Experimental Social Psychology (Vol. 30, pp. 1–46). San Diego, CA: Academic Press. 1998.

사용하는 것이다."

협상(negotiation)은 둘 이상의 당사자가 서로의 이해관계를 조정하기 위하여 합의점을 도출할 목적으로 행하는 의사소통의 과정을 말한다. 협상이란 "타결 의사를 가진 2인 이상의 당사자 사이에 의사소통을 통하여 상호 간에 만족할만한 수준의 합의에 이르는 과정"으로 정의할 수 있다.4)

2. 협상수업에 대한 이해

1) 협상훈련

협상은 연습과 훈련이 필요하다. 갈등과 분쟁상황이 밀림에서 나타나는 상황이라고 가정한다면 지도(map)라는 협상방법 자체로는 밀림을 벗어나기 어렵다. 지도가 있더라도 이를 활용할 줄 모른다면 한낱 선이 그어진 종이에 불과하기 때문이다. 지도를 읽고 활용할 수 있는 능력이 필요하다. 따라서 지도를 활용해서 새로운 지역으로 이동할 수 있는 훈련을 실제로 해보는 것이 반드시 필요하다.

협상은 문제를 회피하지 않고 해결하는 실천과정이다. 기존의 협상책은 좋은 결과물을 맺은 협상을 소개하여 왔다. 우리는 눈에 보이는 좋은 결과물만을 제공받아 왔기에 협상이 항상 좋은 결과물을 만들어 낼 수 있다고 막연히 믿어왔을지 모른다. 문제상황과 갈등을 마주했을 때, 협상을 해야겠다고 결심을 하더라도 어떻게 해야 할지를 알지 못하면 소용이 없다. 이제까지 훌륭한 교육을 받아왔지만, 우리는 협상 자체에 대한 교육을 받은 적이 없다. 즉, 누구나 들어봤지만, 어떻게 하는지는 모르는 것이다. 단지 '말을 잘하는 사람이 유리할 것이다'라는 생각에 말하는 훈련을 해 보기도 하고, 공격적이거나 적극적인 사람이 협상을 잘 한다는 믿음을 가지고 이를 추구하기도 하였다. 틀린 말은 아니지만, 이것은 필요조건이지 충분조건은 아니다.

협상을 한다고 해서 좋은 결과물이 저절로 만들어지는 것은 아니다. 때로는 지

---

4) Lewicki, R. J., Barry, B., & Saunders, D. M. Negotiation(6th edition). McGraw—Hill; Singapore, 2010. 6 참조.

난한 과정을 거쳐야 할 때도 있고, 마음 고생을 해야 하는 경우도 있다. 이론교육과 연습을 통해서 자신만의 협상원칙을 세우고 이를 어떻게 적용할 수 있는지 훈련하는 것이 중요하다.

협상 Tip

수업과정에서 학생에게 공연을 해야 하니 한 명의 자발적인 참여가 필요하다고 요청한다. 학생을 앞으로 초대해서 머리 위에 물이 조금 담긴 종이컵을 올려놓게 한다. 여기에 더하여, 엄지 손가락 두 개를 옆으로 붙여서 테이블 위에 올려 놓게 하고 손가락 위에도 물이 조금 담긴 종이컵을 올려 놓게 한다. 그리고 조그마한 막대를 휘둘러 머리 위에 있는 종이컵만 칠 계획인데, 움직이지 않으면 다치지 않는다고 주의를 준다. 이 때 머리와 엄지손가락에 놓인 종이컵 때문에 참여한 학생의 움직임은 사실상 봉쇄된다. 의도적으로 윙윙거리는 소리가 나도록 학생의 귀 밑에서 막대를 휘두른 후에 학생의 머리 위에 있는 종이컵을 향해서 스윙을 할 준비자세를 취한다. 이쯤되면 학생의 목은 어깨 속으로 몇 센티미터를 숨어들어간다. 역시 의도적으로 종이컵 위로 몇 차례 헛스윙을 하면 그 학생의 목은 점차 숨어들며 어깨는 점점 더 올라간다. 이를 구경하는 학생들은 이를 보면서 웃기 시작한다. 필자는 학생이 머리를 낮추면 가만히 있으라고 한다. 이 때 학생의 머리를 만지면서 움직이지 말라고 하면서 고정시켜준다.

위의 사안에서 법적으로 문제되는 사안을 찾아보면, 위협(assault)와 희롱 또는 괴롭힘(harassment), 명예훼손(defamation)의 가능하다. 또는 움직임을 방해했기 때문에 불법감금(false imprisonment)도 가능하다. 위의 분쟁에 대하여 소송을 제기하여 법원의 심판을 받는다면 많은 시간과 비용이 소모하여야 한다. 소송에서는 각자의 주장을 말하는데, 이는 판사를 설득하여 자신에게 유리한 판결을 받기 위함이다.

위의 사례를 법학수업에서 활용하는 방법은 학생들에게 먼저 법적으로 문제될 수 있는 사안을 추출하게 하고, 어떻게 법규정을 적용할 수 있는지 검토하게 하는 것이다. 각자의 법적 주장을 통해 자신에게 유리하도록 판사를 설득할 수 있을지 검토하게 한다.

[그림 1-1] 재판과정에서의 설득방향

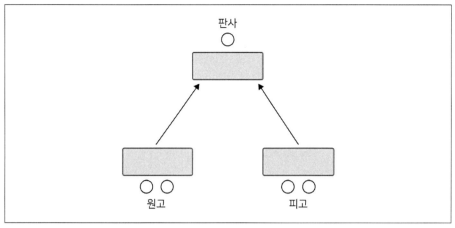

중립적 제3자인 판사에 의한 판결로 분쟁을 해결한다. 재판에서는 쌍방이 서로 협상을 하지 않고 판사를 설득하여
야 하기 때문에 쌍방당사자는 판사를 향하여 있다.

　　협상 과정은 중립적인 제3자의 개입이 없이 양당사자 간의 자발적인 참여에
의한 해결과정을 의미한다. 우리가 알고 있는 중립적인 제3자로는 판사 혹은 조정
인, 중재인이 있는데, 이들의 개입과 도움없이 분쟁상황에 놓인 양당사자들이 직접
대화를 통하여 이를 해결하는 방법이 협상이다. 즉 소송과 중재처럼 제3자를 설득
하는 것이 아니라, 협상 과정에서 이해당사자인 서로를 설득하여야 한다. 소송에서
의 판사와 중재에서의 중재인을 설득해야 자신에게 유리한 판결과 결정을 가져올

[그림 1-2] 양 방향을 향하는 설득의 방향(충돌) ①

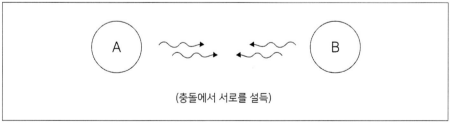

(충돌에서 서로를 설득)

서로가 자신의 주장만 하고 듣지 않는다면 충돌만 하게 된다. 각자 자신이 하고 싶은 말만 하고 듣지를 않는다. 즉,
일방적인 설득 행위만 하고 상대의 의견을 듣지 않기 때문에 제대로 된 설득을 할 수 없다.

[그림 1-3] 양방향을 향하는 설득의 방향(충돌) ②

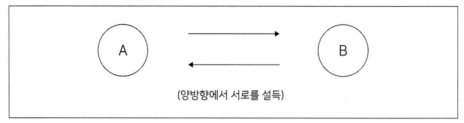

(양방향에서 서로를 설득)

A는 B를 설득하게 되고 B는 A를 설득하려고 한다. 쌍방향의 의사소통 과정을 거쳐서 충돌보다는 협상을 하게 된다. 협상은 당사자들 간의 대화와 쌍방향의 설득이기 때문에 서로 마주보고 대화를 진행한다.

수 있다. 그러나, 협상은 중립적인 제3자의 개입이 없기 때문에, 쌍방에 의한 설득행위가 이루어지게 된다. 그리고 서로를 향하는 설득에 의하여 최초의 자신이 원하였던 바에서 조금 변화된 결과를 수용할 수도 있게 된다. 이것이 전체적인 협상에 대한 이해이다.

Ⅱ. 대체적 분쟁해결제도(ADR, Alternative Dispute Resolution)

1. 대체적 분쟁해결제도(ADR)의 개념

1) 한국 법원의 ADR에 대한 태도

우리나라에 ADR 제도가 소개되기 시작한 것은 1993년 5월 미국 아이오와주 조정사무소 전무인 Thompson 변호사가 서울대학교 법과대학과 사법연수원에 와서 강연을 한 것이 결정적 계기가 되었다. 당시 미국에서 모든 사건의 71%가 ADR로 해결되고 29%만이 법원에서 소송으로 해결된다고 하였다.5) 현재는 우리나라 법원에서도 ADR을 적극적으로 수용해서 시행하고 있으며, 검색해보면 법원 조정에 대해서는 다음과 같이 되어있다.6)

---

5) 황적인, 소송외적 분쟁해결(ADR). 「중재」 제17권 8호 통권 258호, 1993, 2.
6) https://suwon.scourt.go.kr/suwon/civil/civil_05/index.html.

(1) 조정 대상: 민사에 관한 모든 분쟁이 조정대상이 됩니다.

(2) 조정신청방법: 조정신청서를 제출하거나, 법원주사(보) 등의 면전에서 구술하는 등의 방법으로 조정신청을 할 수 있습니다.

(3) 조정절차의 진행: ㉮ 조정은 조정판사가 스스로 하거나, 조정위원회로 하여금 이를 하게 할 수 있습니다. 다만, 당사자의 신청이 있는 때에는 조정위원회에서 하게 되어 있습니다. ㉯ 조정기일에는 당사자 외에 조정의 결과에 대하여 이해관계가 있는 사람도 조정담당판사의 허가를 얻어서 조정에 참가할 수 있습니다. ㉰ 신청인이 피신청인을 잘못 지정한 것이 명백한 때에는, 그 경정신청을 하여 조정담당판사의 허가를 얻어서 피신청인을 경정할 수 있습니다. ㉱ 조정절차에서도 필요할 때에는 사실 또는 증거조사를 할 수 있습니다.

(4) 조정절차의 종료: 당사자 사이에 합의가 성립되지 아니한 경우에도, 조정담당판사는 상당한 이유가 없는 한, 직권으로 당사자의 이익 기타 모든 사정을 참작하여, 신청인의 신청취지에 반하지 아니하는 한도 내에서 조정에 갈음하는 결정을 하고 있습니다.

(5) 조정의 효력: 조정은 재판상 화해와 동일한 효력이 있습니다.

2) 우리나라의 전통적인 대체적 분쟁해결방법

조선 말기에 뇌물을 통하여 급제를 하거나 진급을 하였던 시기가 있었다고 한다. 특히 재판관의 역할을 맡기 위해서 호랑이 가죽을 뇌물로 제공하는 경우가 많았다고 한다. 이들은 판결문을 쓰기에는 능력이 부족하여 조정 형식에 의한 분쟁해결을 추구하였다고 한다. 조정에 의한 분쟁해결을 하면 판결문을 쓰지 않아도 되기 때문이었다. 그래서 지금도 능력이 부족한 판사에게 마치 뇌물을 통하여 판사가 되었느냐고 놀리기 위해서 호랑이 판사라고 부르기도 한다. 그래서, 자신이 조정을 선호한다면 판결문 작성을 꺼리는 호랑이 판사로 불릴 우려 때문에 조정회부를 꺼리게 될 위험도 있다.

3) 법원조정센터[7)]

민사조정이란 분쟁당사자가 법원 조정기관의 도움을 받아 대화와 협상을 하고 상호 양해와 합의를 통하여 분쟁을 조리(條理)와 실정에 맞게 해결하도록 하는 제도이다. 소송에 비하여 간이·신속·저렴한 절차로서 자율적으로 원만하게 분쟁을 해결할 수 있는 등 많은 장점이 있다. 민사조정은 당사자가 직접 조정신청을 함으로써 개시되는 경우와 소송사건을 수소법원이 조정절차에 회부함으로써 개시되는 경우가 있다.

수소법원은 항소심을 포함하여 소송절차의 어느 단계에서든 분쟁의 원만한 해결을 위하여 사건을 조정에 회부할 수 있다. 특히 근래에는 분쟁의 조속한 해결과 치유를 위하여 본격적인 재판진행 전에 조정을 시도하는 조기조정이 강조되고 있다. 물론 이 과정에서 당사자는 조정의사, 원하는 조정안(해결방안), 조정위원 선정 등 조정절차 전반에 관하여 언제든지 의견을 낼 수 있다. 조정절차에서 조정이 성립되거나 조정을 갈음하는 결정이 확정되면 확정판결과 동일하게 집행력과 기판력이 인정되어 분쟁이 종국적으로 해결된다. 한편, 조정이 성립되지 않으면 곧 재판절차로 이행하거나 복귀하게 되며, 불이익은 없다.

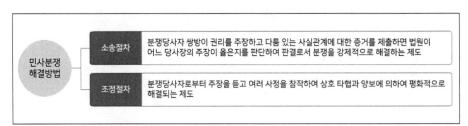

출처: https://help.scourt.go.kr/nm/min_1/min_1_6/min_1_6_1/index.html

조정담당판사는 스스로 조정을 하거나 상임조정위원, 조정위원회, 상근조정위원, 외부연계 조정기관으로 하여금 조정을 담당하게 할 수 있다. 또한 수소법원이

---

7) https://seoul.scourt.go.kr/seoul/intro/intro_11/intro_111/index.html에서 인용.

조정회부 후 스스로 조정을 처리할 수도 있다. 서울중앙지방법원의 경우 조정과 각 분야의 전문성을 갖춘 상임조정위원 9인, 조정위원 344인(상근조정위원 27인 포함) 등을 확보하고 있다고 한다. 2009년 4월에 설치된 서울법원조정센터는 전직 법관, 변호사 등 전문적 법률지식은 물론 풍부한 사회경험과 경륜을 갖춘 상임조정위원 9인으로 구성되어 있으며, 서울고등법원과 서울중앙지방법원의 각 조정담당판사로부터 배정받은 조정사건들을 담당한다. 상임조정위원은 법원행정처장이 판사·검사·변호사 등 통산 10년 이상 법조경력 또는 변호사자격이 있고 3년 이상 민사·가사 조정위원경력을 가진 사람 중에서 위촉하고, 겸직이 금지되며, 공무원에 준하는 지위에 있다. 상임조정위원은 조정사무에 관하여 판사와 동일한 권한을 가지고, 조정신청사건과 수소법원의 조정회부사건들을 처리한다. 또한 상임조정위원은 단독으로 조정을 하거나 일반 조정위원과 함께 조정위원회를 구성하여 조정을 수행할 수도 있다.

4) 한국의 마을분쟁해결센터

진정한 공동체 회복과 주민자치 실현을 위해서는 주민스스로 갈등에 대한 창의적 해법을 찾아야 한다. 가장 중요한 컨셉은 주민들 스스로 갈등의 해법을 찾게 하는 것이 핵심입니다. 벌금을 부과하는 형식이 아닌 법원까지 가지 않아도 될 사건을 주민 스스로 해결하는 장이 되었으면 좋겠다는 것이다. 법원까지 가지 않아도 될 사건은 무엇이 있을까? 층간소음, 악취, 주차문제, 쓰레기 문제 등 여러 가지 소액 사건들이다. 얼마 전 접한 뉴스에서는 15만 원을 받기위해서 변호사비용을 330만 원을 지불했다고 한다. 과연 이러한 분쟁이 법원까지 가야 될 일인가 생각이 든다. 층간소음 문제에 대해서도 이야기를 해볼 수 있다. 윗집과 아랫집이 살고 있는데, 윗집에서 아이가 뛰어다니는 소음에 아랫집 학생이 공부에 방해가 돼 부모가 윗집을 찾아가 주의를 주어도 소음이 줄어들지 않았다. 아랫집은 경찰서나 환경문제조정위에 문의를 했지만 윗집 소음이 기준 데시벨을 넘지 않아 도움을 받지 못하였고, 아랫집 아주머니가 윗집 현관문을 발로 차고 아이가 뛰어다니는 게 보이면 다리를 부러뜨리겠다라는 말을 한 장면이 cctv에 녹화가 되어 법원에서 협박죄로 처벌을 받았다. 과연 이러한 분쟁이 법원에 간다고 해결이 될까? 이런 문제를 근본적으로 해결하기 위해 마을분쟁해결센터가 필요하다고 생각이 된다.[8]

마을에서 곳곳에서 발생하는 층간소음, 생활누수, 층간흡연, 애완견 소음 등 생활소음, 주차 및 쓰레기 투기 문제, 도로, 주택 관련 갈등, 어린이 및 청소년 다툼 등 사소한 분쟁이 기존의 법적인 절차로는 오히려 갈등을 증폭시키며 한계를 드러내었다. 이에 따라 결국 극단적인 폭력사건과 살인사건 등 사회적 비용 증가와 공동체 붕괴라는 심각한 사회문제로 부각되었다. 이에 대체적 갈등해결의 방법이 필요하다는 차원에서 시민들의 자발적인 참여와 민주적 토론을 통한 합의의 소통방식을 채택하는 광주마을분쟁해결센터를 구상하게 되었다. 2015년 3월 당시 광주지방법원장은 당시 광주광역시장에게 지역사회 조정활동을 위한 센터 설립 제안을 하였고, 광주광역시와 광주지방법원, 광주 남구청, 전남대학교 법학전문대학원, 광주지방변호사회가 TF팀을 구성하여 센터를 시범 운영키로 하였다.[9] 광주마을분쟁해결센터는 민·관·학 협력체로서 센터의 총괄 설립은 광주광역시가, 센터의 운영지원 및 법률관련단체 연계협력은 광주지방법원이 맡고 센터의 실질적 운영은 남구 마을공동체협력센터, 화해지원인 자원봉사 참여는 광주지방변호사회, 광주전남지방법무사회, 전남대학교 법학전문대학원, 남구 자원봉사센터가 함께 지역사회 네트워크를 형성하였다. 이어서 서울이웃분쟁조정센터(2016.6)와 평택시 이웃분쟁조정센터(2020.6)가 개소되었고, 2016년11월에는 천안시 주민자치위원회 산하에 마을갈등조정센터가 구성되었으며, 2017년 2월에 인천광역시 부평구 갈등관리힐링센터 등으로 확산되었다.

---

8) 광주지방법원 공보판사 김동욱 판사 발제문 중에서. 광주마을분쟁해결센터 개소 준비 기획워크숍. 2015.7.16
9) 2015. 5월부터 7월까지 3차례 TF팀 회의를 거쳐 광주마을분쟁해결센터를 설치하되, 대상지역을 우선 시범적으로 남구를 선정하고, 센터설치 및 운영방안, 매뉴얼 및 화해지원인인 자원봉사자로 전문가 조정인 35명과 주민 화해지원인 67명을 구성하였다. 2015. 7. 16에 화해지원인 워크숍을 개최해 센터 설립의 취지와 방향에 대한 구체적 계획을 수립했다. 2015. 8. 18에 센터 운영위원회 회의 개최를 거쳐 2015. 9. 11. 마침내 센터 개소식을 갖게 되었다.

5) 명칭의 문제점

여전히 명칭에 대한 혼선이 있어 명확히 할 필요가 있다. 현재의 법원조정이 혼선을 야기할 우려가 있으므로 조정과 중재를 명확히 구분하였으면 한다. 예를 들면, 신문에서도 조정과 중재의 용어사용에서 이를 명확히 구분하고 있지는 않은 것으로 보인다. 그러나, 사회 전반적으로 충분한 공감대가 형성되지 않았고, 대학과 법학전문대학원에서 충분한 교육을 하고 있지 않은 실정이다.

2. 미국에서 ADR 발달 과정 개관

1) ADR 운동(movement)

미국을 시작으로 ADR 운동이 시작된 근본적인 원인은 값비싼 소송비용과 소송상의 지연으로 인하여 법원에 대한 비판이 있었다.10) 영국 등 유럽에서 수세기 전부터 상인 사이에서 상사중재가 이용되어 왔고, 어느 나라에서나 종교단체, 지역 원로 등에 의한 조정이 있어 왔지만, 미국에서 1960년대 후반부터 ADR이 분쟁해결 방법으로 각광을 받고 연구도 활발해지는 등 이른바 ADR 운동이 나타나기 시작하였다. 1960년대에 들어와 미국의 가정, 교회, 지역사회 등은 더 이상 분쟁의 조정자로서의 역할을 수행하지 못하게 되어 분쟁이 발생한 경우 곧바로 법원에 소송이 제기되는 경우가 많아졌고, 고도의 산업발달로 말미암아 환경분쟁, 소비자분쟁 등 새로운 형태의 분쟁들이 늘어났으며, 1964년 인권법(Civil Rights Act)과 같이 국민의 권리를 신장하는 여러 법률들이 시행되면서 새로운 소송형태도 많이 생기게 되었다. 그 당연한 결과로 미국 법원의 소송사건은 엄청나게 증가하였고, 그만큼 법원의 사건 처리에 걸리는 시간도 늘게 되었다. 소송사건의 처리 지연은 곧바로 권리구제수단의 부재 내지 정의의 부정(Justice delayed is justice denied)으로 받아들여졌다. 이 문제에 대한 첫째의 해결책은 판사의 증원과 사법시설의 확충이었으나, 다른 대안이 바

---

10) ADR을 우리는 대체적 분쟁해결 또는 재판 이외의 분쟁해결로 부르고 있다. 여기에서도 일반적으로 통용되고 있는 대체적 분쟁해결로 부르기로 한다.

로 판결 이외의 분쟁해결이었다.

　미국에 있어서 ADR이라는 말을 민사 사법개혁의 문맥을 중심으로 법률용어로서, 일반적인 정착을 보였던 것은 1970년대 중반을 지나, 보다 단적으로는 미국 사법제도의 전반적인 재평가를 기획으로 하는 이른바, 파운드 회의(Pound Conference)가 열렸던 1976년 이후의 일이라고 말해지고 있다.11) 그 당시의 ADR이라는 말은, 법원의 민사소송절차 외에 실시한 사적이고도 임의의 분쟁해결 방법을 주된 의미로서, 문자대로 전통적인 소송절차에 대체하는 기능을 영위하는 분쟁해결수단을 염두에 두고 있었다. 그런데, 80년대가 되어, ADR의 유용성과 합법성이 사회적인 인지를 획득해 왔던 것과, 소송사건의 급증에 의한 법원의 과중한 부담을 경감하는 것이 국가적인 과제가 되어 왔던 것에 따라, 원래 ADR의 대립개념인 소송절차 자체가 ADR을 자체의 구성요소로서 받아들여지는 움직임이 활발해졌다.12) 연방법원의 민간소송절차에 있어서도, 1983년 개정의 연방민사소송 원칙(Federal Rules of Civil Procedure) 제16조에 있어서, 수소(受訴)사건의 분쟁해결을 위해 ADR절차를 이용하는 것을 공식적으로 인지하기에 이르렀다.

2) 소송의 고비용과 소송지연

　미국 민사소송의 대립당사자주의(adversary system)에 따른 고비용, 소송지연, 관련 당사자들의 스트레스 등에 대한 불만이 과거부터 있어왔고, 변호사 등 전문직에 대한 반감 등이 겹쳐져, 미국에서 ADR에 대한 관심은 더욱 높아졌다. 특히 변호사가 살아 있는 인간 사이의 분쟁을 미리 정해진 법률의 틀 속에 꿰어 맞추려고 하고,

---

11) Bryant Garth, From Civil Li－tigation to Trivate Justice: Legal Practice at War with the Profession and its Values, 59 Brook. L.REV. 931, 946; Warren E. Burger, Foreword, 1989 DUKE L.J. 808, 80. 즉 파운드회의(The 1976 National Conference on the Causes of Popu－iar Dissatisgaction with the Administration of Justice, Apr. 7－9, 1976)은 하버드대학의 센터 교수에 의해서 멀티 도어 개념(Multi－Door Courthouse concept)이 제창된 것이 알려져 이를 받아들여 소송부속형 ADR에 대한 관심도 이 회의에 의해서 널리 일반적으로 환기되었다. See The Pound Conference: Perstectives on Justice in the future. (1976). A. Levin & R.Wheeler eds.Frank E.A. Sander. Varieties of Dispute Processif, 70 F. R. D. 111.

12) Lucy V. Katz, Compulsory Alterna－tive Dispute Resolution and Voluntarism :Two－Headed Monster or Two Sides of the Coin?, 1993 J.Dist. Resol. 1. at 1.

당사자의 주된 관심사도 요건사실이 아니라는 이유로 무시하기 일쑤며, 분쟁을 변호사 사이의 법률적 분쟁으로 변질시키는 데에 대한 불만이 컸었다. 이처럼 변호사가 의뢰인으로부터 분쟁해결을 의뢰 받았을 때 분쟁을 소송절차에 맞는 청구로 구성한 다음 소송을 제기하려는 경향을 소송표준 사고방식이라고 부르는데, 이는 일반 시민으로부터 커다란 불만을 사고 있었다. 또 미국 인류학자들이 다른 후진국가의 알선, 조정 등 원시적 분쟁해결방법에 대하여 한 연구성과도 ADR의 가치를 높게 하였다.

　　미국에서 ADR이 도입되는 배경에는 법률분쟁 처리기관으로서의 미국 법원에 있어서 사건적체와 이로 인한 소송지연 현상의 영향이 컸다.[13] 미국에서 현대적 분쟁해결운동의 기원은 1976년 4월 미국 변호사협회(American Bar Association)가 연방사법회의(Judicial Conference of the US)와 대법관회의(the Conference of Chief Justices)가 함께 전국회의[14]를 개최하면서부터이다(Jacquelline Nolan–Haley, 1992: 5). 미국민들의 미국 사법제도에 대한 불만원인을 규명하기 위한 이 회의에서 다음 3가지로 요약하였다. 즉 ① 법원 부담의 가중과 이로 인한 소송지체, ② 과중한 소송비용과 변호사비용, ③ 분쟁의 효과적 처리에 부적합한 정부관료제, 이들 원인이 모든 미국민에게 타당하고 특히 저소득층이나 중산층에게 더욱 명백하다는 것이었다. 사실상 카터 대통령도 변호사의 90%가 국민의 10%밖에 대표하지 못한다는 추정을 인용하기도 하였다. 소송천국 내지 변호사천국이라고 하는 미국에서도 1979년 미변호사협회의 조사에 따르면 전 미국민의 2/3가 변호사들을 활용하지 못하고 있다고 한다. 그러나 프랑크 샌더교수는 가장 부유한 사람일지라도 분쟁을 해결하는 효율적인 수단이

---

13) 미국에서 양적인 면에서 소송폭발(litigation explosion)이라고 할 정도로 사건이 법원이 쇄도하여 법관의 사건부담(case load)이 증가하고, 질적인 면에서 쟁점이 더욱 복잡하게 되고 다수당사자 현상까지 일어나 법관의 업무부담이 증가하게 되었다. 이에 대한 재판자원의 증원이 뒤따르지 못하고 법원의 사무관리능력이 불충분하여 未濟사건의 적체(backlog of pending cases)가 늘어나고 사건처리기간이 더 오래 걸려 심각한 소송지체현상이 초래된 것이다(정갑규, 1992: 211–213); 소송폭발로 인하여 법원 내에 계류 중인 사건 수가 급격히 증가하였고 이로 인하여 법원 내의 적체(pendency)와 지체(delay) 현상이 나타났다. 적체현상이라 함은 법원 내에 계류 중인 사건 수의 증가를 의미하고, 지체현상은 법원 내의 시스템이 느려짐을 의미한다.

14) 이른바 "파운드회의"라고 불리는 것으로 「The 1976 National Conference on the Causes of Popular Dissatisfaction with the Administration of Justice. Apr.7–9. 1976」이다.

부족하여 문제가 되는 사안을 소송에 의뢰한다고 주장하였다.

3) 이웃분쟁해결센터(NJC, Neighbourhood Justice Centers)

대체적 분쟁해결제도는 1960년대 말부터 법무부장관 Griffin Bell이 주도하여 전 미국 각 지역에서 시작된 이웃분쟁해결센터(NJC, Neighbourhood Justice Centers)의 발전에 의하여 community base의 비영리형 ADR이 점차 개설되기 시작하면서 발전하였다. 미국 정부는 소송에 갈음하는 대체적 분쟁해결제도로서 가장 보편적으로 활용되는 조정제도의 효과성을 검증하기 위하여 이 시범사업(pilot projects)를 캔사스시와 아틀란타 그리고 로스엔젤레스 3곳에서 실시하였다. 이웃분쟁해결센터(NJC)는 초기단계에서는 조정을 사소한 분쟁(minor disputes), 예컨대 이웃 간의 분쟁, 집안싸움, 소비자문제, 세입자문제, 소액 민형사분쟁 등에 활용하였다. 현장시험결과 긍정적인 결과가 보여 1980년에 분쟁해결법(Dispute Resolution Act)이 제정되게 되었다. ADR 체제의 발전에 미국 변호사협회가 주된 행위자로 재등장하였으며, 1980년의 분쟁해결법 통과에 핵심 역할을 감당하였다. 다만 동 법률이 통과되었지만 그 집행을 위한 예산이 의회에서 승인되지 않았다. 그럼에도 이러한 경향은 계속되었고 위축되지는 않았다.

4) 멀티도어 코트하우스(Multi-door courthouse)

80년대 초반 하바드대 법과대학 Frank Sander교수는 멀티도어 코트하우스(multi-door courthouse) 개념을 발전시켰다. 지역주민분쟁 해결센타 사업과는 달리 미국 변호사협회는 적극 나서서 이 사업이 휴스톤, 워싱턴 디씨, 툴사 및 오클라호마에서 집행되는데 지원하였다. 이 사업은 NJC 모형과는 달리 전통적인 사법구조 내에서 분쟁을 다루는 일련의 분쟁해결과정을 시민들에게 허용하였다. 샌더 교수는 조정, 중재, 미니재판(mini trial)과 같은 구체적인 해결방법(specific doors)들이 발전되어야 한다고 하면서, 특정 사건을 ADR로 해결할 것인지 결정여부는 초기단계에서 접수심의관(intake coordinator)가 평가해야 한다고 하였다. 심의관이 고려해야 할 요인들은 사안의 성격, 당사자의 관계, 당사자간 협상(교섭) 시도 여부, 청구 당사자가 구하는 구제수단의 유형, 분쟁의 크기와 복잡성 등이다. 원래 ADR의 대응개념인 소송절차 자체가 ADR을 자신의 구성요소로 취하기 시작하여, 1983년 개정 미국 연방민사소송규칙(Federal Rules of Civil Procedure) 제16조에 소송사건의 분쟁해결에 ADR수단을 이용하는 것을 공식적으로 인정하기에 이르렀다.

　　미국에서 80년대 초반의 샌더교수의 다방면의 분쟁해결방법(multi–door courthouse)이 시도되어, 조정 뿐만 아니라 법원에서 중재, 미니재판 등 여러가지의 방안들이 시행되었다. 그 영향으로 1990년에는 행정분쟁해결법(Administrative Dispute Resolution Act)이 제정되어, 민사사건을 물론이고 행정사건에도 ADR을 이용하게 되었다. 동법에 의하면 모든 행정기관들은 ADR을 이용하기 위한 방안을 개발하고 ADR 전문가를 선임하고 직원들에게 이에 관한 교육을 시키도록 되어 있다.15) 뒤이어 연방행정기관들은 연방정부가 소송에 연루된 사건에는 가능하다면 협상이나 제3자 개입의 분쟁해결방법을 이용하도록 정하였고 이에 따라 많은 연방기관들은 다양한 분쟁해결방법을 개발하고 있다. 행정분쟁해결법은 연방행정기관으로 하여금 분쟁의 신속하고 비공식적 해결을 위하여 조정, 중재 기타 기법들을 활용할 수 있도록 촉진하기 위하여 제정되었다. 연방법원에서의 소송에 대한 대체적 수단으로서 분쟁해결을 신속하고 전문적이며 비용이 저렴하게 드는 수단을 제공하기 위한 행정절차로서 의도되었다. 행정절차(administrative proceedings)가 점차 공식적이 되고 비용이 많이 들며 시간이 길어져 결과적으로 불필요한 시간비용을 야기하고, 합의에 입각한 분쟁해결을 달성할 확률이 점차 감소되어갔다. 그리하여 수년동안 분쟁해결의 대체적 수단들이 민간분야에서 활용되어 좀더 빠르고 비용이 적게 들며 말썽이 적은 의사결정을 결과하였고, 그러한 대체적 수단들이 더 생산적이고 효율적인 결과를 야기하였다. 이러한 대체적 수단들은 광범위한 행정 프로그램에 유익하게 활용할 수 있는 가능성을 시사하였다. 효과성이 검증된 분쟁해결기법들을 명백하게 공인함으로써 기존 법령 하에서 행정기관의 모호성(ambiguity)을 제거할 수 있게 될 것이다. 연방행정기관들은 민간영역에서 개발된 기법들의 편익을 향수할 뿐만 아니라, 더 나아가 주도적으로 이들 기법들을 개발하고 세련화시킬 수 있을 것이다. 광범위한 분

---

15) Administrative Dispute Resolution Act. 5 U.S.C. s. 571 1990.

쟁해결 절차를 활용할 수 있고 이들 기법의 효과적 활용에 대한 이해가 증가함으로써 정부 운영의 효율을 증대하고 국민에 대한 서비스를 개선할 수 있을 것이다.

3. ADR의 특징

ADR은 엄격한 법적 과정을 요구하지 않는다는 비형식성(informalization), 법리적 해결만을 고집하지 않고 사회적 통념에 따라 분쟁을 처리한다는 법외화(法外化, del-egalization), 담당기관을 법관에 한정하지 않고 사회적으로 학식과 덕망있는 사람들도 참여시킬 수 있다는 비법조화(deprofessionalization)를 그 중요한 특징으로 하고 있다. 이러한 ADR의 특질로 말미암아 ADR에 대해 관심이 높아지고 다양한 ADR이 설치되고 기능하게 된 것이다. 이러한 ADR은 법원이 처리하기에 부적합하거나 그다지 복잡하지 않으면서도 시간이 많이 소요되는 사건들을 법원으로부터 덜어내어 능률적이고 경제적이며 덜 대립적인 장으로 전환하여 법원의 사건부담으로 인한 소송지연을 치유해줄 뿐만 아니라, 간이한 절차에 의하여 시간과 비용을 절약하고 우호적이고 탄력적인 절차 운용으로 분쟁을 종국적으로 해결할 수 있고,16) 기업비밀의 누설을 막고 전문가의 지식을 활용할 수 있어 당사자에게 선과 형평에 맞는 구체적 타당성있는 해결로 유도해 나갈 수 있는 장점을 가지고 있다. 그러나 사적 분쟁(private disputes)에 대해서는 지역의 관습과 상거래 규범에 의한 해결이 적당하고 기존의 재판제도 밖에 별개의 절차로서 소송외적 분쟁해결을 하는 것이 적절한 반면, 중요한 공적 가치를 포함한 공적 분쟁(public dispute)은 법원 통제외의 소송외적 분쟁해결이 적절하지 않다는 지적도 있다.17) 그러나 ADR의 유용성이 검증되면서 다양한 개별적인 분야에서 소송외적 분쟁해결수단의 보다 많은 활용이 주장되고 있다. 예컨대 Talbot는 환경분쟁은 정규의 소송 보다 오히려 조정이 신속하고도 항구적인 해결을 가져올 수 있다고 주장(Talbot, 1983)하였으며, 그 이외에도 의료사고로

---

16) 정갑규, 미국법원에 있어서 ADR의 제도화, 「재판자료」 제58집, 법원행정처, 1992, 216.
17) 미국에서 ADR 운동에 대한 경험론적 · 이론적 비판을 가하는 학자와 실무가들도 있어 이에 대한 논쟁이 계속되고 있다. 자세한 것은 다음을 참조바람(이상돈, 조정, 중재, 심판제도의 개관, 「저작권」 제10호, 1989, 111-12).

인한 분쟁이나 주식시장에서의 분쟁 등에서 조정의 활용이 제안되었다. 그렇다고 모든 것을 ADR로 해결할 수 있는 것은 아니다. ADR로 처리하기에 부적합(not suit-able)한 경우나 당사자가 정당한 이유를 제시한 경우에는 ADR로부터 적용제외시키는 경우가 있다. 통상적으로 다음과 같은 사건은 ADR에서 제외시키는 일반적 제외규정이 있다. 즉 행정처분에 대한 불복신청, 당사자소송, 국가의 정책에 대한 관련된 중대한 문제, 확립된 정책을 유지하는 데 중요한 쟁점이 되는 사안, 제3자에게 중요한 영향을 미치는 사안, 공개적으로 정식으로 기록이 남겨지는 것에 중요한 의미가 있는 사안 등이 그것이다.

미국에서 ADR과 관련된 다양한 제도들이 분쟁해결에 이용되고 있다. 크고 작은 각종 분쟁에 적용되는 이들의 공통적인 특성은 다음과 같다. 첫째, 신속하고 저렴한 비용에 의한 분쟁해결. 둘째, 분쟁해결 과정에 있어서 법원 개입의 가급적 배제. 셋째, 당사자 본인들의 의사결정의 존중과 변호사 역할의 축소. 넷째, 최소한의 비형식적인 분쟁해결 절차. 다섯째, 비공개인 사적인 절차. 여섯째, 실체법 적용의 회피와 창의적인 규범의 창조 등이라고 할 수 있다.

III. ADR의 종류[18]

1. ADR 유형론의 개괄

전통적으로 ADR에는 협상과 조정, 중재가 있고, multi-door courtroom에서 다양한 방법을 개발하여 적용하였다.

대체적 분쟁해결제도에 속하는 제도의 유형은 매우 다양하게 분류할 수 있을 것이다. 그러나 가장 대표적인 분류방법은 기본적 분쟁해결 방법과 절충적 분쟁해결 방법으로 나뉜다.[19] 기본적 분쟁해결 방법은 당사자가 절차와 결과에 대해

---

18) 이 부분은 서순복, 대체적 분쟁해결론, 조선대학교 출판부, 2011을 발췌·수정하였다.
19) 김경배, 한국 대체적 분쟁해결제도(ADR)의 제도화 및 발전방안에 관한 연구, 산업경제연구 18(1), 255

통제할 수 있는지에 따라서 협상(negotiation), 조정(mediation), 중재(arbitration)로 나눌 수 있다. 절충적 분쟁해결방식은 증거제시·변론절차가 협상과 결합된 형태로서, 조정 – 중재, 약식재판, 중립전문가 사실확인, 약식 배심원 심리, 옴부즈만 등이 있다.

우리나라에 있어서 민사소송에 의하지 않은 분쟁해결절차를 일별하면 조정, 중재 및 알선이 대표적인 예이고, 그 이외에도 화해, 심판 등이 있다. 소송이 형식화된 중장비의 절차라면 ADR은 비형식화된 경장비의 분쟁해결제도라고 할 수 있다. 당사자 쌍방의 일치된 의사에 의한 자주적 분쟁해결장치로서 소송에 갈음하는 분쟁해결제도(ADR)에 관하여 분쟁해결의 스펙트럼 상에서 주요 제도에 대해서 살펴보기로 한다.

소송의 전 단계 또는 소송과는 관계없이 당사자 간의 분쟁을 스스로 해결하려는 협상(unassisted negotiation) 기법은 최근 상당한 발전을 이루고 있다. 분쟁해결 방법의 기술을 익히는 데 협상기법이나 이론이 큰 도움을 주고 있다. 조정(mediation)[20]은 당사자 간에 협상에 의하여 스스로 분쟁을 해결할 수 없는 경우 제3자의 조력을 받아 모든 결정은 당사자들이 하지만 협상의 각 과정에서 조정인이 개입하여 당사자 스스로 해결하도록 돕는 것이다. 이러한 조정에는 법원에 의한 조정[21]과 행정위원회에 의한 조정 그리고 민간소비자단체 등 사회적으로 공신력있는 단체에 의한 조정이 있다. 여러 법률에서 행정기관이 각종 강제적 또는 임시적 조정기구를 설치 운영하도록 규정하고 있는데, 행정부 산하 조정위원회에 의한 조정이 여러 분야에 걸쳐 실시되고 있다. 이에 대해서는 후술하기로 한다. 법원조정이 조정장인 법관에

---

20) 조정을 의미하는 mediation이나 conciliation은 함께 혼용되어 사용되기도 한다. 그러나 실무자들은 조정인의 개입 여부에 의해서 양자를 구별하기도 한다. 즉 mediator는 당사자 스스로 해결에 도달될 수 있도록 조력하며 분쟁당사자 일방이 상대방의 입장을 잘 이해하도록 노력하는 것이다. conciliator는 분쟁을 평가하여 논쟁의 명백한 해결책을 위한 자신의 견해를 결정한다(Donahey, M.S. International Mediation and Conciliation, The Alternative Dispute Resolution Practice Guide, Lawyers Cooperative Publishing, 1993, 2).

21) 여기에는 1990년 9월 1일 제정된 민사조정법에 의한 조정과 가사소송법상의 가사조정이 있다. 경우에 따라 조정위원회가 개입하는 경우 동위원회는 판사를 조정장으로 하고 민간인 조정위원 2인으로 구성된다.

의한 공정한 절차의 보장과 합리적 판단을 기대할 수 있다면, 행정조정은 해당 분야 전문가에 의한 합목적적 판단을 좀 더 기대할 수 있을 것으로 보인다. 중재 (arbitration)는 분쟁당사자가 판정을 맡길 제3자를 합의하여 그 결정에 반드시 복종하는 개별적이고 강제적인 해결방식이다. 조정이나 중재는 당사자 상호양보에 의한 자주적 해결이라는 점에서 본질이 같다. 그러나 조정이나 화해는 제시된 해결방안에 대하여 거부의 자유가 최종단계에서 인정되나, 중재는 중재회부여부 결정은 자율이나 일단 중재판정(arbitration award)이 내려지면 복종해야 한다.22)

조정중재(Med-Arb)는 조정을 일차 시도하고 결렬될 경우 중재로 전환하는 과정을 가리킨다. 미니재판(mini-trial)은 중립적인 제3자가 사건의 사실을 듣고 사건의 공과에 대한 의견을 제시하는 과정으로서 조정과 중재의 기술이 가능하며 쟁점이 복잡할 때 적합하다.23) 원래 옴부즈만은 공무원의 위법 내지 부당한 행정활동에 대하여 비사법적인 수단으로 국민을 보호하는 관직이라고 이해되고 있다. 옴부즈만은 공공기관, 대기업체에 소속된 자가 민원사항을 검토하고 시정사항이 있을 경우 대표자에게 건의한다.24) 법원부속형 ADR의 하나인 조기중립적평가(Early Neutral Evaluation)란 소송의 조기단계에서 당사자 및 변호사가 사건의 개요를 설명하고 당

---

22) 중재와 조정은 용어가 혼용되어 사용되기도 하나 다음과 같은 기본적인 차이점이 있다.

구분	조정	중재
제3자의 관여	제3자 중립인에 의한 결정이 없음	제3자 중립인에 의한 결정이 있음
중립인의 두뇌기능	조정인은 창조적인 두뇌기능 즉 직관적이고 전체고력적이며 상징적이고 감성적인 기능을 사용함	중재인은 합리적인 두뇌기능 즉 분석적이고 논리적이고 기술적인 기능을 사용함
기능	조정인은 정오(正誤)를 떠나 당사자로 하여금 화해와 일치에 이르게 함	중재인은 정오를 결정하는 수동적임
전문가 여부	조정인은 분쟁분야의 전문가일 필요없음	중재인은 특정분야에 대한 지식과 능력 가진 사람에 의해 기능수행

자료: Cooley, J.W. Arbitration vs. Mediation-explaining the differences, Judicature Vol.69, 1986, 263.

23) 三木浩一, あめりか 合衆國聯邦地裁における 訴訟付屬型 ADR, 「國際商事法務」 Vol.23 No.10, 1995, 1187-1192.

24) 이러한 옴부즈만은 의회 옴부즈만, 공정거래 옴부즈만, 소비자 옴부즈만, 신문 옴부즈만 등이 있겠는데, 신문 옴부즈만에 대해서는 다음을 참조 바람(박영상, 옴부즈맨제도의 실태, 「언론중재」 제13권 제2호 여름, 1993, 25-31).

해 사건의 문제에 정통한 경험 있는 중립적 변호사에 의한 구속력 없는 평가를 받는 절차를 말한다. 특별심사관제도(Special Masters)는 법원이 임명한 전문가에 의해 심문 전에 증거제시와 조사분석을 행하는 분쟁해결방법이다. 약심배심재판(Summary Jury Trial)은 법원의 명령에 따라 배심원이나 당사자를 소집하여 배심원의 권고적 의견으로 분쟁해결하는 것을 말한다. 사적 결정(Private Judging)은 당사자들의 합의로 선임한 제3자에게 소송심리에 필요한 판사로서의 권한을 부여하는 것으로, 캘리포니아에서는 당사자들의 비용으로 은퇴 변호사에게 사건을 제출하기 때문에 Rent a Judge라고도 한다.

우리가 살고 있는 사회나 국제무역거래에서 분쟁이 필연적으로 발생하는데 이러한 모든 분쟁을 전적으로 법원을 통해서만 해결할 수는 없다. 즉, 보다 저렴하고 신속하며 덜 권위적인 대체적 분쟁해결방법들(ADR)이 더 좋을 수도 있다. 이러한 분쟁을 해결하는 방법으로 당사자들이 먼저 사용하는 것은 협상(negotiation)이다. 협상(negotiation)은 제3자 개입 없이 당사자들의 주도하에 분쟁을 해결하는 것인데 이 협상이 실패로 끝나는 경우에는 이루어지는 분쟁해결방법은 조정(mediation), 중재(arbitration), 간이심리(mini-trial), 조정·중재(med-arb), 옴부즈만(ombudsman), 법원 ADR(court annexed ADR), 사적결정(private judging: rent a judge) 등이다. 당사자가 직접 분쟁해결에 참여하는 협상(negotiation)과 제3자 개입에 의한 분쟁해결 등을 스펙트럼에 적용하면 다음 〈그림 1-4〉와 같다.25)

---

25) 김광수, 상사중재제도에 관한 비교 고찰, 「중재」 통권 278호 겨울, 1995, 67.

[그림 1-4] 분쟁해결 스팩트럼

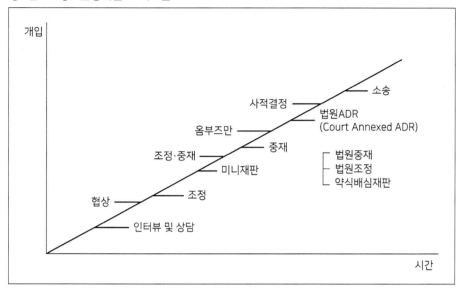

이렇게 분쟁해결에 대해 협상과 재판은 양 극단에 위치한다고 할 수 있다. 전자는 사적 자치주의에 따라 순전히 개인 또는 집단들의 자발적인 의사에 따른 합의에 의해 해결하는 것이며, 후자는 국가가 제공하는 재판 절차에 따라 법관들이 사실을 확인하고 적절한 법규를 적용하여 결정하면 당사자들은 그 결과에 구속되는 방법으로 해결한다. 대체적 분쟁해결제도들은 이들의 중간에 위치한다고 할 수 있는 것으로 순수한 형태로서 조정과 중재에 의해 대변된다.[26] 이들은 예전부터 행해져 내려오던 방법들이며, 우리나라의 법 체계 속에서도 쉽게 찾아 볼 수 있다. 이들의 특성을 비교하면 다음 〈표 1−1〉과 같다.

성질상 협상과 재판의 중간 위치에 있는 조정과 중재는 전자는 합의 도출이 목적이며 결정이 구속력이 없으나, 후자는 권위적인 결정을 도출하는 것이 주 임무이며 그 결정이 당사자들을 구속한다는 데 중요한 차이가 있다. 조정은 제 3자가 개입하여 그 과정을 쉽게 해준다는 점을 제외한다면 사적 자치를 기반으로 하는 협상과

---

26) 여기서 순수형(pure type)이라 함은 그 내용이나 절차가 대개 정해져 있어 유사한 다른 분쟁해결 방법들의 구분 기준으로서 기능할 수 있다는 의미로 사용하였다.

[표 1-1] 순수형[26] 분쟁해결제도의 비교

구분		협상	조정	중재	재판
절차 개시에서 당사자들의 합의		필수요건	필수요건/예외	필수요건/예외	불필요
제3자	개입	불개입	개입	개임	개입
	성격	-	개인/공·사기관	개인/공·사기관	국가(사법부)
	선정	-	쌍방 합의 중요	쌍방 합의 중요	외부의 지정
	역할	-	합의 도출	중재 결정	판결 등
절차의 진행내용		이해/입장 조정	이해/입장 조정	확인/이해 조정	확인/법리 적용
절차의 정형성		없음	대개 없음	조금 있음	완전히 있음
결정의 구속력		쌍방 동의 필요	쌍방 동의 필요	구속적	구속적

자료: 김준한, 행정부와 대체적 분쟁해결제도, 한국행정학보 30(4), 1996, 41.

동일하다고 할 수 있다.

앞서 보았듯이 당사자의 요청에 의하여 분쟁해결에 개입하는 제3자의 개입정도와 시간소요에 따라 분쟁해결 방법들을 연속선상에서 분류한다면, 분쟁해결방법의 한 연속선상(spectrum)에서 한 쪽 끝에 판결(adjudication)이 있으면 그 연속선상의 반대쪽에 협상(negotiation)이 있게 된다. 이렇듯 분쟁해결방법에 있어서 판결과 협상이 양 극단에 존재하게 된다. 조정과 중재는 제3자의 개입정도와 시간소요에 따라 각각 조정은 협상에, 중재는 판결에 더 가까운 해결방법이다. 그 밖의 대체적 분쟁해결방법은 제3자의 개입정도와 시간소요 등에 협상과 판결의 사이에 존재한다. 스미토프(Schmitthoff)는 "중재는 소송보다 좋고, 조정은 중재보다 좋으며, 분쟁의 예방은 조정보다 좋다"고 평가하였다.[27] 이러한 평가는 분쟁을 해결화는 방법이 자치적, 자주적인 것으로 제3자의 개입의 정도가 약한 분쟁해결방법이 좋다는 것을 의미하고 있다.

---

27) Clive M. Schmittoff, Export Trade, 7th edition, London steven & Sons Ltd., 1980, 411.

[표 1-2] 분쟁해결방법에 대한 찬·반 의견

구분	법원판결	중재	조정/협상
찬성론	• 공고의 규범제정 필요 • 힘의 불균형 상쇄 필요 • 과거 사건에 대한 판정 필요	• 법원의 업무과다 해소 • 신속성, 비밀성	• 관계지속 적합 • 장래관계에 대한 고려 • Win-Win Game • 당사자 자치의 원칙 • 다수당사자 참여
반대론	• 처리건수 과다 • 지속적인 관계유지 필요 • 신속한 해결 필요	• 판례 필요	• 당사자 참여 강제 필요 • 합의안 강제집행 필요 • 공공법규 제정 필요

자료: Kanowitz, Leo. Case and Materials on Alternative Dispute Resolution. American Casebook Series, West Publishing Co, 1985, 27.

2) 법원형과 행정부형 대체적 분쟁해결제도

대체적 분쟁해결제도는 그 분쟁 해결의 주체가 누구냐에 따라 법원, 행정부, 민간기관 등으로 나눌 수 있다. 법원이 보다 간이한 방식으로 진행하는 조정 절차라든가, 행정부 내에서 설치되어 있는 중앙환경분쟁조정위원회 등 각종 분쟁조정위원회, 그리고 민간기관인 대한상사중재원이 시행하는 중재 등은 대체적 분쟁해결제도의 대표적인 경우이다.

사법부에서는 재판에 앞서서 민사조정, 가사조정 등을 통하여 분쟁을 해결하도록 유도하고 있다. 우리나라 행정부형 대체적 분쟁해결제도는 행정기관형, 공공기관형, 민간단체형 등이 있다. 행정기관 또는 공공기관형 조정은 행정기관 또는 공공기관의 특별법의 규정에 의하여 관할 행정 또는 공공기관이 그 산하에 조정위원회를 구성하여 분쟁을 해결하도록 하는 경우이다. 행정기관형 조정기구로는 노동위원회, 환경분쟁조정위원회 등이 있고, 공공기관형 조정기구로는 금융분쟁조정위원회, 소비자분쟁조정위원회, 전자거래분쟁조정위원회,28) 개인정보분쟁조정위원회29) 등

---

28) 전자거래기본법에 의하면 전자거래에 관한 분쟁을 조정하기 위하여 전자거래분쟁조정위원회를 두도록 하고(동법 제32조 제1항), 전자거래분쟁조정위원회의 구성, 조정절차, 조정의 효력, 조정비용 등에 대해 규정하고 있다(동법 제32조 내지 38조, 동법 시행령 제16조 내지 제22조).

29) 정보통신망이용촉진및정보보호등에관한법률에 의하면 개인정보에 관한 분쟁을 조정하기 위하여

이 있다. 민간단체형 조정은 공공기관이 아닌 사업자단체에 의해서 설립된 분쟁조정위원회에 의해 분쟁이 해결하도록 하는 것이다. 민간단체형 조정기구로는 하도급분쟁조정협의회,30) 증권거래소 분쟁조정위원회 등이 있다.

　행정부에 의한 대체적 분쟁해결제도는 조정과 중재가 순수형으로서의 가치를 지니며 아직도 그 활용이 가장 활발하다. 다만 순수형 대체적 분쟁해결제도의 서로 다른 측면들을 결합시키고 새로운 요소를 가미한 다양한 대체적 분쟁해결제도들이 등장하고 있다. 어느 정도의 구속력을 갖는 조정－중재(med－arb), 민간재판(rent a judge/private judge)과 주로 당사자의 합의에 의하여서만 결정이 효력을 갖게 되는 모의재판(Mini－trials), 중립전문가의 사실 확인(neutral expert fact finding), 모의배심원재판(summary jury trials), 옴부즈만(ombudsman) 등이 있다. 우리나라에서 대체적 분쟁해결제도 중 조정이나 중재는 공식 또는 비공식적으로 활용되고 있다. 사인(私人)간에 분쟁이 있을 경우 제3자에게 조정이나 중재를 부탁하여 당사자들의 합의를 도출하고 분쟁을 해결하는 것은 지극히 자연스러운 관습으로 용인되고 있으며, 공식적으로 제도화되어 사용되고 있기도 하다. 대한상사중재원은 사단법인으로서 상사에 대한 알선 및 중재 업무를 담당하고 있다.

<hr />

개인정보분쟁조정위원회를 두도록 하고(동법 제33조 제1항), 개인정보분쟁조정위원회의 구성, 조정절차, 조정의 효력 등에 대하여 규정하고 있다(동법 제33조 내지 제40조, 동법 시행령 제12조 내지).

30) 하도급거래공정화에 관한 법률에 의하면 일정한 사업자단체는 공정거래위원회 또는 양당사자가 요청하는 원사업자와 수급사업자 간의 하도급거래에 관한 분쟁을 조정하기 위하여 하도급분쟁조정협의회를 설치하도록 하고(동법 제24조), 하도급분쟁조정협의회의 설치단체, 하도급분쟁조정협의회의 구성, 분쟁조정절차 등에 대해 자세하게 규정하고 있다(동법 제24조, 동법 시행령 제7조 내지 제13조).

IV. 협상을 위한 갈등 마주하기: 갈등에 대처하는 자세

협상이라는 단어를 사용하기 위해서는 기본적인 전제가 있다. 갈등과 분쟁을 해결하기 위한 협상이다. 여기에서는 이미 갈등 또는 분쟁상황에 있다는 전제하의 협상을 의미한다. 분쟁상황에 놓여 있다는 것은 아직 표출은 하지 않았으나 내재적으로 문제를 가지고 있는 상황, 이미 표면적으로 갈등이 나타난 상황 모두를 포함하려는 것이다.

1. 갈등과 분쟁

1) 갈등의 사전적 의미

갈등은 인지의 차이에서 시작된다. 상대방과의 인식에 차이가 있기 때문에 동일한 사물과 사안에 대하여 다르게 해석하고 받아들인다. 이러한 차이가 '서로 다르다'는 것을 부정적으로 받아들이게 되고, '나는 맞고, 너는 틀렸다'로 받아들이게 될 수 있다. 이렇듯이 인식의 차이를 부정적으로 받아들이게 되면 갈등이 발생한다.

이렇듯 인식 차이는 서로를 이해하지 못하고 부정적인 감정으로 연결하게 된다. 그 영향으로 양 당사자는 부정적인 관계 즉, 경쟁적인 관계를 형성하게 된다. 서로 다르다는 점에 집중하기 보다는 상대가 다르게 생각하는 점을 틀렸다고 본다. 이런 차이가 서로에게는 함께 공존할 수 없는 상황으로 인식하게 만든다.

부정적으로 인식된 차이는 상대의 인식과 행위를 교정하려고 하기 때문에 갈등을 야기한다. 개인 간의 차이에 대해 부정적으로 반응하면 개인간의 갈등이 점차 증폭한다. 또한, 이러한 갈등은 개인뿐만 아니라 사회 내에서 다양한 형태로 나타난다. 현재 우리나라에서도 세대, 성별에 의한 갈등까지 발생하고 있다.

2) 갈등의 진행과정[31]

(1) A지점: 갈등상황의 인지(recognition)

양 당사자는 갈등상황을 인식하기 시작한다. 갈등이 표출되는 과정에서 점차 갈등상황이 악화하게 된다. A지점 이전에는 분쟁이 있었다고 하더라도 인지를 하지 못하면 분쟁이 발생하지 않는다. 갈등을 인지하더라도 어떤 반응을 보이느냐에 따라서 갈등상황의 진행방향이 달라진다. 여기에서는 회피 또는 포기처럼 갈등을 외면하는 상황은 제외하고 적극적으로 갈등을 마주하는 상황만을 설명한다.

(2) B지점: 갈등의 증폭단계(escalation)

인지 이후에 한동안 갈등이 증폭된다. 단순히 인식하는 수준을 넘어서 나는 올바르고 상대의 주장은 사실 또는 논리에서 어긋났음을 밝히기 위한 과정에서 마찰

[그림 1-5] 갈등의 진행 단계

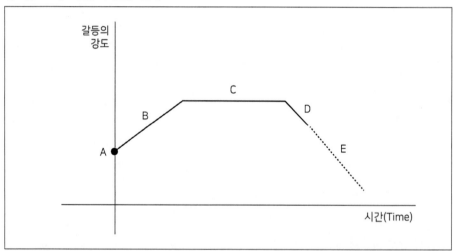

* 갈등이 표출되는 양상과 패턴을 설명해 준다. 일반적으로 갈등은 위의 그림과 같은 패턴을 보이며 외부로 표출된다. 이는 협상과정에서도 비슷하게 나타난다.

---

31) Folberg, Golann, Stipanowich & Kloppenberg, Resolving Disputes: Theory, Practice, and Law, Aspen Publishers(2010)와 이선우, 오성호, 협상조정론, 한국방송통신대학교출판부(2017)를 참고하였다.

이 생기고, 이 과정에서 점차 갈등의 강도가 증가하게 된다. 이 때는 자신이 옳았음을 주장하는 것이 이기는 것이고 상대의 주장을 깨뜨려야 상대를 굴복시킨다는 생각을 하게 된다.

(3) C지점: 갈등의 교착상태(stalemate)

증폭된 갈등상태가 최고점에 다다르게 된 후에는 어느 정도 소강상태를 보이게 된다. 더 이상 자신의 주장을 반복하더라도 상대가 들어주지 않는다. 서로의 반복된 주장을 수없이 교환한 상태이고, 반박할 근거도 없는 상태이기 때문에 갈등은 교착상태를 유지하게 된다.

(4) D지점: 갈등의 완화단계(de-escalation)

갈등상황이 나빠지지 않고 일정 수준의 상태를 유지한 후에는 일방 혹은 쌍방은 갈등상황을 완화하는 태도를 보이게 된다. 양보 혹은 외면이라는 방법을 통하여 점차 갈등상황이 완화된다. 전쟁에서 보면 가장 치열한 전투를 거친 후에 소강상태가 계속되는 경우가 있다. 이때 한 쪽에서는 치열한 전투를 벌이고 있는 반면에 다른 쪽에서는 공식 혹은 비공식인 방법을 통하여 협상을 진행하는 식으로 갈등을 완화하려는 시도를 하게 된다.

(5) E지점: 갈등의 해소단계(resolution)

쌍방이 합의를 통하여 갈등을 해결하는 단계이다. 혹은 문제해결(problem-solving) 단계로 표현하기도 한다. 다만, 문제해결이라는 의미는 쌍방의 원만한 합의를 통하였는지 혹은 부득이하게 일방적인 양보를 하였는지에 따라 차이가 있을 수 있다. 자발적인 의사에 의하여 원만한 방법으로 문제해결하였다면 만족한 결과라고 볼 수 있겠으나, 일방당사자의 힘에 의한 일방적인 양보를 강요당한 합의라면 설령 합의를 하였다고 하더라도 여전히 갈등의 잠재적인 원인은 해결되지 않는다. 이런 관점에서 본다면, 승-승(Win-win) (서로가 이기는) 협상은 서로가 만족하는 합의라고 할 수 있고, 승-패(win-lose)는 일방은 만족하는 반면에 타방은 만족하지 못하는 문제해결방법이다.

협상을 이해하기 위해서는 갈등의 전반적인 과정을 이해하여야 한다. 협상을 완화단계에서만 고려할 것이 아니라, 갈등의 진행과정 전체를 통해 협상의 가능성을 고려해야 한다.

2. 갈등과 분쟁의 대처방법

갈등과 분쟁은 두 가지 방법으로 대처할 수 있다. 우선 갈등 자체가 발생하지 않도록 미연에 방지하는 것과 이미 발생한 분쟁을 가능하다면 빠르고 원만하게 해결하는 방법으로 대처할 수 있다. 여기에서는 미연에 방지하는 방법보다는 발생한 갈등상황을 인지하고 이를 원만하게 해결하는 방법에 집중한다.

실제로 우리는 눈을 뜨는 아침부터 끊임없이 갈등상황을 마주한다. 아마도 가장 먼저 자신과 협상을 할 것이다. 지금 이불을 박차고 일어나느냐 혹은 '5분만 더'를 마음 속으로 외치며 다시 눈을 붙일 것인지 하는 선택 상황에 놓인다. 드라마 속의 장면을 상상해보라. 어머니가 들어오시며 이불을 치우며 '어서 당장 일어나'라고 하고, 고등학생 자녀는 '아! 5분만 더'를 외친다. "지금 당장 일어나지 않으면 지각이야"라고 최종통보를 해준다. 늦잠을 자고 싶은 자녀는 지금 당장 일어나거나 조금 더 자던지 선택 상황을 마주하게 된다. 혼자서 직접 선택을 하던지, 타인과 대화를 통한 선택을 하고 협상을 한다. 어떤 결정을 해야만 하는 선택상황을 끊임없이 마주하게 된다.

사회생활을 하는 과정에서 분쟁과 갈등을 피할 수 없다. 인간이기 때문에 집단에 속하고 사회의 구성원이 되어서 사회생활을 하고 있기 때문에 집단 내의 생활에서 개인 간 또는 집단 간의 갈등과 분쟁을 피하기 어렵다. 사회생활은 필연적으로 사람들 속에서 이루어지기 때문에 사람과의 관계 속에서 마찰, 즉 분쟁과 갈등이 생기게 된다. 심지어는 미리 혼자서 걱정을 하고 불안에 떨기도 한다. 내면적 갈등에서 걱정을 떨치기 위해서는 자신과의 협상을 해야 한다. 내면의 대화 즉 자신과의 협상을 통하여 내 마음속에서 타오르고 있는 불안을 잠재워야 하는 경우도 있다.

사회생활을 하는 과정에서 타인과의 갈등과 분쟁을 겪게 된다. 일시적으로 분쟁을 회피하거나 상황 자체를 무시하며 외면할 수는 있지만, 이는 제대로 된 해결책은 아니다. 따라서 실질적인 분쟁해결의 수단으로 당사자 간의 협상이라는 방법이 필요하다.

협상은 갈등과 분쟁을 가진 당사자들이 직접 자신의 문제를 해결할 수 있다는 뚜렷한 장점이 있다. 갈등을 심화시키지 않고, 분쟁도 폭발시키지도 않으며 당사자 간의 대화로서 문제를 풀어낸다. 우리가 기존에 알고 있는 분쟁해결방법인 소송에서도 적용할 수 있는데, 소송 중이라고 하더라도 당사자간에 스스로 갈등과 분쟁을 해결하는 것이다.[32] 협상의 수단으로는 의사소통(Communication), 특히 대화라는 수단을 통하여 자신의 의사를 전달하고 서로를 설득하게 된다. 대화는 말하기와 듣기로 대표되는데, 개인적인 특색이 뚜렷하다. 특히, 말하기는 개인적인 차이가 크고, 성격에 대하여 협상과 대화 스타일에 큰 차이가 있다.

우리가 공동체 생활을 하기 때문에 사람과 사람 사이에서 문제가 발생하게 된다. 사람에 의하여 발생하지만 사람과 사안을 분리하라는 의미인가? 그러나 이것을 좀 더 분석해 본다면, 문제 자체를 사람과 연결한다면 근본적인 문제에 접근해야 하기 때문에 굉장히 오랜 시간이 소요된다. 그래서 문제가 되는 사안을 협상에서 다룰 때 이것을 의제라고 부르기도 한다. 사람들 사이에서 발생하는 갈등이 상당히 많고 공동체 생활에서 발생하는 오해들이 갈등을 일으키기도 한다. 개인의 성격 성향의 차이에 따라서 누구는 활발하거나 소심하기도 하다. 특히, 착한 사람 증후군이라면 자신은 남을 위해서 상당한 시간과 노력을 투자하지만 남에게 부탁하는 것을 꺼려한다.

사람은 누구나 사회생활을 한다. 가족부터 시작해서 학교, 회사, 모임, 단체등에 소속되어 있다. 그 모든 사회생활 속에는 나름의 자신의 역할이 있고 그 역할을 수행하는 개인은 자신의 성격과 지위에 따라 살고 있다. 각자 개인은 모두 각기 다른 성격을 가지고 있다. 그리고 '다르다'는 점은 성격과 생각, 행동에 이르기까지 다양한 양상으로 나타난다.

---

32) 앞에서 이미 대체적 분쟁해결(ADR)에 대하여 언급하였다. 이는 소송외의 분쟁해결방법으로 표현되기도 한다. 기존의 소송제도를 기준으로 하여, 그 외의 방법을 소송 이외의 대체적 방법으로 표현하고 있다.

다양한 성격과 성향, 자라온 환경 등에서 차이가 있음을 인정하면 갈등의 양상을 이해하기 쉽고, 분쟁사안에 따라 이를 객관화하기에도 편하다.

성격에 따라서 갈등에 대처하는 방법은 사람마다 차이를 보인다. 착한 사람 증후군을 가진 사람은 남의 부탁을 거절하지 못하고 자신의 소중한 시간을 투자해서 상대를 위하여 일하기도 한다. 남을 잘 도와주는 반면에 정작 자신의 힘들어 할 때는 남에게 부탁을 잘 하지 못하는 경우도 있다. 이는 자신이 착한 사람으로 다른 사람에게 보여져야 하기 때문이다. 이에 반하여, 유달리 경쟁심이 강해서 자신이 이기고 1등을 해야 직성이 풀리는 사람이 있다.

사회구조상의 갈등의 성향을 살펴보자. 사회 구조상 위계체계는 피라미드구조를 가질 수밖에 없다. 위로 올라갈수록 소수이기 때문에 시간이 지나며 직급을 올리기 위해서는 경쟁을 피할 수 없다. 지금은 입사동기일지 모르지만, 20년이 지나면 아주 극소수의 사람만이 그 회사에 남아 있게 된다. 얼마 남지 않은 상위직급을 차지하기 위하여 서로 경쟁하여야 한다. 그렇다면, 우리는 경쟁은 피할 수 없는 것인가? 선사시대에는 생존을 위해서 무리생활을 하였어야 했으나, 그로 인한 문제도 상당하다. 무리생활을 하면 사냥을 할 수 있으나, 무리에서 벗어나면 도리어 사냥을 당할 수 있다. 그래서 무리에서 어떻게 해서든지 남아있어야 한다. 농경생활을 하면서 잉여자원이 생겨났고, 누군가는 농사를 짓기 위해서 힘든 노동을 강요받았으나, 누군가는 쉴 수 있는 시간을 가졌다. 그리고는 잉여자원을 교환하면서 자본이라는 개념이 생겼다. 흥정을 하면서 물류의 교환을 촉진하였지만, 그 과정에서도 문제는 끊임없이 발생하였다. 그를 원만히 해결하기 위해서는 경쟁 혹은 상호이해라는 면이 동시에 고려되었다. 그리고 보편적인 형태의 계약과 그에 따른 이행이 필요해졌고 이것이 법체계로 형성되었다.

회피하기 어렵고 불가피하게 마주할 수밖에 없는 선택상황에서 어떤 과정을 거쳐 가장 최적의 선택을 할지 또는 타인과의 갈등상황과 분쟁에서 어떤 과정을 통하여 어떻게 해결해 나갈지 고민할 필요가 있다. 여기에서 강조하고자 하는 바는 이기기 위한 협상(Win-lose strategy)을 하는 것이 아니라 서로가 만족할 수 있는 협상과정을 만들어 보자는 것이다. 이렇게 하기 위해 협상의 의미를 먼저 살펴보자.

우리는 일상생활에서 설득, 협상, 조정, 중재라는 말을 상당히 많이 사용하고 있다. 그 의미를 알고 있는 듯하지만, 그 차이점을 정확히 파악하기란 쉬운 일이 아니다. 다음에서 의사소통의 방향과 제3자의 참여, 제3자의 권한여부에 의한 설득, 협상, 조정, 중재의 차이점을 살펴보기로 한다.

V. 갈등해소를 위한 의사소통: 커뮤니케이션

'이기기 위한 협상'이라는 표현을 사용하기도 하는데, 이 책에서 다루는 협상은 이기기 위한 수단으로서의 협상이 아니다. 협상은 싸워서 이겨내는 것이 아니다. 문제를 원만히 해결하고 그 과정에서 만족할 수준의 합의를 이끌어내는 과정을 추구하는 것이다. 이러한 협상과정을 만들기 위한 수단으로 원활한 의사소통이 필요하다.[33] 우리가 흔히 말하는 의사소통(커뮤니케이션, Communication)은 우리 인류가 지구의 지배자로 군림하게 된 원동력이었다. 인류는 말과 글을 통하여 더 오랜 시간동안 기억할수 있었고, 다른 사람과 다음 세대에게 지식을 전달할 수 있었다. 인류의 긴 역사에서 살펴보면 분쟁을 마주했을 때에도 개인 또는 집단 간의 싸움이 아니라, 의사소통이라는 과정을 통하여 오해를 해소하고 가능한 해결책을 찾고 재발을 방지할 수 있었다.

의사소통을 자기 표현과 전달이라는 점에서 살펴보면 투입(input)과 산출(output)로 나눌 수 있다. 투입(input)은 입력, 즉 받아들이는 행위로 보고, 산출(output)은 출력, 생산행위 즉 외부로 전달하는 행위로 본다. 공장의 입력과 출력행위와 유사하지만, 커뮤니케이션에서는 말과 글의 생산행위에 더하여 제대로 전달하는지가 중요하다. 엄청나게 말을 많이 한다고 해서 전부 전달되는 것은 아니기 때문이다. 말다툼을 할 때를 보면, 자신의 주장만 반복해서 말하고 상대의 말은 전혀 듣지 않음을 볼 수 있다. 그럼에도 불구하고, 우리는 언어와 문학을 교육과정에서 배우고 있다. 전

---

33) 위에서 언급한 것처럼, 법정에서는 판사를 설득하여야 하지만 협상에서는 양 당사자들이 서로를 설득하여야 한다.

반적인 의사표현과 소통의 교육으로 투입(input)이 있었다. 그러나, 지식을 머릿속에 입력하는 인풋과는 달리, 나의 의견을 표시하고 타인의 의견을 청취하는 소통의 산출(output)에 대한 제대로 된 교육은 그에 미치지 못하고 있다.

일반적으로 지식의 습득으로 투입은 잘 하고 있는 반면에 이를 활용하는 산출을 잘하지 못하고 있다. 외부로 표현한다는 의미의 산출이라고 해서 산출이 단지 말하는 것만을 의미하지는 않는다. 표현이라는 면에서 본다면, 말소리뿐만 아니라, 얼굴표정과 몸짓 등의 방법을 통하여 다양하다. 또한, 산출 과정에서, 내가 어떤 말을 하면 '상대가 거절하지 않을까' 하는 두려움에 제대로 말을 하지 못하는 경우도 있다. 따라서, 효율적으로 전달할 수 있는지에 대한 논의가 필요하다. 우리는 유교적 전통에 의하여 말하는 것을 조심하도록 교육을 받아왔고, 그것에 적응하며 살아가고 있다. 설령, 상대가 다소 격식에 맞지 않는 말을 하더라고 참고 넘어가는 것을 미덕으로 삼아왔다. 이런 점에서 갈등은 조금씩 쌓여왔고 결국에는 분쟁으로 표출되는 경향이 있다. 다음 장의 협상의 구성요소에서 좀 더 자세히 다루기로 한다.

우리는 지식과 의사의 전달을 산출로 보기 때문에 말을 많이 하는 사람이 좋다고 생각한다. 정치인들의 TV토론을 기억해 보자. 일단 상대에게 공감하려는 의지를 가지고 있지 않다. 단지 자신의 말만 열심히 되풀이하고 이것을 토론이라고 하면서 마치게 된다.[34]

의사소통의 중요성에 대한 예를 살펴보자. 장님 코끼리 만지기에 대한 이야기를 알고 있을 것이다. 코끼리의 다리를 만진 사람은 코끼리가 나무기둥과 같다고 설명하였고, 몸통을 만진 사람은 벽과 같다고 하였으며, 귀를 만진 사람은 커다란 잎과 같다고 하였다. 일부만 알고 있음에도 전체를 안다는 실수를 풍자한 이야기이다. 이야기의 등장인물들이 좀 더 원활한 의사소통을 했다면 코끼리에 대한 이미지를 좀 더 명확히 할 수 있지 않았을까 하는 생각이 든다. 위의 상황에서 눈으로 직접 보고 확인할 수 없었지만 만약 서로가 원활한 의사소통을 하였다면 코끼리에 대

---

34) 토론에서 자신의 주장에 대한 반박을 자신에 대한 공격이라고 생각한다. 그리고 점차 고성으로 이어진다. 고성을 지르는 다른 이유가 있을 수 있지만, 일단 제대로 된 토론에 대한 이해가 부족하다.

한 외형을 좀 더 자세히 묘사할 수 있었으리라 기대된다. 원활한 의사소통 즉, 효율적인 투입과 산출을 통하여 자신의 의사표현과 이에 대한 이해를 증진시킬 수 있다는 의미이다.

협상 연습 1 ▸ 커뮤니케이션과 협상

의사소통이므로 말하고 듣기를 잘하면 될 것 같다. 그러나 그것이 그리 쉽지 않다는 점이 문제이다. 교실에서 두 학생의 지원을 받기로 한다. 각기 교실의 반대편에 위치시킨다. 한 명에게 눈을 가리도록 하고 반대편의 눈을 가리지 않은 학생에게 이동할 수 있는지는 시험한다. 이 때 눈을 가리지 않은 학생은 눈을 가린 학생에게 방향과 장애물의 위치를 알려주어 장애물을 피하여 걸어올 수 있도록 알려준다. 이 때 바닥에는 종이컵과 의자 등의 장애물을 설치한다.

이 정도라면 눈을 가린 학생은 시간을 걸리지만, 큰 어려움 없이 반대편에 위치한 학생에게 다가갈 수 있다.

▎연습의 목표: 투입과 산출

1) 말하기(산출)와 듣기(투입)가 원활히 이루어지는지 살펴보자. 문제가 있다면 어떤 과정에서 문제가 발생하는지 생각해 보자.

2) 말하기는 산출로, 듣기를 투입으로 생각해보자. 말을 많이 한다고 모두 전달되는지 살펴보자. 눈을 가린 학생의 입장에서 보면, 듣기(투입)가 왜 되지 않는지 생각해 보자. 산출을 하는 학생(눈을 가린 학생을 안내하는 학생)의 입장에서 왜 눈을 가린 학생이 자신의 말을 받아들이지 못하는지 생각해 보자.

3)서로 마주보고 있기 때문에 말하는 사람의 오른쪽은 듣는 사람의 왼쪽이 된다. 말하는 사람은 듣는 사람의 입장에서 말해주고 있는지 살펴보자. 또는 사전에 누구의 입장에서 말할지를 미리 정하고 있는지 살펴보자.

협상 연습 2 ▸ 커뮤니케이션과 협상

위의 연습에 이어서, 지원자를 4명 더 받는다. 두 명씩 한 조가 되어서 위와 같은 행동을 동시에 실시하도록 한다. 3명은 눈은 가리고, 나머지 3명은 각자의 파트너에게 방향과 장애물을 알려주어야 한다.

▎연습목표; 정보습득과정의 혼선

한 명이 알려준 경우에 비하여, 세명이 동시에 말하면 듣는 이는 혼란스러워 한다. 누구는 차분한 반면에 누구는 목소리를 높이기도 하다. 파트너의 목소리를 인식하지 못하면 누구의 말에 의지하며 움직여야 하는지 혼선이 생기기 때문이다.

협상 연습 3 ┃ 커뮤니케이션과 협상

눈을 가린 학생은 한 명을 둔다. 이 학생을 안내할 학생으로 세 명을 둔다. 세 명이 눈을 가린 한 명의 학생을 안내하여야 한다.

▎연습목표: 정보습득과정의 심화된 혼선

1) 눈을 가린 학생의 입장에서 본다면 세가지 종류의 서로 다른 정보(인풋)이 있다. 최초의 정보는 동일할 수 있지만, 몇 걸음 앞으로 나아간 이후에는 점차 정보가 달라지고 양도 그만큼 증가한다. 누구는 오른쪽으로 가라고 하고, 다른 학생은 왼쪽으로 가라고 할 수도 있기 때문이다. 또는 뛰어 넘어라는 정보를 줄 수도 있다. 눈을 가린 학생의 입장에서 본다면, 제한된 시간 내에 엄청난 양의 정보를 제공받게 된다. 따라서 제공받는 정보를 처리할 수 있는 충분한 시간을 갖추지 못한 상태에서 새로운 정보를 추가로 제공받게 된다. 여기에서 혼란이 더욱 가중된다.

2) 말하는 학생의 입장에서 본다면, 이들은 모두 동일한 목표를 가지고 있기는 하지만, 어떤 경로를 이용하여 목표에 도달하는지에 대해서는 조금씩 다른 생각을 하고 있을 것이다. 자신의 의견을 제대로 전달하기 위해서는 더 많은 정보를 전달하여야 한다는 생각이 든다. 다른 학생보다 자신의 의견을 전달하기 위해서는 더 큰 목소리를 말해야 할 필요성도 느낀다.

연습 후 토론

이번 연습을 통하여 연습한 의사소통에 대한 토론을 해 보자.

1. 방향을 알려준 학생과 눈을 가린 학생은 어떤 행동을 하였는지 토론해 보자
2. 말하기는 무엇이었는가? 말하기를 통하여 전달된 것은 무엇인가?
   A. 어떻게 하면 말하는 학생의 전달력을 높일 수 있을까?
   B. 목소리가 크다고 전달력이 좋아졌는가?
   C. 말을 많이 한다고 더 많은 양의 정보를 전달할 수 있을까?

3. 듣기는 무엇인가? 듣기를 통하여 전달된 것은 무엇인가?

   A. 어떻게 하면 듣는 학생의 이해력을 높일 수 있을까?

   B. 잘 듣기 (경청)은 무엇일까?

4. 말하기와 듣기 이외에 각자의 반응은 어떠하였는가? (말하는 학생의 행동과 듣는 학생의 반응)

   A. 눈을 가린 학생은 말을 하지 않고 일방적으로 정보전달만 받았는가?

   B. 눈을 가린 학생도 설명을 하는 학생에게 어떤 설명을 하도록 요구하였는가?

   C. 말하기와 그에 대한 반응에서 의사소통의 방향과 관련된 설득과 협상의 차이를 설명할 수 있는가?

5. 말하는 이와 듣는 이 사이에 공감은 있었나? 말하는 학생은 듣는 학생의 어려움에 대하여 공감하고 있는가? 혹은, 말한 학생이 장난으로 눈을 가린 학생을 의도적으로 괴롭히지는 않았는가?

6. 위의 연습과정에서 갈등이 발생하였는가? 모두 원만히 목표를 달성했을 수도 있지만, 한 팀 정도는 의사소통이 원활하지 못했을 수도 있다. 앞에 장애물이 있다고 알려주었으나, 얼마나 앞에 있는지는 알려주지 않아서 눈을 가린 학생이 당황하였을 것이다. 혹은 우스꽝스런 행동을 취하였을 수도 있다. 이것이 반복되면 눈을 가린 학생의 기분은 어떠한지 생각해 보자.

7. 3팀이 참여하여 눈을 가리고 도착지점까지 가는 경우 가장 먼저 목표를 달성한 팀이 이긴다는 규칙을 적용한다면 어떻게 되었을까?

8. 의사소통에 대한 개념을 설명할 수 있는가? 말하기와 듣기 이외에 어떤 요소가 있었는가? 공감하기와 반응하기에 대해서 생각해 보자.

9. 참여한 학생들 간의 의사소통과 목표를 달성하기 위한 협력의 개념을 정리해 보자.

참고 좀 더 어려운 게임으로는 눈가리고 매듭풀기가 있다. 2인 1조로 위와 비슷하게 수행하는 게임이지만, 시간이 오래 걸리거나, 다른 학생의 연습을 볼 수 없는 단점은 있지만, 연습의 난이도는 더 높다.

VI. 협상과 관련된 용어정리

우리는 앞에서 설득과 협상이라는 용어를 사용하였다. 그러나 일반적으로 설득과 협상, 조정, 중재이라는 용어를 뚜렷한 구별없이 사용하고 있다. 우리는 협상행위 중의 하나인 물건 구매에서 가격할인 요구를 흥정이라고 불러왔다. 가격을 높이려는 판매자와 가격을 낮추려는 구매자의 의견이 충돌하고 있지만, 매매라는 큰 틀에서는 동일한 목표를 가지고 있다. 흥정과 협상이라는 두 용어를 혼용하여 사용하고 있다.35) 거래의사표시를 위한 청약(offer)과 승낙(acceptance)을 위한 타협시도를 계약(contract)을 위한 흥정(bargaining)이라고 표현한다. 이에 비하여 협상은 갈등과 분쟁을 쌍방의 의사소통을 통하여 해소한다는 의미를 포함하는 보다 광범위한 개념이다.36) 흥정의 의미에는 거래라는 제한적인 의미로 비춰지기도 한다. 서로가 원하는 것을 얻기 위해서 상대와 협업을 하여야 하는데 협상과 비슷한 개념으로 다양한 용어들이 사용되고 있다.

1. 설득

일방이 상대방에게 특정 행위 또는 이해를 하도록 유도하는 행위를 의미한다. 예를 들어, 내가 상대를 설득한다는 의미는 내가 상대에게 나의 의견을 제시하고 그에 따른 행위를 하도록 유도하는 것이다. 따라서, 화자(말하는 이)가 청자(듣는 이)에게 자신의 의견을 전달하여 청자에게 행위를 유도하는 것이다. 일방당사자가 말을 하고 타방 당사자가 그 말을 듣고 행위를 하는 것이므로 의사전달 중에서 하나의 방향성만을 가진 것이다.

---

35) 함영주, 앞의 책, 117면 각주 242.
36) Fisher & Ury, Getting to Yes, 3-5; 이재홍, ADR, 49-50 (협상은 "제3자의 개입없이 쌍방의 합의로, 법적 권리와 의무 및 경제적, 심리적, 사회적 이익의 맞교환과 타협을 수단으로 하여, 쌍방에게 바람직스러운 법적 관계를 설정하기 위하여, 기존의 차이점을 조정하는 과정"으로 정의하고 있다).

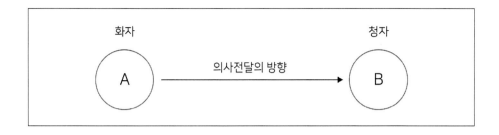

2. 협상

　설득이 일방향의 의사전달인 반면에, 협상은 쌍방향의 의사전달이다. 즉, 두명의 당사자가 각자의 상대방을 설득하기 때문에, 양방향의 설득이다. 어떤 의제에 대하여 협상을 한다는 의미는 내가 상대방을 설득(일방향의 의사전달)하고, 상대방도 나를 설득(반대방향의 의사전달)하는 양방향성을 가진 의사소통이다. 다만 설득과 협상의 공통점은 중립적인 제3자의 도움없이 당사자간의 의사소통을 그 수단으로 하고 있다는 점이다.

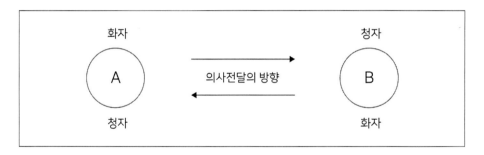

설득	협상
일방향 의사소통 (One-way Communication)	양방향 의사소통 (Two or multiple way Communication)
주로 타인의 행동변화를 요구한다	서로에게 행동변화를 요구한다
중립적인 3자의 조력 없음	중립적인 3자의 조력 없음

3. 조정과 중재

협상과 달리, 조정과 중재의 공통점은 중립적인 제3자를 통하여 분쟁을 해결하는 것이다. 그러나, 조정과 중재의 차이점은 중립적인 제3자의 권한에서 차이에서 찾아 볼 수 있다.

대체적 분쟁해결방법(ADR)은 크게 협상과 조정, 중재로 나눈다. 협상은 조정과 중재를 더욱 원활히 하기 위한 기본적인 수단으로 활용되고 있다. 의사소통과 당사자간의 합의안을 이끌어 내기 위해 기본적으로 고려해야 할 협상의 구성요소를 제공해 준다. 원활한 조정과 중재를 위하여 효율적인 의사소통을 통한 협상 기법이 활용되어야 조정과 중재에서 원하는 결과를 도출할 수 있다.

1) 조정

협상의 연장선 위에 있다고 볼 수 있다. 다만, 중립적인 제3자의 조력에 의지한 당사자간의 분쟁해결이다. 조정에서도 다양한 제도가 있지만, 일반적으로는 중립적인 제3자의 위치에 있는 조정인의 권한에 의하여 분류한다.

협상은 제3자의 도움 또는 간섭 없이 양 당사자 간에 이루어지는 것에 비하여 조정과 중재는 중립적인 제3자의 조력에 의하여 분쟁을 해결한다는 점에서 그 차이가 있다. 일방당사자가 의뢰인의 입장에서 자신이 고용한 변호인의 조력을 받을 수 있는데, 이 경우의 변호인은 중립적인 위치가 아닌 일방의 이익을 위한 것이기 때문에 중립적인 제3자라고 할 수 없다.

조정인은 당사자들이 합의안에 도달할 수 있도록 조력하는 권한만을 가지는 것이 일반적이다. 당사자 간의 협상이 원활하지 않을 경우에 조정인을 통하여 원활한 협상, 즉 조정인을 통한 협상을 진행할 수 있는 권한만을 보유한다. 만약, 당사자들이 조정을 통하여 합의안에 합의하지 못하는 경우에도 조정인은 촉진적인 (facilitative) 역할만 할 뿐이며, 후술하는 중재인처럼 판정(binding decision)을 내리지는 않는다. 조정인의 경우에는 자신의 조정의견을 제시할 수는 있으나, 이를 강제하지는 못한다.

우리 법원조정센터를 보면, 양 당사자가 조정을 통하여 합의에 이르지 못하는 경우, 조정센터의 상임조정위원은 강제조정을 할 수 있다. 우리 법원조정센터는 이를 조정에 갈음하는 결정으로 조정-중재의 혼합형이라고 할 수 있다.

2) 중재

조정과 마찬가지로 중재는 중립적인 제3자에 의하여 운영된다. 다만 조정인의 권한에 비하여 중재인은 촉진적인 역할뿐만 아니라, 양 당사자가 합의에 이르지 못한 경우에 최종적인 중재판정(binding decision)을 할 수 있는 권한을 가진다. 대부분의 경우에 중재인이 중재판정을 하게 되는데, 양 당사자의 합의보다는 양 당사자가 중재인을 설득하여 자신이 원하는 판정을 하도록 한다고 보면 된다. 굳이 양 당사자 간의 협상을 통하여 다른 당사자를 설득하기보다는 판정을 하는 중재인을 설득하는 것이 더 유리하기 때문이다. 중재는 준사법기관으로서의 역할을 하는데, 소송이 법원에서 소송법에 의한 엄격한 절차를 거치는 것과 유사하게, 중재는 중재법에서 정한 절차에 의하여 중재판정 과정을 거치게 된다. 이를 위하여 중재인은 해당 분쟁분야에서 전문적인 지식과 경험을 가지고 있어야 한다. 상당수의 국제거래의 경우 계약서에 중재조항을 삽입하는 경우가 많다. 중재를 적용하기 위해서는 양 당사자가 사전에 계약서에 중재조항을 두어서 분정 발생 시에 중재를 통한 해결을 하겠다는 사전합의를 한다. 예를 들면 인도와 한국사업자가 수출입계약을 하였다면 해당 계약서에 중재조항(Arbitration clause)을 두어 분쟁이 발생한다면 소송 이전에 중재를 먼저 적용하여 분쟁을 해결하겠다는 합의를 명기하는 것이다.

중재인은 중재과정에서 쌍방이 합의에 이르게 되면 이를 인용하여 중재판정을 할 수 있다. 대부분은 중재인이 당사자의 주장을 청취한 후에 최종적인 중재판정을 하게 된다. 중재인의 판정은 최종적인 판단이므로 이의신청을 할 수 없다. 중재판정은 승인과 집행의 단계를 거쳐야 한다. 중재판정을 집행하기 위해서는 법원에 신청하여 집행권한을 부여받아야 한다.

	조정	중재
중립인의 역할	조력자의 역할	판사와 유사한 역할
중립인의 권한	조정과정의 운영에 대한 권한	판단과 결정을 할 수 있는 권한
설득대상	당사자	중재인
과정의 개시	사전에 조정하겠다는 합의 불필요	사전에 중재를 하겠다는 합의 필요
중립인의 전문성	분쟁분야의 전문성을 요구하지 않음	해당분쟁분야의 전문적인 지식과 경험 요구

VII. 협상의 발전과정과 유형

1. 발전과정

인종과 국가, 또는 지역별로 의사소통방식이 조금씩 상이하고 협상의 방식과 이해 역시 차이가 있다지만, 협상은 인류와 함께 유구한 역사를 가졌다고 할 수 있다. 이해의 편의를 위하여 아래와 같이 협상을 시기와 세대별로 나누어 보기로 한다.

1976년의 미국에서 개최된 파운드 회의(Pound conference) 이후에 본격적으로 논 의된 현대의 대체적 분쟁해결운동(ADR movement)에서 발전된 협상을 기초로 하여 그 발전과정을 살펴본다.

1) 1세대 협상방법

1세대 협상은 파운드회의 이전에 이미 일반적으로 이해하고 있던 협상방법을 의미한다. 이는 주로 힘과 지위에 근거한 협상방법이었다. 협상을 통한 분쟁 해결을 위해서는 서로의 양보가 필요하다는 인식이 있기는 하였으나, 서로의 양보보다는 강자가 우월한 지위를 가지고 있어야 더 많이 획득할 수 있다고 보았다. 만약 일방 혹은 쌍방이 양보를 하지 않게 되면 합의를 할 수 없다고 보았다. 따라서, 자신의 지위를 이용하여 상대방의 양보를 일방적으로 이끌어내는 수단을 사용하려고 시도

하였다.

　힘에 의한 협상은 경쟁심이 강하거나, 우월한 지위와 힘을 가진 사람이 상대방에게서 많은 양보를 이끌어 내고 더 많은 부분을 차지하게 된다고 본다. 자신의 주장을 끊임없이 할 수 밖에 없기 때문에 일방향성의 설득만 하려고 하였다. 앞서 말한 바와 같이 설득은 일방향의 의사소통을 의미하고 상대방에게 행동을 요구한다. 주로 자신의 주장만 하려고 하며 상대의 주장은 들으려고 하지 않게 된다.

　힘에 의한 협상에서 양보를 하지 않으면 협상은 교착상태에 빠지게 된다. 이를 해결하기 위해서는 자신이 보유한 힘과 지위를 활용하여 상대를 굴복시켜야 자신이 원하는 것을 획득할 수 있다. 자신이 원하는 것을 획득하기 위해서는 최대한 공격적인 자세로 협상에 임하여야 한다. 즉, 자신은 적극적이고 공격적인 협상태도를 보이고 상대는 수동적이고 수비적인 협상태도를 보여야 협상이 수월해진다고 보았다. 그리고, 자신이 최초에 계획했던 협상목표를 획득하는 것이 최선의 협상 결과라고 보았다.

　힘과 지위에 근거한 협상과정을 살펴보면, 사람마다 사회적 혹은 경제적인 지위에 차이가 있고, 이를 활용하여 자신이 원하는 것을 획득하는 것이 최선의 협상 방법이라고 보았다. 더 우월한 지위에 근거한 협상을 통하여 합의를 이끌어 내었기 때문에 원만한 분쟁해결이라고 볼 수는 없다. 장기적인 시각에서 볼 때, 협상과정에서 강자에 의하여 일방적인 양보를 강요받게 되므로 오히려 불만이 쌓이고 숨어있는 갈등이 축적될 우려도 있다.

　힘에 의한 협상법은 상대적으로 높은 지위를 가진 엘리트 계층에게 더 유리하게 적용되었다고 보여진다. 상대를 더욱 불안정하게 만들고 심리적인 약점을 이용하여 결국에는 항복에 가까운 일방적인 양보를 이끌어 낸다. 이것이 우리가 원하는 사회의 모습은 아니었다. 책략과 상대의 약점을 이용한 승패의 협상이 아니라 상호 윈-윈하는 협상(Win-win negotiation)의 필요성이 대두되었다.

2) 2세대 협상방법

2세대의 협상은 상대의 일방적인 양보를 통한 것이 아니라 서로의 양보를 통하여 화해를 이끌어 낸다.37) 힘과 지위에 근거한 협상법에 벗어나, 문제해결과 이익 중심의 분쟁해결방법을 협상의 중심에 두었다. 특히, 1976년의 파운드회의 이후의 ADR운동으로 협상의 중요성이 더욱 부각되었다. 대체적 분쟁해결을 위하여 근본적인 방법으로 협상을 두었기 때문이다. 'Getting to Yes'에서 소개된 협상원칙은 힘에 의한 경성(硬性)협상방법을 배격하고 연성협상법을 제시하였다. 이는 입장(position)에 의한 협상에서 분쟁해결협상(dispute-resolution negotiation)의 관점을 전환시켰다.

3) 3세대 협상

'Getting to Yes'에서 추구하는 분쟁해결형 협상은 당시로서는 획기적인 방법을 제시한 것이었다. 기존의 협상법에서 새롭게 진전된 협상원칙을 제시하였고, 보상원칙의 필요성도 강조하였다. 다만, 쌍방이 원하는 것을 획득할 수 있는 협상방법론에서는 여전히 보충할 부분이 있었고, 이에 따라서 협상진행과정에서 "어떻게" 자신의 협상원칙을 지키면서 협상 결과에 대한 만족뿐만 아니라 이행까지 일관되게 적용할 수 있을지 고민하였다. 3세대 협상방법은 개인적인 협상스타일에 상관없이 서로가 만족하고 합의에 대한 이행 가능성을 높이는 접근이다. 가치에 대한 재평가와 자신이 가치에 대한 우선순위를 확인하고 서로의 만족을 성취하는 데 초점을 둔다. 논리로 설득하기보다는 공감을 통하여 만족을 추구한다. 더불어 협상과정에서 서로가 만족할 수준의 합의점을 찾아낼 뿐만 아니라 이행가능성까지 염두해 둔다.

---

37) 우리의 화해와 유사하다. 2010년의 민사조정법 제1조 (목적)에는 "민사에 관한 분쟁을 간이한 절차에 따라 당사자 사이의 상호 양해를 통하여 조리(條理)를 바탕으로 실정(實情)에 맞게 해결"로 조정목적을 두었다. 2020년 민사조정법 개정을 통하여 "민사에 관한 분쟁을 조정절차에 따라 당사자의 자주적, 자율적 분쟁 해결 노력을 존중하면서 적정, 공정, 신속하고 효율적으로 해결"함으로로 개정하였다.

도서관에서 창문을 열어두고 싶어하는 사람과 닫고 싶어하는 사람이 있다고 가정해보자. A는 작은 도서관에서 책을 읽으려고 한다. 갑자기 B가 창문을 열어서 책장이 바람결에 저절로 넘어갔다. A는 짜증스럽게 B를 바라본다. 그리고 열려있는 창문으로 다가가서 창문을 닫아버린다. 얼마 후에, B는 다시 창문을 연다. 이렇게 A와 B는 책은 읽지 않고 창문 열고 닫는 데 신경을 쏟았다. 왜 A와 B는 그렇게 행동했을까? A와 B가 무엇을 어떻게 했는지 표현할 수 있지만 그들이 왜 그렇게 했는지 알수 없다.

예를 들어본다면, A는 꽃가루 알러지가 있어서 창문을 열면 콧물과 기침이 심해진다. 그래서 창문을 열면 꽃가루가 들어와서 창문을 닫기로 한다. 창문을 한동안 닫고있었던 상황을 알고 있던 B는 환기를 위해서 창문을 열고 싶다. 그래서 잠시 창문을열고 싶었는데, A의 무례한 행동에 화가 났다. 그래서 또 다시 창문을 열었다.

이들이 서로 왜 창문을 열고 닫고 싶었는지 이야기를 했다면 문제를 원만히 해결할 수 있었을까? 만약 자신이 왜 그러한 행동을 하였는지 원활한 의사소통을 하였다면 협상을 통하여 서로가 만족할 수 있는 방법을 찾을 수 있었을 것이다.

2. 협상의 기본유형

1) 경쟁적(투쟁적) 협상

경쟁적 협상은 협상에서 다루어야 할 가치가 고정되어 있다고 본다. 그래서 고정된 가치 내에서 상대방보다 더 많은 부분을 차지하기 위하여 경쟁을 하게 된다. 따라서, 고정된 가치를 나누어 가진다는 의미에서 배분적(distributive) 협상이라고도 불린다.

가치가 고정되어 있다고 생각하고 각자의 몫을 더 많이 차지하기 위하여 경쟁한다. 더 많이 가지는 사람을 승자로 보고, 그러하지 못한 사람을 패배자로 보기 때문에 승패협상(Win-lose negotiation)이라고도 불린다. 협상의 가치와 이익이 고정되어 있다고 생각해서 일방이 이득을 보면 다른 쪽은 손해를 본다고 보기 때문에 제로섬협상(Zero-sum negotiation)이라고도 한다. 여기에서 주목해야 할 부분은 내재된 가치에 대하여 관심을 두지 않고 당장 눈에 보이는 가치에만 집중한다는 점이다. 따라서, 밖으로 드러난 부분에서 누가 더 많이 차지하느냐에 따라서 승자와 패자로 구분하려는 경향이 강하다.

거래과정에서의 협상을 예로 들어보자. 협상에서 가격이라는 하나의 시안만을 대상으로 해서 진행한다면 구매자는 가격을 낮추려고 하고, 판매자는 가격을 높이려고 할 것이다. 이렇게 원하는 가격으로 협상을 진행한다면 서로 경쟁(투쟁)을 해서 쟁취하려고 할 것이다. 하나의 제품구매에 따른 가격으로만 협상 사안으로 협상 내의 가치를 제한하였다. 가격이라는 협상의 파이(크기)를 미리 정해두고, 서로 원하는 크기만큼 가져가려고 경쟁하게 된다. 이렇게 한정된 파이의 크기만을 고려하였기 때문에 한 쪽이 양보를 하거나, 일방적으로 이기지 않는다면 해결할 수가 없다. 물건을 사고 파는 거래라면 파는 쪽은 미리 올린 가격을 제시하려고 하고, 사는 쪽이라면 매우 낮은 가격을 제시하면서 거래를 시작하려고 할 것이다. 이렇게 지나치게 낮은 혹은 높은 가격을 제시하면서 거래를 시작한다면, 쌍방의 신뢰를 할 수 없게 된다.

예전 외국 여행지에서 바가지를 쓴 경험이 예라고 할 수 있다. 과거 유명 해외여행지에서 귀국을 앞두고 저마다 선물을 사기 위해 지역상인과 흥정을 하는 여행객들이 많았는데, 물건 값이 정해져 있지 않다보니 '부르는 게 값'이라는 말이 있기도 하였다. 상인은 여행객에게 기존보다 높은 판매가를 제시하였고 이를 이미 알고 있는 여행객은 가격을 낮추어 제안한다. 여행객이 40%나 가격을 낮추었다며 자랑스러워하였는데, 그 옆의 다른 사람이 자신은 60%나 낮추었다고 자랑하였다. 이는 물건의 구매에 관한 협상에서 오직 가격으로만 협상의 가치를 제한하였기 때문이다.

이는 게임이론에서 유래되었는데, 각 참가자가 선택하는 행동에 상관없이 참가자들의 이해득실의 종합은 제로가 된다는 것이다. 이처럼 협상에서 일방의 이득과 타방의 손실을 합치면 제로가 된다는 의미로 사용되었다.

입장에 근거한 협상(position-based negotiation)도 경쟁적 협상의 한 유형이다. 자신의 입장에 근거한 주장을 거듭 주장하며 최초의 협상자세에 변화를 주지 않고 상대가 양보하기만을 고집한다. 사전적 의미의 입장(position)은 직면하고 있는 상황이나 형편을 뜻한다. 협상에서의 의미는 자신의 현재 상황에 맞추어 이미 협상에 대한 입장을 굳힌 상태를 의미한다. 즉, 협상준비과정에서 자신이 협상에 대하여 어떤 상황이며 무엇을 원하는지에 대한 요구를 사전에 설정한 상태이기 때문에 협상을 진행한다고 하더라도 자신이 최초에 선정한 협상요구에서 변하지 않는다는 것을 의미한다. 이미 협상에서 자신의 요구사항을 확실히 준비하였고 상대방과의 타협(협상) 대신에 이를 성취하기 위해서 자신의 요구를 반복해서 주장한다. 따라서 자신의 요구에 대한 입장을 준비하였고, 그 입장을 고수하여 최초의 협상요구를 성취하려고만 하고 타인의 협상입장에 대한 고려는 없다. 입장에 근거한 협상은 타협이나 양보, 혹은 가치를 추가한 협상의 여지보다는 자신의 승리와 자신이 원하는 것을 가지고 상대방에 대한 배려는 없는 것이다.

자신의 입장을 확고히 하여 협상에서 변화의 여지를 두려고 하지 않기 때문에 이를 경성 협상(Hard negotiation)이라고도 한다. 이에 대한 가장 전통적인 예는 전쟁이다. 제한된 토지와 땅에 대하여 서로의 주권을 주장하면서 영토확장을 추구하게 된다. 상대가 더 많이 가지면 나의 토지를 잃게 되기 때문에 내가 상대편보다 먼저 더 많은 땅을 차지하여야만 이기는 전쟁을 할 수 있다. 그러기 위해서는 무력이라는 수단을 통하여 영토를 확장하여야 한다. 그러나, 영토의 획득이라는 가치를 위하여 잃게 되는 생명에 대한 비용을 계산하지는 않고 영토확장이라는 경쟁에만 치중하게 둔다.

또 다른 예로 가격흥정을 생각해 볼 수 있다. 다른 요소를 고려하지 않고 가격만 고려한 협상이라면 구매자는 싼 값에 사려고 하고, 판매자는 비싼 값에 팔려고 할 것이다. 구매자의 입장에서는 더 싸게 구매하는 것이 이익이고, 판매자는 더 비싸게 팔아야 많은 이익을 볼 수 있다. 그러나, 장기적인 관점에서도 서로에게 이익인지 고민해 볼 필요가 있다. 왜냐하면 비싸게 판매한다고 소문난 가게에 손님이 계속 방문할지 의심이 되기 때문이다. 또한 소비자가 정당한 가격을 지불하지 않고 싼 가격의 물건만 찾는다면 생산자는 적절한 이익을 남기지 못하고 그만큼 품질도 저하될 우려가 있다.

2) 통합적 협상(Integrative negotiation)

협력적(호혜적) 협상이라고도 불린다. 이는 위의 경쟁적인 협상과 달리 서로의 이익을 최대로 증가시켜 서로에게 이익이 되도록 하는 협상이다. 이는 협상의 대상과 의제가 고정되어 있지 않고 협상과정에서 새로운 가치를 발견하고 이를 나누어 가짐으로서 서로가 만족할 수 있는 합의점을 찾는 것이다.

협상 가치를 제한된 범위로만 생각해서 상대가 가지는 만큼 나의 손해로 인식하는 윈-루즈 협상 (Win-lose negotiation)이 아니라, 서로가 공통의 이익추구를 하여 쌍방의 이익을 극대화하도록 하는 협상이 윈-윈 협상(Win-win negotiation)이다. 이 과정에서도 당연히 경쟁적인 요소가 있지만 더 많은 가치(Value)를 발굴하거나 창출해서 각자의 몫을 극대화 시킨다. 후술하겠지만, 이 과정에서 협상의 구성요소에 바탕을 둔 제3자도 공감할 수 있는 객관적이고 공정한 절차를 거쳐야 한다. 특히, 대안개발을 위해 가치(value)를 만들기 위해서 창의성을 발휘해야 한다. 물론 협상을 시작한다는 전제는 갈등 혹은 분쟁이 있다는 의미이고 협상을 진행하였다면 아마도 점차 갈등의 고조기를 거치고 있다는 의미이기도 하다. 이런 상황에서 서로 머리를 맞대고 함께 대안을 개발하기 위해서 서로에게 가치를 극대화 할 수 있는 방안을 마련하기 위한 협력을 하여야 한다.

3) 문제해결협상(problem-solving negotiation)

분쟁해결협상(dispute-resolution negotiation)이라고도 한다. 경쟁적 협상과 입장에 근거한 협상 등이 경성 협상으로 분류한다면, 통합적 협상은 연성협상(Soft negotiation)으로 분류할 수 있다. 자신의 입장을 정하고 이를 완고하게 밀어부쳐서 협상의 여지를 없애는 대신에, 다양한 대안을 상대방과 함께 만들어서 가능한 합의안을 찾아가기 때문에 이를 연성협상이라고 한다. 협상의 기본 요소(Interest, option with value, ZOPA, selecting with priority, satisfaction and implementation)들을 충분히 숙지하여 다양한 대안개발을 통하여 양 당사자가 함께 만족할 수 있는 협상안을 찾아가므로 이를 연성협상으로 부른다.

제2장

협상의 원칙

제2장

협상의 원칙

학습목표

❶ 협상의 원칙을 이해하고, 자신만의 협상원칙을 만들고 적용해 본다.
❷ 협상원칙에 대한 이해
❸ 협상원칙을 어떻게 적용할지에 대한 이해

Ⅰ. 협상의 원칙

1. 전통적인 협상원칙

협상을 어떻게 진행할 것인지 자신만의 협상의 원칙이 필요하다. 협상에 들어가기 이전에 자신만의 협상 원칙을 확실히 만들고 이를 실행하기를 권한다. 아래에 소개하는 원칙은 일반적으로 권고하는 협상원칙이다. 세부적인 사항을 자신에 맞추어 확립하기를 권한다.1) 피셔와 유리 교수는 '협상 4원칙'을 제시하였고 '왜' 그러한 원칙이 필요한지를 설명하였으나, '어떻게' 그 원칙들을 협상에 적용하는지는 명확

---

1) 협상원칙은 기본적으로 로져 피셔와 윌리엄 유리 교수의 "Getting to Yes"를 기본으로 한다. 이를 나름대로 재해석하고 필자의 경험을 추가하였다. 협상이라는 과정은 복합적인 갈등요소와 이해관계에 의하여 발생한 문제를 해결해야 하기 때문에, 협상이론을 간단히 제시하기 어렵다. 따라서 본고에서는 여러 곳에서 중복해서 설명하기로 한다. 중요한 것은 협상 경험을 쌓고, 그 과정에서 자신의 협상원칙을 세우고 발전시키키를 기대한다. 피셔와 유리 교수의 이론이 절대적인 것도 아니기 때문이다. 위에 언급된 교수의 책은 문제와 갈등은 최선의 대안을 찾아 분쟁을 해결하려는 최초의 이론적 접근이기에 바이블로 존중을 받고 있다. 때문에, 이를 근간으로 삼아 협상의 원칙과 이론을 소개한다.

히 설명하지는 않았다. 이번 장에서는 이미 제시된 협상 4원칙을 바탕으로 실제 협상에서 어떻게 그 원칙을 적용할 수 있는지에 대한 논의해 본다.

'협상원칙'을 준비하는 이유는 협상의 과정과 결과에 대해 어느 정도의 예측이 가능하기 때문이다. 기본적으로 우리는 미래를 정확히 알지 못하고 예측하는 것도 쉽지 않다. 그래서, 우리의 조상들은 전쟁을 하기 전에 점을 보며 전쟁이 어떻게 될지 알아보려고 했다. 당연히 어떤 결과를 초래할지 알지 못했기 때문에 그런 행동을 했을 것이다. 협상원칙을 마련하여야 하는 또 다른 이유는 협상과정에서 상대의 갑작스런 제안과 예상하지 못한 돌발행동에 대처할 필요가 있는데 협상원칙을 갖추고 있으면 이러한 대응이 수월해진다.

우리는 사계절이 있는 한반도에 살고 있다. 시기에 맞추어 계절의 변화를 어느 정도 예측할 수 있다. 장마가 지나면 무더위가 오고 태풍이 지나가는 것을 예측할 수 있다. 요즘 같이 기상이변이 심한 경우에는 가끔 예상하지 못한 변화를 맞이하기도 한다. 그래도 어느 정도는 예측이 가능하다. 긴 새벽이 지나면 아침해가 떠오르고, 뜨거운 태양이 마냥 하늘 위에 있을 것 같지만 시간이 지나면 산봉우리를 넘어 어두운 밤이 찾아온다. 시간의 예측처럼 협상과정에서 갈등의 양상이 어떻게 진행될 것인지 예측할 수 있고, 상대방의 갑작스럽 변덕에도 차분히 대처할 수 있다. 이처럼 협상의 원칙과 구성요건을 미리 준비하면 협상에 대한 전반적인 예측이 가능하다. 그리고 변덕스러운 상대의 예측하지 못한 변화를 마주하더라도 상대적으로 수월하게 협상을 이끌어 나갈 수 있다.

전쟁과 같이 싸우는 관계가 아니라면, 기본적으로 인간에 대한 최소한의 예의는 갖추어야 한다. 속고 속이며 지는 것은 곧 죽음이라는 의미의 전쟁과 같은 갈등 상황은 아니기 때문이다. 예전에는 협상을 이기기 위한 수단으로 보기도 했다. 초기에는 승패(Win-lose)전략이었으나, 그 후에 윈-윈(Win-win)전략으로 옮겨갔다. 현재에 이르러서는 다양한 협상전략이 생겨났다. 최근의 경향은 협상에서 상호만족과 이행여부에 대한 논의로 점차 옮겨가고 있다. 또한 감성적, 정신적인 요소를 많이 고려하고 있는 추세이다. 즉, 심리학과 뇌과학을 적용한 협상방법이 소개되고 있는데 협상전략을 알아보기 이전에 그 원칙에 대해서 살펴본다.

협상과정을 보면 굉장히 무질서해 보인다. 언제 어디에서 어떤 주제가 갑자기 튀어 나올지 예측하기 힘들고 예상하지 못한 이슈들을 만날 수 있기 때문이다. 잘 진행되는 듯 보이다가 갑자기 얼굴을 붉히며 협상장을 박차고 나가기도 한다. 심지어 이를 전략적으로 이용하기도 한다. 하나의 사안을 해결하기도 전에 예상하지 못한 사안이 끊임없이 발생하기도 해서 어떤 순서에 의한 것인지 그 맥락을 파악할 수 없기도 하다. 이렇듯이 일정한 패턴이 없는 것처럼 보이는 혼란스러운 협상상황을 마주하게 되는 경우가 흔하다. 그렇다고 해서 매번 우리의 머릿속까지 혼돈에 빠진다면 분쟁상황 자체를 회피하거나 협상상황 자체를 두려워하게 된다.

일반적으로, 협상의 진행과정은 갈등이 외부로 표출되고 점차 증가하는 패턴을 보이다가, 갈등의 양상이 최고지점을 통과한 이후에는 어느 정도 서로를 이해하게 되면서 점차 완화되는 양상을 띤다. 이처럼 협상상황에서 원초적이고 기본적인 패턴과 프레임을 찾아볼 수 있다. 갈등의 진행 단계를 이해하고, 자신의 협상원칙을 세우고 이를 적용할 수 있는 능력이 있어야 감작스러운 상황을 극복할 수 있다.

2. 협상에서의 프레임과 리프레임

협상에서 일반적으로 프레임을 가진 상태로 시작하게 된다. '나는 맞기 때문에 올바른 것이고, 너는 틀리고 나쁘다 또는 올바르지 않다'라는 프레임을 가지고 시작하는 것이다. 따라서, '당신의 생각을 고치고 바꾸어서 나의 의견을 따라야 한다. 그래서 나는 이룬다'라고 주장하게 된다. 이런 프레임을 가지면 협상이 아니라 싸움에 가까워지게 된다. 대화조차도 힘들어지기 때문에 협상을 진행하기가 어렵다. 이러한 방식은 제1세대의 협상기법인 힘에 의한 협상기법이다.

협상의 큰 틀에서 보면 순서와 나름의 원칙이 존재한다. 혹은 자신의 협상에서 이것이 없다면 가장 먼저 이를 만들어야 한다. 여기에서 가장 먼저 프레임(frame)을 만들게 되는데, 이를 다시 한번 리프레임(re-frame)으로 시각을 달리 할 필요가 있다. 그리고 자신만의 원칙있는 협상 내지 원칙에 입각한 협상(Principled negotiation)을 적용하여야 한다.

3. 자신만의 협상원칙 적용

협상의 기술과 기교는 추후의 문제이다. 즉, 협상에서 말을 잘하는 것 즉, 화려한 언변은 지금 당장 고민해야 할 문제가 아니다. 또한 협상의 원칙을 적용한다고 해서 협상에서 이기는 것은 아니다. 분쟁을 원만하게 해결하는 것을 목표로 하는 것이지 상대를 제압하고 이기는 것이 목표가 아니기 때문이다. 큰 소리를 낸다고 해서 고함을 치고 악을 쓴다고 해서 이기는 것도 아니고, 원하는 것을 얻을 수도 없다. 협상원칙을 가지고 있지 않은 사람일수록 목소리가 크고, 사회질서의 기반을 자신이 가진 권한으로 여기고 질서를 어지럽힌다. 서로 존중하여 할 상황에서 자신의 권리만 부르짖고 힘을 바탕으로 승패에 집착한다.

아래의 '협상원칙'을 통하여, 자신만의 협상원칙을 만들어 보기를 권한다. 왜 협상을 하는지 살펴보고, 자신만의 협상원칙을 적용해 보고 점차 수정·보완하여야 한다. 이제까지 자신의 협상수단은 무엇이었는지 생각해보자. 당연히 폭력을 사용하지는 않았겠지만, 협상원칙을 가진 쌍방향의 의사소통이었는지 자문해 보기를 권한다. 모든 일상적인 사회생활에서 원칙만을 적용하며 살아가는 것은 아니지만, 가이드라인과 같은 원칙이 서 있으면 일을 처리하는 데 가늠자가 되어 방향을 제시하고 과정상의 시행착오를 줄일 수 있다. 이하에서는 먼저 Fisher와 Ury의 '원리에 따른 협상'(principled negotiation)에서 제시한 협상의 원칙을 기초로 하여 재구성하였다.

Ⅱ. 협상의 제1원칙: 협상을 위한 협상(Negotiating Negotiation)

협상을 진행하기에 앞서 협상진행에서 공정한 절차와 객관적인 기준을 적용하기 위한 논의가 필요하다. 협상 전에 공정한 절차와 판단의 객관적인 기준을 마련하는 것이 좋다. 이는 협상의 준비단계 또는 초기단계에서 상호 간의 합의를 통하여 적용할 기준과 절차를 마련하여야 한다. 이렇게 하지 않으면, 협상을 한창 진행하였지만 판단기준에서 서로의 의견차이로 인하여 난항에 빠지기도 한다. 협상 진행 중에 모욕적이거나 부적절한 용어의 사용으로 인하여 협상이 더디게 진행되기도 한다.

협상원칙에서 '협상에 앞서 객관적인 기준을 주장하라'(insist on objective criteria)고 권하고 있다. 서로에게 이익이 되는 결과가 나올 수 없는 분배적(zero-sum)교섭에서 물건 가격에 대하여 협상하는 경우 일방이 천 원을 더 얻으면 그만큼 상대방은 천 원을 잃게 된다. 비효율적인 입씨름이나 협상의 실패에 따른 위험을 최소화하기 위해서 당사자들은 먼저 협상과정에서 적용할 객관적인 기준에 관하여 먼저 합의하도록 시도해야 한다. 예를 들어, 중고차의 가격을 결정하기 위하여 협상하는 대신에, 양 당사자가 먼저 중고차 시장의 소매가격에 따르기로 합의하면 된다. 객관적인 기준을 강조함으로써, 협상과정에서 발생할 우려가 있는 불필요한 분쟁요소를 사전에 제거할 수 있다.

1. 공정한 절차(fair process)

협상진행에서 분쟁사안을 다루기에 앞서, 협상방법과 절차에 대한 합의가 필요하다. 이를 협상을 위한 협상(negotiating negotiation)이라고 부르기도 한다. 우리가 원하는 협상은 공정한 절차를 거친 의사소통을 통하여 합리적인 기준에 의한 합의를 이끌어 내는 것이다. 이런 과정을 거친다면 서로가 만족하는 합의에 도달할 수 있다. 또한, 서로가 만족한 합의는 그 이행 역시 원만히 이루어질 것이다.

협상수업에서 많이 다루어지는 예로 케이크 나누기가 있다. A와 B가 하나의 케이크를 나누어 가지고자 한다. 서로가 더 큰 케이크를 가지기 위해서 다툴 것인데, 어떻게 하면 서로가 만족하며 나누어 가질 수 있겠는가? 아무리 잘 자르더라도 한 쪽이 더 커보일 수 있다. 이 때 누가 케이크를 자르기 이전에 누가 자르고, 누가 먼저 선택할 수 있는지에 대한 절차에 대한 합의가 먼저 성립하여야 한다. A가 케이크를 자를 권한을 가지고 싶다고 한다면, B에게 케이크 조각을 먼저 선택할 수 있는 권한을 준다면 서로가 만족할 수 있는가? A는 최대한 같은 크기로 나누려고 할 것이다.

또 다른 예를 들어보자. 요(거란) 나라가 송을 중국의 남쪽으로 밀어내고 세력을 확장하며 고려를 침입하였다. 이에 고려는 서희를 보내 요의 세력 확장에 맞서도록 하였다. 서희는 당시의 시대적인 상황을 살피고 요(거란)가 실제로 바라는 바를 정확히 파악하였다. 이로써 전쟁을 피했을 뿐만 아니라, 오히려 강동 6주를 되찾을 수 있었다. 이것이 우리가 교과서에서 배운 내용이다. 항상 전체적인 상황을 잘 살피고 상대가 진정으로 필요로 하는 것을 살피는 것이 싸움을 피하고 대화로서 서로의 이익을 챙길 수 있다는 사실을 배울 수 있다.

여기에서 일화를 더 소개해 보자. 요의 장군 소손녕은 80만 대군을 이끌고 내려왔고, 이에 맞서기 위해서 고려 조정은 서희를 보냈다. 소손녕은 대국의 장군이 친히 왔으니 서희에게 절을 하라고 요구하였다. 이에 서희는 일국의 신하와 신하로 만났으니 서로가 예를 갖추는 것이 맞기 때문에 일방적으로 예를 갖추어 절을 할 수 없다고 하였다. 이는 소손녕과 서희의 만남이 군신의 관계가 아니라 국가를 대표한 쌍방이 만났으니 동시에 인사를 하는 것이 맞다고 주장하였다. 즉, 상하관계가 아니라 동등한 관계임을 명확히 하였다. 소손녕이 기선제압을 위하여 무리한 요구를 하였으나 서희는 이에 물러서지 않고 공정한 절차를 요구하였다. 만약 소손녕의 요구를 수용하였다면 그의 요구는 계속 되었을 것이다. 이러한 기선제압의 시도나 무리한 요구에 대한 대처 방법은 우리에게 시사하는 바가 많다.

이처럼 협상에서는 시작하기 전부터 상대의 예상하지 못한 행동에 당황할 수 있다. 또는 상대의 무례한 행동에 협상을 시작하지도 못하고 감정만 상한 상태로 돌아서기도 한다. 그래서 협상원칙이 필요하다. 협상을 시작하기 위한 사전작업이 필요하다. 협상의 상대방과 협상을 진행하기 위한 절차에 대한 협상이 필요하다. 위에서 언급한 서희와 소손녕의 예에서 보는 바와 같이 관계에 대한 설정이 필요한 경우도 있다.

위의 예를 현재의 협상상황에 적용하여 보자. 앞서 말한 바와 같이 협상은 제3자의 개입 또는 도움 없이 당사자 간에 진행된다. 두 사람이 작은 사무실에서 협상을 한다고 상상해 보자. 50대의 중년 남자와 이제 막 직장생활을 하기 시작한 20대의 여자가 분쟁상황에 있다고 가정해 보자. 또는 이 둘이 각자의 의뢰인을 대리하는 변호사라고 가정해 보자. 점차 대화과정에서 이견이 발생하며 언성이 높아진다. 중년의 남자가 책상을 치며 버럭 소리를 친다. 그리고 간간이 욕을 하기도 한다. 이것이 점차 심해지며 성적 비하 발언까지 이어진다. 이러한 경우에 한번만 참으면 상황이 좋아질 것이라는 기대도 번번이 빗나간다. 공정한 절차를 적용하도록 상대에게 요구하지 않으면 상대는 이를 지속한 것이다.

토론

별거 중인 부부가 이혼을 준비한다고 예를 들어보자. 이들이 협상을 위해서 언제, 어디서 만나는 것이 적절한가? 1) 부부가 모두 일하고 있는 경우와, 2) 남편만 출근을 하고 전업주부의 경우로 나누어 보자. (편의상 전업주부로 하였으며, 남편이 가사를 담당할 수도 있다) 오후 4시에는 가사를 담당하는 사람이 아이를 유치원에서 데려와야 한다고 가정해 보자. 지금 이들이 별거를 하고 있는 상태에서 언제 어디에서 만나서 협상을 진행하는 것이 좋을지 생각해 보자.

1)의 경우에는 언제, 어디에서 만나서 이혼에 대하여 논의를 하여야 하는가?
  (i) 일반적인 경우라면 둘 다 일하고 있어서 퇴근 후에 만나는 것을 선호할 수 있다. 혹은 일을 하지 않는 주말에 만날 수도 있다.
  (ii) 그렇다면 현재 별거 중인데, 어디에서 만나서 대화를 하는 것이 좋은가?
2)의 경우에는 언제, 어디에서 만나서 이혼에 대하여 대화를 나누어야 할까?
  (1) 둘 중 한명이 가사를 담당하고 있고 현재 아이와 함께 살고 있다면 오후에 만나는 것이 부담스러울 수 있다.
  (2) 그러나 일을 해야 하는 사람은 퇴근 후에 만나는 것이 시간적인 여유를 가질 수 있어서 이를 선호할 수 있다.
  (3) 시간적인 문제뿐만 아니라, 어디에서 만나는 것이 적당한가?

협상 Tip

처음 시작하는 협상에서 합의를 하기는 쉽지 않다. 특히, 양 당사자의 차이점을 확인하는 경우가 많다. 서로가 원하는 것에 대한 차이점이 크고 갈등의 양상이 심화되어 있기 때문에 감정적으로 흥분을 표출할 가능성도 높다. 첫 협상장에서 언쟁이 심해지고 얼굴을 붉히며 자리를 박차고 나가버리면 다음 협상의 기회를 잡기 어려워진다. 이런 상황에서 협상 약속을 하기 위해서 먼저 연락을 하면 마치 약점이 있다고 생각되어서 선뜻 상대에게 먼저 연락하기를 주저한다. 따라서, 첫 협상을 시작하기에 앞서 만약 오늘의 협상에서 합의에 이르지 못한 경우를 위하여 미리 다음 협상날짜와 장소를 정하는 것이다. 그리고, 어떤 상황이 있더라도 다음에 만나기로 미리 약속을 하는 것이 유익하다.

첫 협상을 시작하기 전에 다음 미팅약속을 미리 정한다. 만약 오늘 협상에서 마무리되지 못한 상황에서 일방적인 협상결렬이 되어 미처 다음 약속을 잡지 못했다면 다음 약속을 잡기가 어렵다. 일방이 화를 내며 협상장을 박차고 나갔다면 다음 약속을 잡기가 더욱 어려워진다. 협상을 시작하기 전에 다음 약속을 하면 설령 오늘 결렬이 되더라도 약속한 날짜에 만나면 된다.

협상 Tip

완전한 평등사회에 대한 요구는 무리일지 모르지만 공정한 절차에 대한 요구는 충분히 가능하다. 나이, 성별 등에 의한 차이는 있지만 이것에 의한 불이익을 협상과정에서 감내하라고 할 수는 없다. 이러한 차별이 있다면, 협상을 위한 협상과정에서 공정한 절차를 요구하여야 한다. 이를 회피하거나 고개를 숙이는 순간 더 이상의 공정한 절차를 기대할 수 없다. 상대방 또는 제3자가 이를 개선해 주지 않기 때문이다.

공정한 절차를 서로 약속해서 만든다. 예를 들면, 한 번에 한 명만 이야기 한다. 반사적인 행동을 줄이기 위한 약속이 필요하다. 일방이 욕을 한다던지 폭력적인 언행을 하지 않기로 약속하는 것이다. 그 약속을 어기는 경우까지 상정해서 어떤 제재를 할 수 있는지도 사전에 조율하는 것이 좋다. 한 쪽이 말을 많이 하는 것을 방지하기 위해서, 양 당사자 외에 제3자의 역할도 중요하다.

우리나라는 나이를 중시하는 문화로 인해 존댓말의 사용이 상대에 대한 존중으로 취급되기 때문에 사소한 말실수가 상대의 기분을 나쁘게 만들기도 하고 대화분위기를 험악하게 만들 우려도 있다. 또는 의도적으로 존칭어를 사용하지 않고 하대를 하여 상대의 기분을 나쁘게 만들기도 한다. 이런 경우에 어떻게 할지 고민해 보자.

2. 객관적인 기준(objective standard and criteria)

분쟁의 발생에서 상대가 틀렸다고 주장하는 경우가 많다. 이는 서로 다른 기준으로 사안을 판단하기 때문에 발생한다. 이익과 손해를 바라보는 이해관계에서 서로 다른 기준을 적용하기 때문에 충돌이 발생하게 된다. 이를 위해서 항상 일정한 잣대와 기준을 가지고 협상에 임해야 한다.

(1) 중립적인 제3자 또는 전문가의 의견

나에게는 타당한 기준이지만, 상대에게는 적절하지 못한 경우가 있기 때문에 어떠한 기준에 대하여 사안을 파악하고 그 해결책을 제시하여야 할지 알지 못해 곤란한 경우가 흔하다. 따라서 중립적인 제3자의 입장과 시각에서 사물을 판단하여 양 당사자에게 판단의 근거와 기준을 제시할 수 있다. 인간은 끊임없이 사람들과 관계를 형성하고 이해관계를 만들어 가고 있기 때문에 객관적인 기준(혹은 상식)에 의한 협상진행이 좋다. 개인의 주관적인 판단에만 의존해 협상에 접근한다면 서로의 차이만 확인할 수 있을 뿐이다. 주관적인 판단은 개인적인 경험에서 형성된 것이므로 다른 모든 사람과 동일할 수 없다. 특히, 이해관계에서는 당연히 상당한 차이를 발견할 수 있다. 따라서 일반적으로 인정되고 보편타당성을 가지는 객관적인 기준을 선택해서 적용하여야 하는데 중립적인 제3자의 의견으로 객관성을 확보할 수 있다.[2]

(2) 상식과 선례

흔히 상식과 선례를 객관적인 기준으로 사용한다. 그러나 상식과 선례의 적용이 항상 공정하고 객관적인지도 의문이 든다. 마치 정치인들이 말하는 국민의 눈높이처럼 상식의 폭이 비교적 넓다는 것이다. 10년 전의 상식과 오늘날의 상식이 맞지 않을 수도 있다. 선례의 경우도 지금 적용하기에 문제가 있을 수도 있다. 대법원

---

2) 예로 들어, 사택으로 입주할 시에 새 쇼파를 제공해 주기로 하였는데, 가지고 온 쇼파에 변색된 부분이 있어 문제제기를 하였다. 학교직원은 아무도 사용하지 않아서 새 것이라고 하였고, 나의 입장에서는 비닐커버가 벗겨져 있고, 변색이 되었으니 새 것으로 볼 수 없다고 서로 다르게 주장하였다. 동일한 물건을 보고 있지만 서로 다르게 해석하고 있었던 것이다.

의 판결도 바뀌는 것처럼 선례도 깨어지고 변화를 가져오기도 한다. 선례의 경우를 보면, 한국기업의 입장에서 5년 전 미국에서의 성공사례가 현재 아프리카에서 동일하게 적용되기는 어려울 것이다. 시대과 공간의 차이가 발생하기 때문에 반드시 동일하게 적용되지 않는 경우도 있다. 즉, 시대와 공간을 극복한 절대적인 상식과 선례를 찾아 적용하기는 어렵다.

(3) 공정한 시장가격(fair market value)

상대도 공감하고 협상에 적용할 수 있는 객관적인 기준3)의 예를 살펴보자. 주택매매를 예로 들어본다. 주택매매의 경우도 협상을 하여야 한다. 당연히 매도인 혹은 매수인이 자신이 원하는 금액을 제시할 것이지만, 서로가 제시한 금액의 차이는 상당할 것이다. 이를 해소하기 위해서 객관적인 기준에 의한 금액을 제시한다면 상대를 설득하기가 쉬워질 것이다. 이를 위하여 부동산소개업을 하는 사람에게 문의를 한다던지, 얼마전에 팔린 이웃집의 가격과 비교해 볼 수도 있다.

객관적인 기준으로서의 시장가격은 시장에서 형성된 가격을 의미한다. 판매자와 구매자의 입장에서 다수의 거래에 의하여 형성된 가격이므로 판매자와 구매자가 어느 정도 수긍할 수 있는 가격대를 의미한다. 객관성을 확보하기 위한 중립적인 또는 해당 분야의 제3자 전문가의 의견 수용에 대한 의견의 합치가 당사자 간에 필요하다. 당연히 제3자가 중립적이며 해당 분야에서 전문성이 있는지도 확인하여야 한다.

위의 공정한 절차와 객관적 기준은 본격적인 협상 이전에 미리 협상하는 것이 바람직하다. 이를 미리 정하지 않으면 협상과정에서 자신에게 더 유리한 절차와 기준을 적용하려고 하기 때문에 또 다른 분쟁을 만들 수도 있기 때문이다.

---

3) 객관적인 기준(standards)은 협상에 원칙을 부여하고 협상을 이끄는 길잡이가 된다. 객관적인 기준으로는 공인기관의 기준, 원가, 전문가의 판단이나 과학적 자료, 선례나 관행, 판례 등이 그 예가 될 수 있다.

사회인 야구장과 닭 농장주

영수는 30년째 자신의 고향에서 닭농장을 운영하고 있었다. 2년 전부터 외지인인 철수가 영수의 농장 옆에 야구장을 짓기 위한 터를 마련하고 1년 전에 완공하였다. 철수는 완공 후에 작년부터 미라클사회인야구장이라 이름짓고 사회인야구동호인들에게 야구장시설을 제공하고 있다.

평일 저녁과 주말에 주로 동호인들이 야구시합을 하여 그 시간 동안에는 소음이 발생하였다. 야간경기가 있는 날에는 밝은 조명까지 켜고 시합을 하였다. 그리고 일년에 네 차례있는 지역별 토너먼트경기가 있는 기간에는 많은 동호회가 참여하고 가족들도 응원을 하러 왔다. 특히 이 기간에는 야간경기가 많아서 소음과 조명으로 마을 전체가 불평을 할 정도였다.

지난 2주간 치뤄졌던 토너먼트 기간에는 10개의 야구공이 영수의 토지에 넘어왔고 그 중에서 3개의 공이 닭사육장에 떨어져서 3마리의 닭이 공에 맞아 폐사하였다. 그리고, 정확히 이유없이 지난해부터 닭의 산란율이 저하되고 있다.

▍영수의 정보

영수는 점차 나이가 들면서 청력을 많이 상실하였다. 그래서, 야구장에서 나는 소음으로 수면 방해는 받지 않았다. 다만 다른 이웃이 불평을 하였다는 것을 듣고 소음이 많다는 점은 인지하였다. 그러나, 야간에 조명으로 인한 수면 방해를 겪고 있다.

영수는 지난해부터 닭의 산란율이 저하되고 있어 야구장에 의한 소음과 조명으로 인한 피해가 아닌지 의심하고 있으나, 비용문제로 인하여 아직까지 정확한 원인 조사를 하지 못하고 있다. 점차 도시화되면서 농장에 대한 규제가 심해지고 있어, 좀 더 외진 곳으로 이주할 계획을 세우고 있었다. 그러나, 계속 고향에 살며 여생을 마무리하고 싶은 마음도 있다.

▍철수의 정보

1년 전에 야구장을 개장하였는데 상당히 인기가 좋아 영업을 잘 하고 있다. 그리고 사회인야구장에 대한 수요가 많아 야구장을 하나 더 만들 계획이 있다. 그리고 이용자들이 주차장이 없다는 불만을 제기하고 있어 지금 당장 주차장 확장을 하여야 할 필요가 있다.

소음과 야간조명으로 인한 민원이 시청에 여러 차례 제기되었음을 인지하여, 야구협회에 문의하였고 협회의 규정상 문제가 없는 것으로 통보를 받았고 이를 시청에 보고하였다.

위의 사례를 통하여 협상연습을 해보자. 쌍방이 어떤 합의에 도달하였다면 아래의 질문을 통하여 협상 1원칙을 적용하였는지 토론해 보자.

(1) 객관적 기준

① 야구장 확장을 위하여 철수는 영수의 농장부지를 매입하고 싶어 할 것으로 예상된다.

◆ 매매가격의 책정에서 객관적 기준은 무엇인가?

② 민원제기를 하는 마을 주민과 영수, 철수가 의존하여야 하는 객관적 기준은 무엇인가?

◆ 협회의 규정상으로는 문제가 없으나, 민원을 제기하는 측은 불편을 호소하고 있다. 어떤 기준에 의한 것이어야 하는가?

③ 만약, 철수가 협상과정에서 영수에게 야구장내의 매장영업권을 주는 조건을 제시한다면 공정한가? 이에 대한 추가적인 조건으로 무엇을 살펴보아야 하는가?

(2) 공정한 절차

① 협상의 당사자들은 누구인가? 공을 친 영수의 농장으로 넘긴 동호인도 포함되어야 하는가?

② 언제, 어디에서 만나 협상을 진행하는 것이 바람직한가?

Ⅲ. 협상의 제2원칙: 사람과 사안을 분리하라(Separate the People from the Problem)

'사람과 사안을 분리하라(Separate the People from the Problem)'의 의미는 협상에서 상대와 싸우면 적이 되지만, 문제의 사안에 집중해서 협상을 하면 사안만 적으로 상대하여 협상을 할 수 있다. 문제를 나의 관점에서만 바라보고 이를 바탕으로 해결하려고 하기 때문에 문제가 더 커지고 만다. 협상과정에서 상대는 적이 아니라, 문제를 함께 해결하는 협상동료가 될 수 있다. 승패협상의 관점에서 상대와 다른 관점과 기준이 틀렸다고 보아서 이를 교정의 대상으로 보아서는 안 된다. 혼자서 이기려고 하지 말고 상대와 함께 문제사안을 이겨내야 한다.

상대방을 이해해야 하고, 상대방의 입장에서 고려해야 한다. 자신의 주장을 아무리 완벽하게 주장한다고 해도 상대의 주장을 이해하지 않는다면 협상을 할 수 없다. 상대방의 시각과 입장에서 상대방의 상황을 먼저 살펴보자.

1. 상대가 적이 아니라 협상의 파트너로 의식한다.

현재 우리가 마주하고 있는 적은 해결해야 하는 협상 사안이지 마주하고 있는 상대가 아니다. 상대를 인정하고, 서로 적이 아니라 문제해결의 파트너라는 인식을 가지고 협상에 임하여야 한다. 이 말은 상대의 주장에 공감을 하라는 의미이지 상대의 주장에 대하여 동의하라는 의미는 아니다. 그렇게 상대의 주장에 공감하여 주는 것이 협상에서 패배를 의미하는 것도 아니다. 상대의 의견에 공감하라는 의미는 단지 이해하라는 의미이지 일정 부분을 포기하거나 양보하라는 의미는 아니기 때문이다.

우리의 표현으로는 "역지사지"가 있다. 역지사지의 자세를 가지라는 의미는 협상과정에서 서로를 이해하고 신뢰를 쌓으라는 의미이다. 사람은 일반적으로 자신의 의견에 공감을 표시하는 사람에게 공격적이지 않다. 자신을 인정해 주는 사람을 힘이 있는 사람으로 느끼게 된다. 역지사지 할 정도의 당당한 능력을 보인다면 상대방도 당신의 능력을 인정해 줄 것이다.

협상 Tip

동남아의 난민을 위한 기금을 모금하는 단체의 이야기이다. 이 단체에서 집집마다 문을 두드려서 기부금을 호소한다면 그리 좋은 호응은 얻지 못할 것이다. 그래서, 첫 방문에서 기부금에 대한 이야기를 전혀 하지 않고, 단지 난민을 위한 성명서에 동참을 해 달라고 호소한다. 일반적으로 집을 방문하면 기부금을 부탁하는데, 이 단체는 단지 성명서에 동참하기를 호소하였기 때문에 선뜻 이름과 사인을 하며 난민지원에 동참한다.

며칠 뒤에 다시 찾아와서, 지난 번에 동참해 주어서 감사하다고 한 후에 마당이나 문에 조그만 난민지원 스티커를 붙일 수 있는지 문의한다. 이것 역시 집주인의 입장에서는 크게 어려운 일도 아니고, 이미 성명서에도 동참했기에 이마저도 동의한다.

며칠 뒤에 다시 찾아와서 두 번에 걸쳐 난민구호 단체에 함께 해주셔서 감사하다고 표현한다. 이제서야 기부금 모금에 참여해 달라고 호소한다. 이미 두 번에 걸쳐 이 단체에 호응하였기 때문에 모금운동을 거절하기 어려워진다.

만약 이 단체가 처음부터 기부금을 요청했다면 거절률이 훨씬 높겠지만, 이처럼 서로 대립적인 관계(기부금 요청과 이를 거절)를 형성한 것이 아니라, 함께 한다는 동지적인 관계를 먼저 형성했기 때문에 상대의 요청을 거절하기 어려워진다. 그리고 집주인에게 단체의 운동에 먼저 동참하기를 요청하여 그 단체의 지지자가 되고 일원이 되었다는 느낌을 먼저 가지도록 했기 때문에, 집주인을 설득하기가 더 쉬워졌다.

위의 사례를 협상기법에 적용하면 살라미(salami)의 기법 또는 문간에 발 들여놓기(foot in the door) 기법에 해당한다. 이 기법은 상대가 눈치채지 못하게 아주 조금씩 상대에게 양보를 요구하여 자신이 원하는 것을 쟁취하는 방법이다.

1) 상대에 대한 인격적인 존중

상대방에 대한 인격적인 존중이 필요하다. 상대의 논리가 틀렸다고 하더라도 사람 자체가 틀린 것은 아니다. 단지 그 사람의 주장이 나의 그것과 다를 뿐이다. 협상과정에서 상대가 틀렸고 나의 주장이 옳았음을 밝혀서 상대를 교정하여야 할 필요가 있는 것은 아니다. 따라서 협상 시작의 마음가짐은 상대를 이기려고 하지 않아야 한다. 더불어 협상은 상대방에 대한 인격적인 존중에서 시작되어야 한다. 왜냐하면 우리는 상대가 나를 어떻게 대하는지 본능적으로 알기 때문이다. 나를 존중해 주는지 또는 무시하고 있는지 알고 있다. 나를 무시하는 상대방에게는 자동적으로 공격적인 성향을 가지게 되거나, 극단적인 방어적인 자세를 가지게 되기 때문에 제대로 된 협상을 진행하기가 어렵다. 따라서, 협상에서는 상대를 최소한의 인간적인 존중을 하여야 한다. 즉, 존중받고 싶다면 먼저 존중해 주어야 한다.

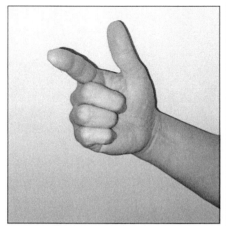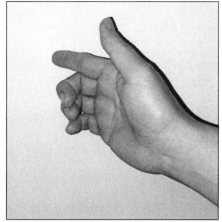

집게 손가락을 상대방으로 향하게 할 경우에는 다른 세 손가락은 자신을 향하고 있다. 상대를 비난하기 위하여 손을 총 모양으로 만들어 상대를 향하게 하였다면 나머지 세 손가락으로 자신을 비난한 것과 마찬가지이다

2) 반사적인 대응 자제

협상과정에서 분쟁사안을 마주했을 때, 반사적이고 즉흥적으로 반응을 하면 상황을 더욱 악화시키고 협상을 어렵게 만든다. 또는 너무 매력적인 제안이어서 선뜻 받아들이고 나서 후회하는 경우도 많다. 여기에서는 분쟁사안과 계약 자체를 보는 것이 아니라, 사람만 바라보았기 때문에 즉흥적인 대응을 하게 되고 종국에는 후회하게 된다.

상대의 행동에 즉흥적이고 반사적인 반응을 하게 되는 이유가 무엇인지 고민해 볼 필요가 있다. 간단히 말하면, 우리는 원래 그렇게 만들어져 있기 때문에 그렇게 행동한다고 할 수 있다. 살아남기 위해서 즉시 반응하도록 만들어져 있다. 불에 데이면 즉시 몸을 움츠리고, 뱀을 보면 교육이 없더라도 싫어하고 도망가려고 한다. 우리가 높은 절벽에서 뒤로 물러서려고 하는 것은 당연한 신체적인 반응이다. 그렇게 하도록 교육 받지 않아도 저절로 그렇게 행동하도록 프로그램되어 있기 때문이다. 우리의 뇌가 이런 상황에서는 일단 반사적인 행동을 하도록 프로그램이 되어 있다. 그렇게 하지 않으면 위험한 상황에 놓이거나 즉시 반응하지 못하면 죽을 수 있기 때문이다. 그런 행동을 하지 않고 모험심이 매우 강했던 우리의 조상은 일찍

죽어서 자손을 남기지 못했을 것이다. 위에서 언급한 반사적인 행동을 했던 사람이 많이 살아남았고 그런 유전자를 가진 조상만 살아남기에 유리했고 그것이 오늘에 이르렀을 것이다. 그러나 현대의 사회생활에서는 반사적으로 즉흥적인 행동을 해서는 도리어 살아가기 힘들어졌다. 다음에서 그 유형을 살펴보고 이를 제어할 수 있는 수단을 찾아보도록 한다.

3) 즉흥적이고 반사적인 반응의 유형

우리가 분쟁을 마주했을 경우에 반사적으로 반응하는 유형으로는 즉시 되받아치기와 포기하기, 회피하기가 있다. 이는 이성적인 사고를 거치기보다는 신체가 먼저 반응을 하여 외부로 나타나는 유형이다. 언급한 위의 세 가지 유형은 협상에서 도움이 되지 않은 행동유형이다. 분쟁에 대하여 반사적이고 즉흥적으로 대응하였기 때문에 분쟁과 갈등이 더욱 증폭되고 협상진행이 어려워지기 때문이다. 다만, 협상 과정에서 자신에게 유리한 상황을 만들기 위해서 의도적으로 이런 유형의 행동을 하는 경우도 있다.

(1) 되받아치기

상대의 행동이 공격적이라고 인식이 되면 이를 즉시 되받아치고 싶어진다. 공격에 대해서는 즉시 반응하여 반격을 하려고 하는 것이 인간의 자연스러운 반응이기 때문이다. 생각을 깊이 하고 반응을 하면 상대는 이미 공격을 끝내고 떠난 뒤이기 때문에 즉시 반응해야만 한다. 공격적인 행위에 대하여 즉각적인 반응을 하면 만만치 않다는 인상을 줄 수는 있는 장점이 있을 수는 있다.

다만, 공격과 반격의 행위로 인하여 갈등의 수위가 높아질 수 있다. 대부분의 노사관계의 분쟁을 보면, 일정 요구에 대하여 민감하게 반응하고 이로 인하여 노동자측은 파업을 하고 이에 대하여 사측도 반격을 하면서 협상이 아니라 갈등의 수위가 높아지는 경우를 볼 수 있다. 분쟁을 해결하기 위해서 협상을 시도하였음에도 불구하고 서로의 즉흥적인 대응으로 인하여 도리어 갈등의 수위가 높아지기는 것이다.

(2) 양보하기(포기하기)

위의 되받아치기와는 반대의 유형이다. 상대의 행동에 즉시 공격적인 행동으로 반격을 하는 것이 아니라, 일정 부분을 포기하고 상대에게 양보를 한다. 상대의 공격적인 행동이나 언어에 대해서도 반격하기보다는 상대가 원하는 부분을 포기하는 행동을 통하여 상대가 획득할 수 있도록 양보한다. 상대와 좋은 관계를 유지하기 위해서 혹은 자신이 좋은 사람이라고 잘 포장하기 위해서 상대의 요구에 쉽게 응한다. 혹은 싸우기를 포기하고 상대의 요구에 대하여 포기하고 양보한다. 야생의 예를 들면 하이에나가 먹이를 사냥하였지만, 사자무리가 나타나면 사자와 싸우기 보다는 싸움을 포기하고 먹이를 사자에게 양보한다. 그런데 협상과정을 살펴보면 지나친 양보와 포기로 인하여 협상 결과에 대하여 후회하는 경우가 흔하다. 협상 당시에는 적절한 반응이라고 생각되었지만 협상 마무리 단계 또는 이행 단계에서 자신이 지나치게 즉흥적인 대응을 하였음을 후회한다.

(3) 회피하기

분쟁상황을 맞서기 보다는 이를 외면하고 회피한다. 칼을 든 상대와 싸우기 보다는 일단 회피하는 것이 가장 바람직한 것이고 물리적인 싸움이 일어날 경우에 이에 맞서거나 이를 제압할 수 없다면, 일단 상황을 피하고 경찰에 신고하는 것이 가장 좋을 수 있다. 그러나, 물리적 폭력이 아닌 갈등상황에서는 회피라는 수단으로는 문제를 해결할 수 없다. 문제상황을 마주할 때마다 의사소통을 통한 협상을 하는 대신에 반사적이고 즉흥적인 반응으로 회피만 하는 것은 바람직하지 않다. 분명한 의사전달을 해야 함에도 불구하고 문제상황을 만들지 않기 위해서 대화와 협상을 회피하는 것은 문제해결에 도움이 되지 않는다. 불만을 가슴에 담아두지 말고, 정확히 전달해야 해야 상대방과 함께 갈등상황을 인지하고 이를 해결할 수 있다.

4) 반사적인 반응 제어

협상과정에서 준비하지 않고 즉흥적이고 반사적인 대응은 도리어 더 심화된 갈등과 분쟁을 초래할 우려가 있기 때문에 이를 자제하여야 한다. 특히, 감정적으로 흔들리고 있는 상황에서의 반응은 이성적인 판단과정을 거치지 않았기 때문에 합리적이지 않은 결과를 낳는 것이 일반적이다. 때문에 협상상황을 더욱 악화시킨다. 그렇다고 해서 감정을 완전히 제거하고 협상에 임할 수는 없다. 우리는 감정이 있는 동물이기 때문에 이를 적절히 제어를 해야 할 뿐이다. 만약 반사적인 행위를 한다고 느끼거나, 예상하지 못한 상황을 마주하게 된다면 시간적인 여유를 가지도록 해야 한다. 협상과정에서 즉흥적이고 반사적인 반응을 줄이기 위해서 아래의 방법을 적용할 수 있다.

(1) 일시 멈춤

즉흥적이고 반사적인 반응을 하지 않기 위해서 반응하려는 모든 행동을 일시적으로 정지한다. 반사적인 반응으로 상대에게 반격하려는 행위, 특히 말을 내뱉는 행동을 잠시 멈춘다. 예전에 부부싸움이 잦은 부인에게 물약을 처방해 주면서, 남편의 말에 대답하기 전에 물약을 입에 10초 동안 물고 있다가 삼키라고 했다. 이는 부인에게 남편의 행위에 대하여 즉각적인 반응을 하지 말고 잠시 멈추었다가 반응을 하라는 의미이다. 잠시동안 멈춘 10초 동안에 남편도 자신의 행동에 대해서 생각할 시간적인 여유를 가질 수 있기 때문이다. 상대의 공격적인 행동과 언어에 대하여 회피가 아니라 일시 멈춤하는 시간적 여유를 확보하여 반사적인 행동을 자제하게 된다.

(2) 발코니로 나가라

화가 났다거나 감정적으로 상황이 악화되었다면 그 자리에서 흥분을 가라앉히는 것이 쉽지 않다. 이를 위해서는 분위기를 전환하여야 하는데 그 자리에서 흥분된 감정을 자제하는 것이 쉽지 않다. 왜냐하면 여전히 상대의 얼굴을 마주하고 있기 때문이다. 또한 다른 사람이 참관할 경우가 있을 수 있다. 이러한 경우에 감정을 가라앉히기 위해서 잠시 장소를 바꾸어 자신의 위치를 이동시키는 것이 좋다. 즉, 협상테이블에서 흥분을 가라앉히기보다는 협상을 하는 장소에서 벗어나라는 의미이다.

잠시 휴식시간을 요청해서 찬바람을 맞으며 분위기를 바꾸는 것이 더 낫다.

즉흥적인 반응을 할 정도로 화가 난 상황에서 상대의 얼굴을 계속 보고 있으면 분위기를 바꾸기가 어렵다. 잠시 협상장에서 벗어나서 상황과 사안을 다시 한 번 정리하기 위해서 협상테이블에서 벗어날 필요가 있다. 따라서, 협상장에서 벗어나 발코니로 나가라는 표현을 사용하고 있다.

장소의 변화를 주문하는 것이 분쟁상황을 마주했을 때의 회피를 의미하는 것은 아니다. 일시적으로 분위기를 전환하기 위해서 잠시 장소를 바꾸거나 즉각적인 반응을 보이지 않기 위한 행동이기 때문이다. 협상과정에서 발생한 자신의 감정을 정리할 시간을 확보하고 즉흥적인 대응을 자제하기 위하여 일시적으로 협상공간에서 벗어나라는 의미이다.

(3) 휴식시간을 가진다(time-out or break-time)

협상과정은 분쟁사안만 다루기보다는 상대방과 관련된 사람들의 이해관계까지 복잡하게 얽혀있다. 따라서 신체와 감정 모두를 사용하여 쉽게 피로해진다. 자기계발의 아버지로 불리는 데일 카네기도 피로해지기 전에 휴식을 가지라고 하였다. 갑작스런 상황에서 잠시 베란다로 나가는 것 외에 휴식시간을 미리 설정해두는 것도 도움이 된다. 일정하게 가지는 휴식시간을 통하여 생각을 정리할 시간적 여유를 가지고 협상진행단계에서 필요한 요소를 준비할 수 있다. 휴식시간을 가지기 직전에 다음 주제를 미리 정하는 것도 하나의 방법이다.

(4) 요약정리하는 시간을 가진다

협상진행단계에서 잠시 가지는 휴식시간 전후에 진행상황을 정리하는 시간을 가진다. 사안이 복잡해지면 요약을 자주 하여야 한다. "조금 전에 하신 말씀을 제가 제대로 이해했는지 확인하겠습니다.""이렇게⋯ 말씀하신 것이 맞죠?"라고 서로가 정확하게 전달하고 받아들였는지를 확인한다. 협상을 하다보면 화자 자신도 몇 분 전에 한 말과 지금 하는 말이 조금씩 다른 경우가 있다. 이런 경우 짐작해서 이해하기 보다는 요약을 한다는 의미에서 확인을 하는 것이 좋다.

또한, 사안이 복잡한 경우는 작은 사안이 마무리 될 때마다 명확히 한다는 의미에서 요약하는 시간을 가지는 것이 좋다. 분쟁과 갈등을 해결해야 하는 협상상황을 마주한 경우에 우리의 기억력은 현저히 저하된다. 그리고, 협상이 길어져 다음 날 혹은 며칠 뒤에 계속해야 하는 경우에는 서로의 기억이 조금씩 달라서 재협상을 하기도 한다. 이를 방지하기 위하여 작은 사안이 마무리되거나 휴식을 가질 때마다 협상진행과정을 정리하는 것이 바람직하다.

자동차와 보험의 경우에는 소비자들이 받아들이기 힘든 수준의 엄청난 양의 정보를 한꺼번에 제공하는 경우가 있다. 필자가 생명보험에 가입한 적이 있는데, 엄청나게 많은 양의 정보와 보장내역에 따라서 조금씩 다른 보상금액에 대한 정보를 제공받았다. 그리고는 며칠 뒤에 그런 정보를 제공받았는지 확인하는 전화를 받았는데 당연히 질문에 대부분 제대로 대답하지 못하고 다시 알려달라고 부탁까지 하였다. 기록을 하지도 않았고 많은 양의 정보를 짧은 시간에 제공받았기 때문이다.

따라서 기록을 하는 것도 하나의 방법이다. 협상에서 정리하는 시간을 가지며 기록을 남기면 기억의 오류를 방지할 수 있다. 기억의 오류가 있는 경우에 참고할 수 있는 자료가 되고, 상대에게도 믿음이 가는 사람으로 남을 수 있다.

(5) 침묵

침묵은 금이라는 속담이 있다. 무작정 말을 하지 않는다고 좋은 것이 아니라, 말을 하고 싶지만 참아야 할 때 침묵을 지켜야 함을 의미한다. 말을 잠시 하지 않고 멈추어서 그 의미를 상대에게 전달하는 것이다. 협상테이블에 앉은 사람은 서로 자신의 주장을 하기 위해서 더 많은 말을 하려고 애쓴다. 한마디라도 더 하려고 하고, 상대의 주장에는 어떻게든 반박하려고 한다. 이런 상황에서 예상외로 아무말도 하지 않는다면 상대는 어떤 생각을 할지 생각해보자. 여기서 주의해야 할 것은 얼굴을 돌려 회피하는 것이 아니라 고개를 들고 눈을 쳐다보는 것이다. 마치 모든 것을 알고 있지만 굳이 말로 전달하지 않겠다는 듯이 아무말 없이 상대를 바라보기만 한다. 이런 상황이 되면, 상대는 안절부절하며 자신의 주장을 강화하기 위해서 계속해서 말을 하려고 한다. 특히, 상대가 제안을 했다면, 역제안을 하는 것이 아니라 단지 침묵으로 반응을 한다. 이렇게 하면 상대는 당황해 하며 새로운 제안을 내놓는다.

개방형 질문을 한 뒤에 상대의 대답을 듣고서 침묵으로 반응을 한다. 개방형 질문은 '예' 또는 '아니오'로 대답하기보다는 상대가 자신의 의사를 전달할 수 있도록 질문하는 형태를 말한다. 영화에서 보면 변호사가 증인에게 '예', '아니오'로만 대답해 달라고 요구하는 장면이 있는데, 이러한 변호사의 질문형태는 폐쇄형 질문이다. 개방형 질문의 예로는 "사고를 목격할 당시의 상황을 설명해 줄 수 있나요?"이다. 개방형 질문은 단답형의 '예' 또는 '아니오'의 형태가 아니라 상대가 긴 호흡으로 대답할 수 있도록 유도한다. 예를 들면, 상대에게 왜 그런 제안을 하였는지 개방형 질문을 하면, 상대는 말을 할 수 있는 기회를 얻었기 때문에 많은 양의 정보를 전달하려고 하므로 상대로부터 더 많은 정보를 획득할 수 있다. 이때, 침묵으로 대응한다면 상대는 그 침묵이 흐르는 시간을 참지 못하고 또 다른 제안을 하게 된다.

1~2초의 짧은 시간이라고 하더라도 침묵하는 동안은 상당히 길게 느껴지고, 그 시간을 참기가 힘들다. 대화에서 상대가 반응을 보이지 않으면 상당히 조급해진다. 조급함의 유혹을 이겨내기가 쉽지 않다.

중고차 매매를 예로 들면 다음과 같다. 딜러가 1천만원 상당의 차라며 소개시켜준다. '어떻게 생각하느냐'는 질문을 하면서 구매자의 의사를 묻는다. 이 때 구매자는 대꾸 없이 가만히 딜러를 쳐다본다. 굳이 가격을 깎아달라고 하거나 다른 차를 보여달라고 할 필요도 없다. 잠시 동안의 침묵이 흐르면, 딜러는 새로운 제안을 할 것이다. 당연히 이전 제안보다는 좋을 것이다.

협상과정에서 즉흥적이고 반사적인 대응을 자제하고 감정적인 흥분을 가라앉히기 위하여 사각형 박스 숨쉬기를 연습해 보자. 숨쉬기는 생존에 필수요소이기 때문에 어떤 상황에서도 숨쉬기가 제대로 되지 않으면 숨쉬기에 집중하게 된다. 감정에 휘둘리는 것을 방지하기 위해서는 심호흡을 하라고 권하고 있지만, 단순히 심호흡만으로 감정을 다스리기가 힘든 경우가 있다. 이 경우에 평소에 하지 않던 더 깊은 호흡으로 일시적인 감정에 휩쓸리는 것을 방지할 수 있다.

사각형 박스 숨쉬기는 상상의 사각형을 마음속에 그리면서 호흡한다. 가급적이면 정사각형을 그린다. 마음 속으로 그 사각형을 그리는데 한 면을 그리면서 숨을 들이마신다. 그리고 다음 면을 그리는 동안 숨을 참는다. 다음 면을 그리면서 숨을 내쉰다. 그 다음 면을 그리면서 숨을 참는다. 천천히 숨을 들이마시고 내쉬도록 한다. 이렇게 해서 사각형을 완성한다.

사각형박스 숨쉬기를 하면서 엄지손가락으로 검지부터 새끼손가락을 차례로 누르는 것도 도움이 된다. 상대가 알지 못하게 몰래 협상테이블 아래에서 적용하면 효과적이다. 단, 평소에 하지 않는 호흡이기 때문에 혈압이 올라갈 수 있기 때문에 사각형 그리기는 두 번 정도가 적당하다.

관점획득(Perspective taking)실험 — (샐리-앤 실험)

샐리와 앤이라는 아이들이 인형놀이를 하도록 한다. 먼저 샐리가 인형을 가지고 놀다가 유모차에 인형을 두고 방을 나간다. 그 후에, 앤이 유모차에서 인형을 꺼내어 놓고 난 후에, 인형을 나무상자에 두고 방을 나간다. 다시 샐리가 방에 돌아와서 인형을 찾을 때, 어디를 가장 먼저 찾겠는가? 당연히 자신이 마지막에 두었던 유모차로 향할 것이다.

샐리는 자신의 관점에서만 생각하게 되고, 조금 전에 놀았던 인형은 당연히 유모차에 있다고 생각한다. 당연히 샐리는 앤이 놀았던 사실을 알지 못하기 때문이다. 당신이 샐리라면 인형을 찾기 위해서 어디를 먼저 확인하겠는가?

협상에서 서로 다른 관점의 차이를 인정하고 협상에 임하여야 함을 보여주는 예이다. 샐리라면 당연히 자신이 마지막에 인형을 둔 유모차를 먼저 확인해 볼 것이다.

이 이야기를 모두 알고 있는 샐리라면 나무상자를 열어볼 것이다. 상대방의 관점에서 상황을 이해하는 연습이 필요하다. 왜 상대방의 이해관계까지 고려해서 협상을 준비해야 하는지 생각해보자. 관점의 차이가 있기 때문이다.

2. 상이함(difference)에 대한 존중

1) 상이함의 발생

우리는 서로가 '다르다(different)'는 점을 인정하여야 한다. 진정한 문제는 상대가 아니라 문제상황을 인식하는 자기 자신이다. 감정에 의한 흥분이 고조된 상태에서 대응을 하게 되면 문제를 더욱 악화시킨다. 걱정과 두려움이라는 감정에 의하여 상대를 의심하게 되고 협상 과정에서 결정을 주저하게 된다. 협상이 공식적이던 비공식적이던, 상대방 혹은 내부협상 과정에서 자신과의 협상을 통하여 선택의 과정을 거치게 된다. 이 과정에서 나의 생각은 '옳고(correct)', 상대의 생각은 '틀렸다(wrong)'라는 생각을 하는 경우가 있다.

(1) 다름에 대한 인정

차이가 있음을 인정하여야 한다. 평등한 사회이지만, 동등한 사회는 아니다. 이미 나이차도 있고 성별에 의한 차이도 이미 존재하고 있다. 여러 가지 차이를 이미 가지고 있다. 이 점을 인정하고 시작하여야 한다. 이런 차이를 없애고 시작하기는 사실상 불가능하다. 다만, 부당하게 차이를 만든다면, 이에 대해서는 단호히 거절해야 하고 공정한 절차의 적용을 주장하여야 한다.

분쟁상황을 마주하고 있는 상대방의 비이성적인 선택과 행동에 의하여 문제가 발생하였고 악화되었다고 생각해서는 안 된다. 단정적으로 비이성적인 상대에 의한 문제발생이라고 생각해서는 문제가 해결되지 않고 재발방지도 되지 않는다. 사람은 누구나 자기 자신이 이성적인 사람이라고 생각한다. 그런 상대에게 문제의 발생원인이 있다고 주장하면 누구나 이를 부인하게 된다.

(2) 다름을 인정하지 못하는 사례

① 독단적인 상사의 결정에 대하여 불평을 한다.

② 사춘기의 10대들에게 통제불능이라고만 생각해서는 협상에서 평행선만 달리게 되어서 문제해결이 되지 않는다.

③ 우리의 관점에서 본다면 상대의 행동은 이상하고 설명하기 힘든 부분이 있다. 그렇다고 해서 이들의 행동이 비이성적이라고 평가하기는 지나치다. 비이성적이라고 해서 협상이 되지 않는 것은 아니다. 서로의 가치에 대하여 다르게 평가하고 있을 뿐이다.

2) 인식의 차이와 실수의 가능성[4]

우리는 비슷한 상황을 마주하였음에도 불구하고 각자 다르게 해석한다. 살아온 환경과 경험 등에 의하여 같은 물건을 보아도 동일한 사람을 만나도 대상에 대해 서로 인식을 달리 한다. 그리고 특정인 또는 특정물건에 대해 선입견을 가지고 있다. 인종차별이 대표적인 예이다.

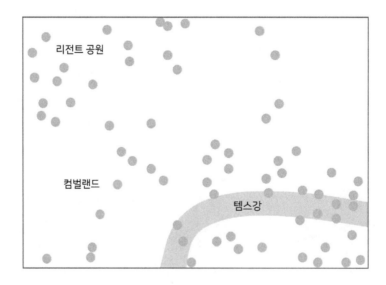

---

4) 리처드 탈러, 캐스 R. 선스타인, 안진환 역, 넛지: 똑똑한 선택을 이끄는 힘, 53-54면(리더스북, 2009)를 참고하였다.

위의 그림은 제2차 세계대전 당시에 독일군이 영국 런던의 상공에서 비행기로 포탄을 낙하시켰는데, 그 낙하지점을 지도에 표시한 것이다. 이 그림에서 독일 공군이 포탄을 낙하시켰을 때 특정 목표를 염두해 두었거나, 집중적인 낙하지점이 있었다고 보여지는가?

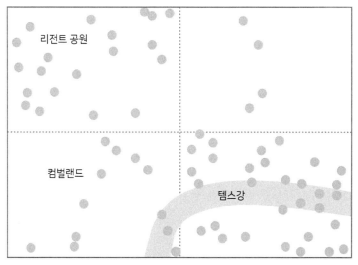

위의 지도를 십자 형태로 나눌 경우에 우측상단과 좌측하단에 더 집중하여 낙하하였다고 해석할 수 있다.

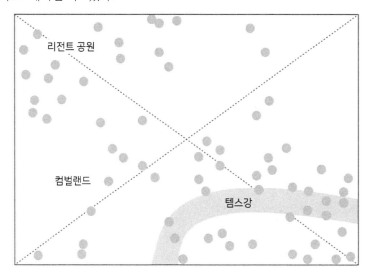

위의 지도를 엑스자형태로 나눌 경우에는 나누어진 네 곳에 거의 균등하게 포탄이 낙하하였다고 해석할 수 있다. 이처럼 어떻게 지도를 나누어 보느냐에 의하여 서로 다르게 해석할 수 있다. 실제로는 특정한 목표물을 염두해 두지 않고 포탄을 무작위로 낙하하였다고 한다.

협상에서도 사안을 어떻게 바라보느냐에 따라서 인식의 차이가 생긴다. 이처럼 인식의 차이를 인정하고 서로의 상이함을 인정함으로써 '상대가 틀리게 생각한다'는 인식보다는 다르게 바라보고 인식한다고 생각해야 한다.

3. 인간적인 존중

1) 인정욕구를 만족

누구나 타인으로부터 존경받고 인정받기를 원한다. 처음 본 사람이라도 "얼굴이 잘 생겼다" 또는 "체격이 아주 좋다"는 칭찬을 들으면 괜히 기분이 좋아진다. 이와 반대로, 회의에서 다른 참석자가 자신의 의견을 반박하면 자신이 무시당했다는 생각이 들며 기분이 언짢아진다. 단지 의견이 반박을 당했음에도 자기 자신이 반박을 당했다고 지나친 반응을 한다.

일방적으로 자신의 논리만 밀어붙이지 말고 상대의 의견을 잠시 경청한다. 그후에, 상대의 입장이 되어서 공감을 표하면 된다. 지금 상대는 단지 고집만 피우는 것이 아니라 자신의 의견에 단지 공감을 표시해 줄 수 있는 사람이 필요한 것이다. 협상테이블에서 이런 행동만 보여주어도 상대는 마음의 안정을 찾고, 공격적인 행동을 멈춘다.

(1) 예시

아래와 같은 말로 상대의 말을 경청하고 있고 공감하고 있음을 표현해주면 상대의 인정욕구를 어느정도 충족시켜 줄 수 있다.

① 당신이 왜 그런 생각을 하게 되었는지 이해가 됩니다.
② 당신의 주장에도 일리가 있습니다.

③ 그렇게 생각하실 수도 있겠습니다.

2) 감정의 충족

감정도 충족시켜야 한다. 협상에서 논리적으로 서로를 설득하는 것이 바람직하지만 논리력만으로 상대를 설득할 수는 없다. 감정이라는 큰 힘을 논리력만으로 이기기는 힘들기 때문이다. 선거투표에서 보면, '난 그 사람 좋더라 혹은 그 사람 싫더라'라는 표현을 한다. 그 이유가 단지 그냥 좋다 또는 싫다인 경우는 아무리 논리로 설득해도 소용이 없다. 이유도 없이 싫다는 사람을 논리적으로 설득해서 그 사람을 좋아하게 만들 수 없고, 그 반대의 경우도 마찬가지이다.

이처럼, 감정의 힘은 매우 강력하다. 감정이 훼방을 놓는다면 이성적인 대화로 협상을 이어가기가 힘들어진다. 사랑하던 남녀가 헤어지는 이혼이 대표적인 예이다. 사랑하던 사람이 이혼을 결심하였다면 둘 사이에는 상당한 갈등이 있었을 것이다. 이미 감정적인 갈등이 표출되었고, 상대에게 화가 난 상태일 것이다. 드라마에서 자주 보는 이야기로는 남편이 외도를 하였고, 부인이 화를 냈다. 그러자, 남편이 이렇게 화만 내는 부인에게 그만 지쳐서 외도를 할 수밖에 없었다며 부인 탓을 한다. 이미 감정의 골이 깊어져서 논리적인 대화보다는 서로의 흉을 보고 자신의 감정만 표출하게 된다.

부당한 대우를 받았다고 생각하는 사람에게는 논리가 통하지 않는다. 일단, 앞아서 그 사람의 말을 들어주는 것이 좋다. A는 어제 차를 샀다. 똑같은 차를 B가 오늘 샀는데 B는 5백만원이나 저렴한 가격에 구입하였다. A는 자동차 중개인에게 부당한 대우 즉, 차별적인 대우를 받았다고 주장할 것이다. 이러한 경우에 중개인이 다를 수도 있고 또는 B가 구입한 차에 조그마한 상처가 있을수도 있어서, 가격을 인하하는 경우도 예상할 수 있다. 또는 오늘부터 새로운 세일기간이 시작되면서 특별 할인가격에 구입하였을 수도 있다. 그러나, 예상되는 시나리오를 외면하고 자신은 더 비싼 가격에 자동차를 구입하게 되었다는 점만 생각하는 A는 일단 부당한 대우를 받았다는 생각에 매몰되어서 자신의 주장을 시작할 것이다. 지금 당장 논리적인 설득보다는 일단 A의 주장부터 경청해주는 것이 좋다. A는 그 어떠한 설명도 귀에 들어오지 않기 때문이다.

4. 적에서 친구로

친구들과의 대화는 시간가는 줄 모르고 이어진다. 커피 한 잔만 있어도 긴장을 풀리고 즐거운 대화를 이어갈 수 있다. 그러나, 협상의 상대를 적으로 간주하고 대화를 이어가면 혹시 상대의 꾐에 넘어가지는 않을지 긴장할 수밖에 없다.

1) 친구와 적에 대한 반응 자체가 다르다.

약속시간에 친구가 늦으면 "뭐 그럴수도 있지"라고 하는 반면에, 싫어하던 사람이 약속시간에 늦으면 "항상 이런 식이라니까. 사람을 무시하는군"라고 생각하는 경향이 있다. 협상의 상대를 어떻게 인식하는지에 따라서 자기 자신의 반응도 달라진다. 앞에서 언급한 바와 같이 분쟁상황을 마주하고 있다고 하더라도 상대는 적이 아니라 문제를 함께 해결해 가야 하는 협상의 파트너로 바라보는 것이 바람직하다.

2) 인식의 부조화(cognitive dissonance)

자신이 믿고 있는 것과 현실과의 차이가 존재한다. 이러한 괴리가 존재하기 때문에 사람은 이런 부조화 상태를 없애려고 한다. 따라서 이를 인식하고 반응하기를 통하여 그 차이를 줄인다. 인식을 바꾸던지 현실을 바꾸려고 노력하게 된다. 우리는 선거에서 한 번도 직접 만난 적이 없는 대통령후보에게 한 표를 행사한다. 단지 TV에서 후보들의 이미지만을 생각하고 선거에 참여하게 된다. 후보들에 대한 이미지를 인식하고 그럴 것이라는 생각과 믿음을 가지게 된다. 후보에 대한 기대를 하게 되지만 당선 이후의 행동이 그 기대와 맞지 않으면 기대를 낮추던지 혹은 대통령에게 자신이 기대하는 행동을 하라고 요구하게 된다. 사람들은 자신이 믿고 있는 것이 현실에 나타나기를 바라고 그렇게 되도록 행동한다. 협상에서 상대를 적으로 인식하게 되면 계속해서 적을 마주한 것처럼 반응하고 대응하게 된다. 따라서 상대를 협상의 적이 아니라 파트너로 받아들여야 한다.

5. 협상 제2원칙의 실제적용

이제까지 협상 제2원칙의 '사람과 사안을 분리하라'에 대하여 살펴보았다. 실제 협상에서 이 원칙을 어떻게 적용할 수 있는지 살펴보자.

1) 사안과 문제를 분리하기의 실천

상대의 권위와 능력을 인정하자. 우리는 인간이기 때문에 감정적인 동물이고 감정의 통제가 쉽지 않으며 즉흥적인 대응을 하게 됨을 앞에서 살펴보았다. 이 때문에 제2원칙을 실행하기가 쉽지 않다. 협상장에서 소리치고 화를 낸 후에야 그러한 행동을 후회하게 된다. 어떻게 훈련해야 협상에서 문제의 사안만 바라보고 협상을 진행할 수 있는지 알아보자. 이를 위해서는 두가지 방법을 사용한다.

(1) 협상사안을 객관적인 시각으로 보기: 관찰자처럼 내려다보기.

이 말의 의미는 헬리콥터에서 내려다보듯이 문제의 사안을 바라보자는 것으로 자신의 주관적인 시각보다는 객관적인 시각으로 큰 그림을 보자는 의미이다.

(2) 협상진행에서의 즉흥적인 대응을 자제하기 위해서 숨어있는 협상동료를 참가
　　시키기: 시스템 1과 2, 원숭이와 코끼리, 친구 1과 2[5]

상대의 언행에 대응하기 앞서 우리 편의 협상동료에게 자문을 구한다. 즉시 반
응하지 않고 자제된 대응을 할 수 있는 시간적 여유와 함께 사안을 객관화 시키기
에 유리하다.

예를 들어보자. 교실에서 협상수업을 진행하고 있다. 한창 진행하고 있는데, 한
학생이 갑자기 일어나서 큰소리로 소리친다. 손가락질까지 하며 "당신은 아무것도
모르고 수업을 하고 있다. 당신은 거짓말쟁이다"라고 소리쳤다. 교실은 한순간에 정
적에 휩싸였다. 그리고는 곧 수근대는 소리가 들리기 시작했다. 일어나 있는 학생과
교수는 말없이 서로를 노려보고 있다.

또 다른 예를 살펴보자. 국회의원선거 유세장에서 한 후보가 열심히 연설을 하
고 있다. 연신 이마의 땀을 닦고는 두 손을 치켜들며 소리친다. "저를 뽑아주신다면

---

5) Daniel Kahneman, Thinking Fast and Slow, (2012)와 사이먼 사이넥, 이영민 역, 나는 왜 이 일
　 을 하는가?, 타임비즈(2013)를 참고하였다

우리 지역에 ○○공기업을 유치하고 ○○대학에서 반값 등록금으로 학생들이 등록금 걱정 없이 학교를 다니도록 만들겠습니다" 그러자, 경제가 좋지 않아 얼마 전 실직한 시민이 삿대질을 하며 소리쳤다. "이런 거짓말쟁이를 봤나! 국회의원이 어떻게 그렇게 할 수 있소. 거짓말도 적당히 해야 속지!"라며 큼지막한 주먹을 들어보이며 소리쳤다. 한순간에 정적이 흐른다. 청중을 물론이고 단상 밑에서 기다리던 보좌진들도 얼굴이 새파랗게 질렸다. 후보자에게는 표 떨어지는 소리가 귓가에 울려퍼지는 듯 했다.

위의 상황에서 당신이 만약 교수와 유세장의 후보라면 어떻게 행동할 수 있을지와 어떤 대응을 할수 있을지 생각해보자. 위에서 말하는 것처럼 문제의 사안에서 사람을 분리하여 객관적인 시각을 유지하며 사안을 파악하고 상대방의 도전적인 태도에도 여유를 가지고 대응할 수 있는지 고민해보자. 이 정도 상황이라면 사안이 무엇이던지 주장하는 사람과 사안과의 관계를 생각해 볼 겨를도 없을 것이, 아마도 즉시 얼굴을 붉히며 반박을 할 것이다.

왜냐하면 당신은 청중들 앞에서 이미 망신을 당했다. 설령 선거유세를 위해서 거짓 공약을 말하고 있다고 하더라도 다른 사람 앞에서 공개적으로 망신을 당하였다면 자신의 잘못을 순순히 인정하기가 쉽지 않다. 당연히 아니라고 반박할 것이다. 아마도 서로 삿대질을 하고 얼굴을 붉히면서 싸우는 방법을 택할지도 모른다.

즉, 위의 순간에서 '어떻게' 사안을 재빨리 분석하고 감정적인 대처를 배제할 수 있느냐에 대한 질문을 할 수 있다. 이를 위하여 문제사안을 좀 더 객관적인 시점에서 바라보기 위하여 "헬리콥터에서 내려다보기"를 적용하고, 상대방과의 협상과정에서는 즉흥적인 대응을 자제하기 위하여 "원숭이와 코끼리"라는 숨어있는 협상동료를 적용해본다.

2) 관찰자처럼 내려다보기

'관찰자처럼 내려다보기'는 사안을 나의 시각보다는 제3자의 시각으로 객관적으로 바라보자는 의미이다. 즉, 문제를 바라보는 시각을 달리하자는 뜻이다. 교수의 시선과 후보자의 시선은 소리치는 한 명의 학생과 청중을 수평으로 바라보게 되고 이 부분에만 집중하게 된다. 아무리 넓게 보더라도 수근대는 청중과 학생들 정도로 확대될 것이다. 지금 당장 비난으로 인하여 부끄럽기 때문에 즉시 상대에 대한 반박이나 비난을 하고 싶어진다.

시선의 방향을 수평에서 수직으로 바꾸어서 시야를 넓힘과 동시에 다른 각도에서 바라보기를 해보자. 시야가 좀 넓어졌는지 또는 보는 시각이 달라지는지 생각해보자. 일단 문제를 좀 더 다른 시각에서 바라보면 문제인식과 대처가 달라진다. 내가 화를 낸다면 어떤 일이 일어나고 청중들과의 관계는 어떻게 될지 상상할 수도 있을 것이다.

3) 원숭이와 코끼리에게 물어보기

다른 이름으로는 '호랑이와 코끼리' 또는 '친구 1과 2', '시스템 1과 시스템2'으로 불리고 있으나 개념 자체는 동일하다. 헬리콥터에서 바라보는 시각에서 사안을 객관적으로 바라보았다면, 이를 협상의 상대에게 어떻게 적용할지도 고민해 보자.

직접 눈에 보이지는 않지만 협상동료로 나의 뒤에서 함께 협상을 진행한다고 상상해보자. 제목에서 두 가지가 묶여 있는데, 앞의 것(친구1, 원숭이, 호랑이, 시스템1)은 성격이 급하고 다혈질 성격을 대표하는 것들이다. 반면에, 뒤의 것(친구2, 코끼리, 시스템2)은 차분하고 이성적이다.

나의 경우에는 친구 1과 2를 적용한다. 다른 것을 적용하여도 된다. 단지 이름만 다르게 붙이고 있을 뿐이기 때문이다. 여기에서 언급된 것은 자신의 내면에 있는 자아를 의미하는 것으로 자신에게 친숙한 것에 협상동료의 의미를 부여하면 된다.

문제상황을 마주하였다면 친구1에 물어본다. 당연히 화를 내면서 당장 쏘아붙이라고 조언을 한다. 옆에 있는 친구2에게 물어본다. 일단 화를 가라앉히고 차분히 생각해 보라고 조언해 준다. 유세장에서 친구1은 당장 저 녀석을 끌어내라고 조언해주겠지만 그의 조언은 그리 도움이 되지 않는다. 이제 친구2에게 물어보면 일단 친구1의 방법은 소용없으니 따르지 말라고 조언해 준다. 그리고 이 상황을 유머스럽게 넘기는 것이 좋을지 또는 진지한 토론을 하는 것이 좋을지 조언을 해 준다.

위에서도 언급했듯이, 협상 제2원칙을 실제로 적용하기 위한 기법을 소개한 것이다. 우선은 협상사안을 객관적으로 바라보기 위한 시점의 변화를 적용하였다. 그 다음은 협상진행단계에서 즉흥적인 대응을 자제하고 침착한 대응을 하기 위하여 숨어있는 자아를 활용해 본다.

협상 Tip

필자가 인도에서 강의를 하고 있었다. 다른 단과대학인 MBA과정의 한 교수가 ADR(대체적 분쟁해결제도)에 대한 강의를 부탁해서 2시간 동안 강의를 해 주고 있었다. 필자의 학교는 전원 기숙사생활을 하고 있어서 금요일 오후에는 많은 학생들이 집으로 돌아가기 위해서 강의실에 커다란 여행용 가방을 들고 오는 경우가 있다. 그 날도 교실 한 구석에 몇 개의 가방이 있었다. 강의를 한참 진행하고 있었는데 한 학생이 문을 열고 들어가도 되냐는 듯을 몸짓을 하였다. 말은 하지 않았지만 입모양은 "May I?"라고 하고 있었다. 마치 들어가도 되냐는 듯한 질문을 하고 있다고 판단되어, 필자도 들어오라는 손짓을 하였다. 그러자 그 학생은 교단을 지나 자신의 가방을 들고 나가고 있었다. 문제는 나가면서 자신의 친구에게 손짓까지 하였다. 수업에 방해된다고 판단되어, 즉시 그 학생의 행동을 저지하면서 지금 무슨 짓을 하고 있느냐고 물었다. 그러자 학생은 당신이 그렇게 하라고 하지 않았느냐고 도리어 반문을 하였다. 들어와서 책상에 앉아서 수업을 들으라는 의미였지 너의 가방을 들고 나가라는 의미는 아니라고 하였다. 이처럼 서로의 몸짓(몸동작)으로 의사소통을 하니 문제가 생겼다. 수업 중에 문제가 생겼으니, 이를 어찌 해결해야 할지 고민이 되었다.

[관찰자처럼 바라보기를 적용하기]

강의를 하는 입장에서는 순간적인 화가 나기도 하지만, 학생의 입장이 어떤지 알 수가 없다. '일단 한 걸음 떨어져서 이 상황을 살펴보면 어떨까?'라는 생각이 들었다. 마치 헬리콥터를 타고 위에서 아래를 내려다 보듯이 상황을 바라본다. 이렇게 되면 본인의 입장보다는 제3자의 객관적인 시각에서 사안을 바라볼 수 있게 된다.

[친구1과 친구2에게 물어보기]

이 때 마음속의 친구들에게 내가 어떻게 하는 것이 좋을지 물어본다. 친구1은 성급하고 다혈질이다. 친구1은 교수 체면문제도 있는데, 당장 야단을 치거나 학교측의 학교윤리위원회에 보고해서 조치를 취해야 한다고 조언한다.

이에 비하여, 친구2는 지금 협상수업을 하고 있는데, 문제를 해결하는 모습을 보여주면 수업에서 더 효과가 있을 것이라며 일단 흥분을 가라앉히라고 조언한다. 그리고 학생의 논리와 똑같이 보여주면 학생도 자신이 무엇을 잘못 했는지 이해할 수 있을 거라고 한다. 그래서 학생을 칠판 옆에 서게 한 후에 어깨를 치는 척하며 "May I?"라고 입모양만 하였다. 그러자 고맙게도 학생은 "Yes"라고 말해 주었다. 그리고, 교실의 학생들이 모두 들리게 지금 내가 "May I?"라고 말한 의미가 무엇이냐고 물었다. 그리고 그 문제의 학생에게도 무슨 의미로 대답했느냐고 물었다. 그러자 그 학생은 단지 어깨를 으쓱할 뿐이었다. 내가 말한 의미는 '너의 얼굴을 한 대 때려도 되냐.'는 의미였다고 하자, 그 학생은 아니라고 하였다. 필자는 학생의 논리와 나의 논리에서 차이점이 무엇인지 설명해 보라고 하였다. 이렇게 그 학생을 웃으면서 돌려보냈고, 이 사례를 통해서 협상에 대해서 설명하면서 즐거운 수업을 진행할 수 있었다.

아래의 연습문제를 통하여 협상의 제2원칙을 적용해 보자. 연습문제에서 지희와 인수의 개인정보는 서로 공유하지 않는다. 다만 협상과정에서 상대에게 얼마나 자신의 개인정보를 공유할지는 개인이 선택한다.

연습문제

지희와 인수는 같은 사립초등학교에 다니고 있다. 어느날 지희는 윗옷의 단추가 떨어지고 흙먼지가 잔뜩 묻은 채 울면서 귀가하였다. 깜짝 놀란 지희의 부모는 지희에게 학교에서 무슨 일이 있었는지 물어보았다. 지희는 울기만 할 뿐, 아무 말도 없이 자신의 방으로 들어가 버렸다. 저녁 식사시간에 지희의 부모는 다시 한 번 지희에게 무슨 일이 있었는지 물어보았다. 그제서야 지희는 같은 반의 급우인 인수가 귀가를 위해서 운동장에서 학교버스를 기다리고 있을 때, 자신을 밀치고 옷을 잡고 흔들고 밀쳐서 옷의 단추가 떨어졌고, 운동장에 넘어졌다고 하였다. 이 말을 들은 지희의 부모는 놀란 마음을 가라앉히며, 인수의 부모와 내일 아침에 만나기로 하였다.

지희의 정보

지희가 어제 인수에게서 맞았다고 주장하고 있지만, 이번 학기 동안 지희는 학급에서 인수의 따돌림을 주도하였다. 인수에 대한 따돌림은 지희의 주도에 의한 것으로 언어적인 폭력에 의한 것이었다.

▌인수의 정보

먼저 물리적인 힘을 가하기는 하였으나, 지희가 주도한 따돌림으로 한 학기 동안 정신적으로 매우 고생하였다. 계속해서 참아왔으나, 어제는 불리기 싫어하는 별명(예: 꿀꿀이)을 불렀다. 몇 번이나 하지 말라는 부탁을 했음에도 지희가 계속해서 별명을 불렀다. 다른 급우들 앞에서 창피를 당하였고, 인수는 화를 참기 못하고 지희를 밀쳐 바닥에 쓰러뜨렸다.

협상 후 토론

지희와 인수의 부모는 오늘 만나서 협상이라는 형식을 빌려 위에 문제에 대한 만남을 가진다. 이미 협상 원칙에서 1) 공정한 절차와 기준과 2) 사람과 사안의 분리에 대하여 살펴보았다. 이를 바탕으로 아래의 내용도 함께 고려해 본다.

ⅰ. 지희와 인수의 부모는 자신의 자녀가 학교폭력의 피해자라고 생각할 것이다. 당연히 흥분을 가라앉히기 힘들 것이다.

   A. 이 상황에서 위에서 제안한 공정한 절차와 기준의 적용과 사람과 사안을 분리하는 방법적용이 용이한지 토론해 보자.

ⅱ. 지희와 인수의 부모만 협상당사자로 할 것인지, 또 다른 참여자가 필요한지 살펴보자.

   A. 학교 교내에서 발생하였기 때문에 지희와 인수의 부모가 양당사자가 되는 협상보다는 학교의 교장 또는 교사가 조정인이 되는 조정이 바람직한지 토론해보자.

ⅲ. 지희와 인수의 부모는 대화내용을 녹음 또는 영상촬영을 하는 것이 바람직한지 살펴보자.

   A. 두 당사자가 녹음에 합의하였다면, 이에 따른 추가적인 조건은 무엇인가?

   B. 다른 부모의 동의없이 일방적인 녹음을 하였다면, 이는 추후에 어떤 문제가 되는가?

   C. 만약 지희와 인수의 부모가 합의에 이르지 못한다면, 대화내용이 법정에서 증거로 사용될 수 있는가?

Ⅳ. 협상의 제3원칙: 이해관계를 파악하라(identify interests)

협상에서 상대방보다는 사안 자체에 집중하라는 제2원칙에 의하여 분쟁해결을 위하여 사안에 집중하기 위한 방안을 찾아보기로 한다. 이를 위하여 입장에 근거한 협상이 아니라, 이해관계에 근거한 협상이 바람직하다. 각각의 협상 이해관계를 파악하고 이에 근거하여 해결방법을 찾아보고 합의에 접근하기 위한 협상과정이다.

1. 입장에 근거한 협상

입장에 근거한 협상(position-based negotiation)이라는 표현도 사용하고 있는데, 영어에서 position의 사전적 의미는 지위라는 의미도 가지고 있는데, 여기 협상에서는 입장이라고 표현하기로 한다.

앞서 '사람과 사안의 분리'에서 언급한 것처럼, 사람은 자신의 입장에서 사안을 바라보고 해석하려고 한다. 이와 비슷하게, 각자의 입장 또는 지위를 바탕으로 협상을 하려고 한다. 직무에서 상하관계도 있고, 나이와 성별에 의한 차이에 의하여 관계가 형성된다. 또는 학생과 교수와의 관계도 있다. 만약 이들 사이에 협상이 이루어진다면 교수는 자신의 지위에 의한 협상법을 사용할 것이다. 나이도 많고 교수라는 지위도 가지고 있어서 학생보다 우월한 지위를 사용하려고 할 것이다. 자신이 처한 입장 때문에 협상에서 변화를 하지 못하고 강경한 태도를 보이게 된다. 그리고, 자신이 최초에 설정한 협상목표를 달성하기 위해서 한치의 물러섬이 없이 고집을 피울 것이다. 이것이 입장에 근거한 협상의 모습이다.

입장에 근거한 협상의 모습을 달리 해석해보면 다음과 같다. 이미 자신의 협상목표를 명확히 정하고 임하는 경우가 있다. 상대가 무엇을 원하는지에 관심을 두지 않고, 오직 자신의 협상목표에만 관심을 두고 이를 성취하려고만 한다. 위에 사례에서 교수는 협상에 임하기 이전에 이미 자신의 협상목표를 정하고 면담을 한다면 학생을 설득해서 자신의 말에 따르게 하려고만 할 것이다. 이것도 입장에 근거한 협상의 대표적인 모습이다. '입장에 근거한 협상'은 최초의 요구사항에서 물러서지 않고 강경한 태도를 유지한다. 상대가 있는 협상이기 때문에 자신의 협상목표를 변경하지 않고 이를 획득하려고만 하거나 상대의 포기가 없다면 합의에 도달하기 힘들다. 따라서, 입장에 근거한 협상은 최초의 협상목표에 고정된 접근법을 의미한다. 협상에서 입장의 의미는 협상을 위해서 최초로 설정한 목표만을 고집하는 행위이다.

노조를 대표한 일방과 회사를 대표한 일방이 협상에서 만났다면 서로 한치의 양보없이 자신이 설정한 최초의 요구사항을 관철하기 위하여 상대에게 변화하기를 요구하며 강경한 태도를 유지한다. 협상대표자로 자신이 처한 입장과 지위로 인하여 목표설정에 변화를 줄 수 없다. 만약 그렇게 한다면 유약하다는 이미지를 줄 수 있기 때문에 더욱 강경한 태도를 유지하도록 노력한다. 또는 단체를 대표하였기 때문에 자신은 충분한 협상권한을 가지지 못하였다. 그래서 함부로 요구에서 후퇴할 수 없기 때문에 최초의 요구사항을 관철하려는 경향이 있다.

따라서, 입장에 근거한 협상을 하는 사람은 협상에 대한 의지, 즉 분쟁해결에 대한 의지가 굉장히 낮다고 할 수 있다. 자신이 이미 설정한 협상목표만을 고수하려고 하기 때문이다. 이는 일방적인 설득을 하는 것이지, 협상을 하는 것이 아니다. 자신이 설정하였던 최초의 목표만을 고집하는 입장에 근거한 협상(position-based negotiation)을 한다면 합의에 이르기 힘들어진다. 설령 합의를 하였다고 하더라도 입장을 고집한 일방은 만족하지만 다른 상대방은 그 협상의 결과물에 만족하지 않을 것이다.

2. 이해관계에 근거한 협상

앞에서 이해관계에 근거한 협상(interest-based negotiation) 또는 분쟁해결형 협상(dispute-resolving negotiation)이라는 표현을 사용하였다. 협상에서 통용되는 이해관계(interest)의 의미를 살펴보자. 한자로는 이해(利害)인데, 이익과 손해를 의미한다. 영어의 interest는 요구(needs)와 염려(concerns)로 크게 나누어 볼 수 있다. 이해관계에 근거한 협상은 분쟁사안에서 당사자가 필요로 하는 것을 얻고 걱정되는 부분을 파악하고 이를 해소하는 것이 목표이다.

이해관계는 원하는 것(needs)과 염려, 걱정하는 것(concerns)으로 나누어 볼 수 있다. 좀 더 세밀하게는 눈에 보이는(apparent) 이해관계와 눈에 보이지 않는(hidden) 이해관계로 나누어 볼 수 있다. 가시적인 이해관계와 숨어있는 이해관계 중에서 보이는 이해관계는 협상 준비단계에서 어느 정도 파악이 가능하다. 또는 협상 진행중에 상대방이 조금씩 알려주려주기도 하기 때문에 점차 파악이 가능하다. 그러나 숨어있는 이해관계의 경우는 상대가 말해주지 않기 때문에 협상진행 중에 면밀히 알아보아야 한다. 심지어, 자기 자신이 원하는 것을 정확히 알지 못하는 경우도 있다. 단지 눈에 보이는 것에만 집착하다가 자신이 진정으로 원하는 것이 무엇인지 알지 못하는 경우도 있음을 유의하여야 한다. 숨어있는 이해관계가 진정한 욕구일수도 있고 이를 절대 포기하지 않는다면 협상에서 입장으로 나타날 수도 있다. 이를 원인으로 자신의 의도는 끝내 숨기고 이를 성취하기 위해서 강경한 입장을 취하면 입장에 근거한 협상태도로 나타나게 된다.

1) 눈에 보이는 이해관계와 눈에 보이지 않는 이해관계

이해관계는 표면적으로 드러나는 것과 숨어있는 것으로 나누어 볼 수 있다. 숨어있는 이해관계는 밖으로 드러나지 않고 숨어있기 때문에(hidden) 쉽게 파악하기가 어렵다. 협상과정에서 표면적인 이해관계는 드러나기 쉽고 의도적으로 상대가 알아챌 수 있도록 해주기도 한다. 그러나 숨어있는 이해관계이거나 특별한 의도가 있는 경우에는 상대의 입장에서 그 사실을 알기 힘들다. 어떤 경우에는 자기 자신도 자신의 진정한 협상의도를 정확하게 파악하지 못한 상태로 협상을 진행하는 경우도 있다.

이해관계가 서로 다르기 때문에 분쟁이 발생하기도 하지만, 이러한 점 때문에 협상과정에서 합의점을 찾을 수도 있다. 갈등상황을 마주한 양당사자는 불편한 관계이므로 자신의 이해관계를 감추려고 하는 경향이 있다. 자동차구입의 예를 들어보자. 구매자와 판매자의 이해관계는 상충한다. 구매자는 가급적이면 싼 가격에 구입하고 싶어 하고, 판매자는 가급적 비싼 가격으로 판매하고자 한다. 이는 가시적으로 드러난 이해관계이다. 이미 앞서 살펴본 바와 같이, 구매자와 판매자는 서로의 부셔버려야 할 적이 아니라 함께 분쟁해결을 하려는 협상파트너의 입장에서 이해관계를 재설정해보자. 구매자의 입장에서 차량구입의 목적과 이해관계를 살펴보기 위해서 스스로 어떤 질문을 해야 하는지 생각해 보자.

자동차 구매를 예로 들어보자. 어떤 차를 구입하려고 하는가? 구입의 목적이 무엇인가? 가족 레져용인지 혹은 출퇴근용인지 먼저 설정하여야 한다. 그 후에 가격, 색상, 인도시기 등도 고려하여야 한다. 구입 이후의 유지비 역시 고려대상이다. 구매자는 차량구입을 위하여 어느 정도의 예산을 책정하였을 것이다. 이 범위에서 차량을 구입하여야 하는데, 구입 이후에도 보험비와 유지비를 고려하여야 한다. 전기차가 휘발유차량에 비하여 월등히 비싸지만 유지비는 적게 든다는 정보가 있다면 이를 고려할 것이다. 지금 당장 필요한지 어느 정도 시간적 여유가 있는지도 고려대상이다. 반드시 필요한 차량의 옵션과 필요하지 않은 옵션도 고려해 볼만하다. 차량에 부수적인 장식비용도 만만치 않기 때문이다. 이들을 고려하면 얻고자 하는 것과 염려하는 것들을 구분할 수 있다.

반대로 판매자의 입장에서 본다면 그의 목적과 이해관계는 무엇인지 고려해보자. 해당 차량을 판매하면 추가로 받는 보수인 커미션인지, 혹은 이번 달에 가장 우수판매자로 선정되기 때문에 어느 정도의 희생을 하더라도 (커미션을 포기하더라도) 이 차량을 반드시 팔아야 하는지 또는 이번 달에 최악의 판매로 인하여 이번 계약을 반드시 성취해야 하는지 등을 살펴볼 필요가 있다.

왜 입장에 근거한 협상보다는 이해관계에 근거한 협상을 해야 하는지 그 장점을 찾아보자. 이해관계에 근거한 협상을 하면 자신의 목표와 이해관계에 대한 이해가 빨라지고, 가능한 많은 대안을 개발할 수 있다.

실제 나와 상대방의 이해관계를 어떻게 찾아보는지 적용해보자.

아래에서 설명할 청킹업과 청킹다운기법을 사용하면서 자신의 협상목표와 협상에서 자신이 얻고자 하는 것(요구)과 걱정하는 것(염려)을 명확히 알 수 있다. 자신의 이익과 손해에 대한 이해가 있어야 무엇을 확실히 얻어야 하고 포기해야 하는지 알 수 있다. 그래야 가능한 대안을 개발할 수 있다. 가능한 대안의 개발은 쌍방이 만족하는 합의안을 도출해 낼 수 있는 시발점이다. 이해관계를 고려한다는 것은 문제해결에 한걸음 더 다가갈 수 있기 때문에, 대안개발이 용이하고 상대방의 입장도 동시에 고려할 수 있는 장점이 있다.

예를 들어보자. 이번에 철수의 회사에서 해외연수 기회를 제공하였다. 아파트를 소유하고 있는데 매매하기보다는 전세로 두고 1년 후에 귀국하여 사용하고 싶다. 다만, 연수기간 동안에 자신의 짐을 어디에 보관하여야 할지 고민이다. 기본적인 생활도구이지만 부피가 큰 냉장고와 세탁기 등 기기들의 보관장소를 어떻게 선정해야 할지 고민하고 있다. 이러한 경우에 철수가 매매 혹은 전세에서 얻고자 하는 것(요구)은 무엇인가? 그리고 걱정하는 것(염려)은 무엇인가? 자신의 물건을 안전하게 보관할 장소를 찾고 있다. 혹은 부피가 큰 전자기기를 안전하지 못한 곳에 보관하여 상하지 않을까 염려할 수도 있다. 전세가격을 조금 낮추는 대신에 방 하나를 선정하여 물건을 보관할 수 있는지 여부를 제안할 수도 있다. 이 과정에서 철수가 자신의 최초 입장만 고집한다면 전세를 놓기 힘들어진다. 혹은, 전세입주자도 철수의 입장을 전혀 고려하지 않고 자신의 입장만 고집한다면 전세를 위한 협상이 힘들어진다.

아래의 질문을 두고 토론을 해보자.
• 위의 상황에서 철수가 세입자와의 협상에서 얻고자 하는 목표는 무엇인가?
• 철수의 이해(얻고자 하는 것과 걱정하는 것)는 무엇인가?
• 철수의 입장에서 본다면, 세입자의 이해는 무엇인가?
• 양측이 만족할만한 수준의 대안을 하나만 만들고 다른 사람과 비교해 보자.

내부협상을 우선 적용할 필요가 있다. 이해관계를 파악하는 단계에서 자신의 이해관계와 상대방의 이해관계로 나누어 살펴본다. 자신의 이해관계를 파악하는 과정에서 살펴보아야 하는 것으로 내부협상이 있다. 내부협상을 통하여 자신이 속한 집단 또는 단체 내부의 이해관계를 우선하여 살펴볼 필요가 있다. 예를 들어, 자신이 회사를 대리하여 협상에 나섰다고 생각해 보자. 회사 내부의 사정도 고려하여, 자신의 이해관계를 파악하여야 한다. 회사의 다른 부서들이 내부의 협력자(상사 또는 동료)가 되어야 하는데, 내부협상을 거치지 않으면 내부의 적으로 변할 수도 있기 때문이다. 내부협상은 공동체(회사) 내부의 이해관계도 파악하고 이를 외부협상에 적용하여야 한다.

협상의 제3원칙을 적용하기 위한 연습을 해 보자. 연습과정에서 각자의 개인정보는 서로 공유하지 않는다. 협상의 진행과정에서 서로에게 자신의 개인정보를 얼마나 공유할지는 각자의 판단에 따른다. 각자 자신의 이해관계(필요와 염려)를 파악한 이후에 공유여부와 공유를 한다면 얼마나 상대방에게 제공하는지에 대한 판단은 각자에게 맡긴다. 얼마나 어떤 방법으로 공유하는지에 대한 연습도 함께 해 보자.

연습문제

기철은 유명한 추리소설가이다. 새로운 소설을 구상하고 집필하기 위하여 한적한 동네에 집을 구하여 이사를 하였다. 새 집의 크기는 작지만 아주 큰 마당과 집 주위에는 나무들이 많았다. 집의 뒷편은 작은 언덕이 있었고 앞에는 호수가 있었기에 집의 위치에 대하여 기철은 흡족하였다. 그리고, 소설의 소재 발굴을 위하여 방문하기로 한 법원과 교도소의 위치도 가까웠기 때문에 아주 만족하였다. 지금의 계획대로라면 3개월만에 소설을 완성할 수 있을 것 같았다.

기철의 바로 이웃집에서 영희가 살고 있었는데, 관상과 점을 보면서 생계를 꾸리고 있었다. 기철이 집을 보러 다니고 있을 당시만 해도 그녀는 그리 유명하지 않아서 손님이 일주일에 2-3명 정도였다. 기철이 이사오기 며칠 전에 그녀는 유튜브에 동영상을 올리기 시작하면서 차츰 인기를 얻기 시작했다. 며칠 전부터는 하루에 10명 이상의 손님이 있었다. 영희의 손님들은 승용차를 기철의 집앞에 주차를 하기 시작하였다. 이들은 오후에는 기철의 마당에 자주 들어와 담배도 피우고 커피를 마셨고, 늦은 오후가 되면 맥주까지 마시며 목소리를 높여 기철의 집필 작업을 방해하기 시작하였다. 영희는 손님에게 아무런 제재나 안내를 하지 않았고, 기철은 작업에 집중을 할 수가 없었다.

어느 날 기철은 자신의 마당에 가로 3미터 세로 2미터의 큰 광고판을 설치하였다. 광고판의 내용은 아래와 같다. "왜 점술가는 자신의 미래는 알 수 없는가? 당신은 신의 전달자가 아니다. 그 누구도 당신의 미래에 대해 알지 못한다."

영희는 설치된 광고판을 보고 무척 놀랐고 이제 막 잘 되고 있는 자신의 영업에 영향을 미칠지 염려되었다. 그래서, 기철을 찾아서 광고판을 내려달라고 요구하였고, 그렇지 않으면 명예훼손으로 고발하겠다고 하였다.

기철의 정보

기철은 영희의 손님들이 자신의 집 앞에 주차를 하고 또한 손님들은 영희의 집으로 가기 위해서 자신의 마당을 지름길 삼아 마당의 일부를 가로질러 다녔다. 영희의 일부 손님은 좋은 또는 나쁜 장래에 대한 말을 들고 축하하거나 염려하면서 기철의 마당 안 또는 바로 밖에서 술을 마시며 떠들었다. 이 때문에 기철은 소설집필에 집중을 할 수 없었다. 더군다나, 영희가 명예훼손으로 소제기를 할 경우 더욱 집필에 집중을 할 수 없을 것으로 예상하였다. 기철은 출판사와 4개월 내에 집필을 완성하기로 이미 계약을 하였다. 약속한 기일에 마치지 못하면 위약금을 물어야 한다.

영희의 정보

영희는 자신의 손님이 어느 정도 기철의 집안팎에서 문제를 일으키고 있음을 인지하고 있었다. 지난 몇 주동안 상당한 수입이 있었고 이제는 기철을 도와줄 의도는 있으나 자신의 손님을 어떻게 통제하여야 하는지 고민이다. 영희는 기철이 광고판을 설치한 뒤에 자신의 명성에 나쁜 영향을 미칠 것이 염려하여 기철에게 광고판을 제거하지 않으면 고소하겠다고 말한 것이었다.

협상 후 토론

- 기철의 이해관계는 무엇인가?
  - 기철이 진정으로 원하는 것은 무엇인가?
  - 기철이 걱정하고 염려하는 것은 무엇인가?
- 영희의 이해관계는 무엇인가?
  - 영희가 진정으로 원하는 것은 무엇인가?
  - 영희가 걱정하고 염려하는 것은 무엇인가?
- 각자의 이해에 맞추어 가능한 대안을 만들어 본다.

　　협상에서 기철의 목표는 4개월 이내에 소설 집필을 마무리하는 것이다. 이미 출판 사와 계약을 하였기 때문에 제때 마무리하지 못하면 위약금의 문제가 발생할 수 있 기 때문이다. 따라서, 기철이 원하는 것은 편안한 집필환경을 얻는 것이다. 또한 더 이상 영희와 영희의 손님으로부터 방해를 받지않고 집필에 전념하기를 희망한다.

　　협상에서 영희의 목표는 안정적인 혹은 좀 더 나은 비즈니스 환경이다. 유튜브채 널을 운영하면서 자연스럽게 홍보가 되어 손님이 많아지게 되었다. 이제 겨우 안정 적인 사업을 하게 되었는데, 유명한 소설가가 그의 마당에 자신을 비방하는 듯한 광 고판을 설치하였다. 행여 자신의 사업에 악영향을 미칠지 여부를 염려하고 있다.

　　위에서 연습한 소설가 기철과 점성가 영희의 분쟁을 다시 살펴보자. 영희가 표면 적으로 원하는 것은 기철의 토지에 있는 광고판을 제거하는 것이다. 보이지 않는 이 해관계는 아마도 안정적인 혹은 더 나은 영업을 원할 것이다. 기철이 표면적으로 원 하는 것은 영희의 손님이 자신의 토지에 와서 소음을 유발하는 행위를 중단하는 것 이다. 숨어있는 이해관계는 4개월 이내에 소설을 완성하여야 하는 것이다.

　　위의 사례를 연습하였다면, 각자의 표면적인 이해관계와 숨어있는 이해관계를 상 대에게 얼마나 어떤 방법을 통하여 알려주었는지 다시 확인해 보자.

　　협상의 제3원칙이 무엇인지 그 필요성에 대한 인식을 가졌을 것이다. 이제는 어떻게 실행할 수 있는지 알아보자.

　　기존의 협상론에서는 자신과 상대의 이해관계를 고려하여 협상하라는 조언을 하고 있는 반면에, '어떻게' 자신과 상대방의 이해관계를 파악할 수 있는지 설명이 부족하다. 이를 위하여 청킹기법을 적용하여 이해관계(필요와 염려)와 대안의 개발까 지 동시에 살펴보기로 한다. 청킹기법의 장점은 표면으로 드러난 이해관계에서 시 작하여 숨어있는 이해관계까지 파악할 수 있다는 점이고 또는 '어떻게'라는 적용상 의 분석을 통하여 가능한 대안까지 개발할 수 있는 점이다.

2) 이해관계를 파악하는 방법: 청킹(Chunking)기법[6]

위에서 이웃간의 분쟁에 대해서 살펴보았다. 기철과 영희로 나누어서 협상을 했다면 어떤 결과를 만들었는가? 위에서 연습한 협상시나리오에서 어떻게 이해관계를 설정하였는지 토론해 보자.

사전적으로 Chunk는 덩이를 의미하므로 chunking은 무리짓기, 단위화로 해석할 수 있고 협상에서는 말과 생각의 무리들을 무리짓기 또는 집합처럼 묶음으로 나누는 것을 의미한다. 이는 이해관계와 목표를 설정하기 위한 방법으로 사용되는데 이 과정에서 대안의 개발로 이어지기도 한다. 앞에서 살펴본 소설가 기철과 점성가 영희 사이의 분쟁을 다시 살펴보자.

A. 기철의 이해관계

[표 2-1] 기철의 협상 목표와 이해관계, 가능한 대안의 개발과정

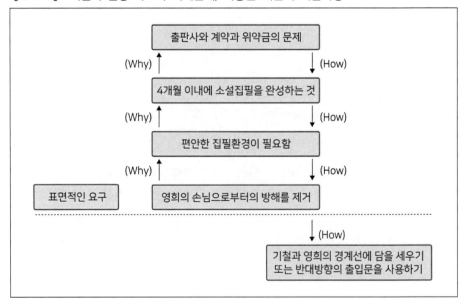

---

6) 이선우, 오성호, 협상조정론, 한국방송통신대학교출판부(2017) 124-28면을 참고하였다.

(1) 청킹업(Chunking up)

청킹업(Chunking up)기법은 표면적(가시적)으로 드러난 이해관계에서 '왜(why)' 그러한 필요와 염려를 하는지에 대한 질문을 통하여 이해관계를 파악해가는 과정을 의미한다.

해당 사례에 청킹업기법을 적용해 보자. 기철은 지금 영희와의 사이에서 갈등을 겪고 있다. 청킹업의 시작점은 기철의 표면상의 요구사항이다. 즉, '영희의 손님에 의한 방해를 제거'하는 것이다. 점성가인 영희의 손님이 기철의 마당을 침범하며 담배와 맥주를 마시며 시끄럽게 이야기를 하고 소음을 유발하였기 때문이다. 기철은 영희의 손님이 자신을 방해하지 않기를 희망한다. "왜 방해 받지 않기를 원하는가"라는 질문을 한다면, 조용하게 집중할 수 있는 집필환경이 필요하기 때문이라고 할 것이다. 다시 "왜"라는 질문에는 4개월 내에 원고를 완성해야 하기 때문이다. 다시 "왜"라는 질문에는 출판사와 계약으로 그렇지 않으면 위약금을 물어야 한다고 답할 것이다.

표면적으로 원했던 것, 즉 '영희의 손님으로부터 방해받지 않는 환경'에서 시작해서 협상의 목표를 찾아가는 과정을 청킹업(chunking up)이라고 한다. 상대의 궁극적인 협상목표를 찾아가는 과정을 의미한다.

(2) 청킹다운(chunking down)

청킹업기법을 통하여 찾아낸 협상목표에서 그 목표를 실행하기 위하여 '어떻게' 실행하여야 하는지에 대한 실천방향을 찾는 과정을 청킹다운(chunking down)이라고 한다. 목표달성을 위하여 구체적인 예와 수단을 찾아가는 과정을 의미한다. 청킹다운기법에서는 '어떻게(how)'라는 질문을 통하여 답을 찾아가는 과정을 보여준다.

앞에서 언급한 청킹다운기법을 적용해보자. 출판사에 위약금을 지불하지 않으려면 4개월 이내에 집필을 완성하여야 한다. 이것은 앞서 언급한 청킹업에서 기철의 협상목표였다. 기철의 협상목표를 달성하기 위하여 "어떻게"라는 질문을 적용한다. 그렇게 하기 위해서는 소설집필에 집중할 수 있는 환경이 필요하다. 4개월 이내에 집필을 하기 위해서는 '어떻게'라는 질문을 해 본다. 그렇게 하기 위해서는 영희의 손님에 의한 방해를 제거하여야 한다. 4개월 이내에 집필을 마무리하기 위해서는 영희와의 분쟁을 소송으로 확대하고 싶지 않을 것이다. 소송을 위해서는 변호사를 선임하고 잦은 만남을 가져야 하므로 집필에 집중할 수 없기 때문이다. 협상의 목표에서 시작해서 기철의 표면적인 요구에 도달하였다. 여기에서 어떻게(how)라는 질문을 통하여 연속된 청킹다운을 적용하면 대안을 개발할 수 있다. 기철의 표면적인 요구인 "영희의 손님으로부터의 방해 제거"를 '어떻게' 실현할 수 있는지에 대한 답은 대안의 개발과정에 속한다.

이를 어떻게 달성할 것인지에 대한 질문을 해본다. 질문과 답을 멈추지 않고 이 과정을 계속해서 한다. 표면적인 요구 아래에서 가능한 대안으로는 담을 설치한다던지, 또는 영희가 기철의 집을 향하는 문을 사용하지 않고 반대방향의 문을 사용해서 손님의 이동을 최소화하는 대안들이 있다. 기철의 표면적인 요구사항을 충족하기 위한 대안개발을 할 수 있다. 이처럼 기철의 협상목표를 달성하기 위해서 '어떻게(how)'라는 질문을 통해서 기철의 이해관계(필요와 염려)를 찾아내고, 자신의 입장에서 본 대안을 개발할 수 있다.

B. 영희의 이해관계

[표 2-2] 영희의 협상 목표와 이해관계, 가능한 대안의 개발과정

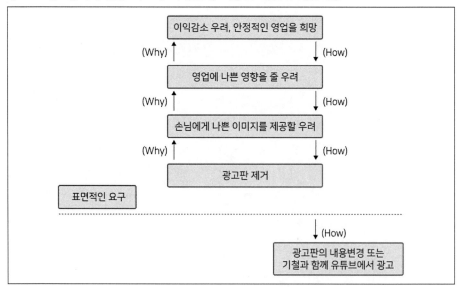

(1) 청킹업(Chunking up)

청킹업의 시작점은 영희의 표면적인 요구인 기철이 설치한 광고판의 제거이다. 표면적인 요구에서 '왜'라는 질문을 통하여 영희의 협상목표를 찾아보자. 영희도 얼마 전까지 영업이 신통치 않았으나, 최근에 유튜브채널을 열고 부터는 손님이 늘었다. 그러나, 최근에 이사를 온 작가인 기철이 갑자기 자신의 마당에 자신을 비난하는 듯한 내용을 적어서 기철과의 관계가 원만하게 형성되지 않고 있다. 그래서 지금 당장 영희가 표면적으로 원하는 것은 기철의 광고판을 제거하는 것이다.

'왜' 영희는 기철이 설치한 광고판을 제거하려고 하는가? 왜냐하면 이것으로 인하여 장래의 손님에게 좋지 않은 이미지를 줄 것을 염려하기 때문이다. '왜 이런 걱정을 하느냐?'라는 질문에는 영업에 나쁜 영향을 줄 것이라는 염려가 있기 때문이다. '왜'라는 물음에는 이제 겨우 영업이 잘 되기 시작했는데, 안정적인 혹은 더 좋은 이익을 얻고 싶기 때문일 것이다. 이것이 영희의 협상목표이다.

(2) 청킹다운(Chunking down)

청킹다운기법을 통하여 영희의 협상목표에서 '어떻게'라는 질문을 통하여 그 목표를 획득하는 과정을 확인할 수 있다. 영희의 협상목표는 안정적인 영업환경과 좋은 영업이익을 남기기 것이다. '어떻게' 실현할 수 있는가라는 질문을 한다. 이를 위해서는 손님에게 좋지 않은 이미지를 주어서는 안된다. 따라서 이를 실현하기 위해서는 좋지 않은 이미지를 줄 수 있는 기철의 광고판을 제거하여야 한다. 청킹다운을 통하여 협상목표에서 표면적인 요구에 도달하였다. 여기에서 '어떻게'라는 질문을 계속하면, 영희의 이해관계(interest)를 실현하기 위한 대안개발을 할 수 있다. 한 걸음 더 들어가면, 광고판의 제거 대신에 그 내용을 바꿀 수도 있다. 영희와 전혀 상관없는 내용의 광고 또는 영희에게 유리한 내용으로 바꿀 수도 있다.

영희의 '표면적인 이해관계의 청킹기법으로 협상의 목표와 이해관계를 설정하는 기법을 살펴보았다. 이해관계에 근거한 협상을 진행하기 위해서는 자신의 이해관계 뿐만 아니라, 상대의 이해관계까지도 어느 정도 파악하여야 한다. 상대의 이해관계, 특히 필요와 염려를 더 자세히 파악하기 위해서는 추후에 논의할 협상의 진행과정부분 중에서 '협상중' 진행과정에서 더 자세히 살펴보기로 한다.

V. 협상의 제4원칙: 대안을 개발하라(invent possilbe options with value)

협상의 제3원칙에서 청킹기법을 통하여 자신과 상대방의 이해관계, 즉 본인과 상대의 협상목표와 이해관계를 확인하였다. 대안을 개발하기 위해서는 청킹다운기법을 통하여 개인적인 대안을 개발할 수 있고, 상대와의 협업을 통하여 공통의 만족을 위한 대안을 개발할 수 있다.

협상에서 대안의 개발은 협상의 가장 중요한 원칙으로 현재의 협상에서 쌍방이 만족하는 대안을 찾는 과정이다. 서로가 만족할 수 있는 대안(options)을 찾거나 만들어가는 과정을 의미한다. 그래서 협상의 꽃이라 부른다. 서로가 만족할 수 있는 대안을 찾았다면, 이를 통해서 모두가 만족할 수 있는 협상을 만들 수 있다. 창조적인 대안개발이라는 용어는 왠지 거창하게 들린다. 가치를 다르게 해석하거나 덧붙여서 대안을 개발한다고 생각하면 부담이 줄어든다.

새로운 가치와 창조적인 대안(creative options)의 개발을 하라고 하면 부담스러워한다. 창조적이어야 한다는 의미로 받아들이기 때문에 없는 것을 새로이 창조하여야 한다는 의미로 받아들여져서 부담감을 느낄 수도 있다. 이러한 부담감을 줄이기 위해서 다른 시각에서 접근해 보자. 같은 사안에 대하여 협상을 하고 있지만 양당사자는 그 가치를 다르게 평가하고 있다. 다르게 해석하고 있고, 다르게 그 가치를 평가하고 있는 것이다. 따라서, 협상에서 자신이 평가하는 중요도에서 우선순위가 다르게 책정된다.

또한, 협상에서는 해결책이 하나만 있는 것은 아니다. 일반적으로 매매에서 물건의 가격이 문제가 되는데, 이는 구매자는 싸게 구매하려고 하고, 판매자는 비싸게 팔려고 하기 때문이다. 이러한 가격흥정에서는 일률적인 가격이 아니라 해당 사안에 따라서 그 가격이 달라질 수 있다. 누구 한 명의 양보가 없으면 해결책이 없을 것으로 보이기도 한다. 그러나 실제 협상의 해결책은 매우 다양하다. 단지 어떤 대안을 가지고 접근하느냐에 따라 달라질 뿐이다.

예를 들어보자. 현재 자금난을 겪고 있는 옷가게 주인을 상상해 보자. 옷을 많이 들여왔지만, 코로나 사태로 인해서 손님이 거의 없었다. 옷가게 주인의 입장에서 본다면, 예상보다 가게의 매출이 상당히 저조하다. 그렇지만 인건비, 임대비, 기타 납부금을 내느라 지금 당장 현금이 부족하다. 그러나 도매상으로부터 계약한 돈을 지급하라는 독촉이 있고, 고정비용도 상당하다. 따라서, 옷가게 주인은 당장 현금이 필요한 상황이다. 아무 것도 팔지 못해서 파산할 수 있고 혹은 아주 적은 이윤만 남기며 조금 손해를 보더라도 물건을 팔아야 하는 선택의 기로에 서게 된다. 옷가게 주인의 입장에서는 지금 당장 현금을 확보하여야 한다는 점을 최고 우선순위로 삼을 수 있다. 이는 여전히 원래의 가격을 고수할지 혹은 가격을 인하하여 판매량을 늘리려는 전략을 사용할지는 가게 주인이 선택할 몫이다. 즉, 가게 주인의 관점과 구매자의 입장에서 바라보는 관점이 다르다. 새로운 손님이 와서 옷가게 주인과 거래를 하려는 경우에 각자의 입장에서 협상의 대안은 어떤 것이 있겠는가?

일단 협상에서 충분한 정보를 확보하지 못한 경우라면 일단 가격으로 흥정을 하려고 할 것이다. 옷가게 주인의 입장에서 본다면, 정가로 판매를 시도한다면 판매를 할 수 없을지도 모른다. 그렇다면 어느 정도 할인을 해 주어야 판매를 할 수 있다. 그리고 손님이 대량으로 구매해 준다면 더 좋을 것이다. 대안개발을 위해서는 어느 정도의 정보를 구매자에게 주어야 하고 구매자도 그렇게 하여야 한다. 구매자의 입장에서 본다면, 동일한 옷이 여러 벌 필요하지는 않다. 그러나 가족사진을 찍을 계획이 있어서 크기는 다르지만 같은 옷을 입고 찍으면 좋겠다는 생각이 있다면 서로의 대안을 충족시킬 수 있는지 고민해보자. 이해관계에서 출발해서 서로가 만족하는 수준의 대안을 개발해 나가는 것이 협상과정이다.

입장에 근거한 협상법을 고수한다면 최초에 자신이 주장했던 협상목표에서 한 발자국도 양보하려고 하지 않을 것이고, 상대방 역시 그렇게 할 것이다. 그렇게 된다면 서로 자신의 주장만 되풀이하게 된다. 제대로 주장하기 위하여 더욱 강하게 자신의 주장을 하게 되면서 협상과정이 점차 거칠어지게 된다. 점차 목소리만 높아지고 첨예한 대립만 부각된다. 이렇게 되면 서로의 입장만 확인하게 되고, 더 이상의 협상과정에서 진전을 기대하기 어렵게 된다.

협상에 대한 두려움이 대안개발의 방해물이다.[7] 협상을 진행하면서 상황을 완전히 장악하지 못했다는 두려움이 든다. 대안을 개발하기 보다는 속지 않아야 하고 패배해서는 안 된다는 수동적인 입장을 취하게 된다. 상대의 도발적인 태도에 같이 흥분해서 승패(win-lose) 협상게임에 빠지게 된다. 이를 피하게 되면 겁쟁이라고 놀림을 받을까 두렵기도 하다. 미국에서 치킨게임(chicken game)이라 불리는 말도 안되는 게임을 했었다. 미국의 예전 영화를 보면 이런 장면이 자주 나온다. 서로 마주보고 달리는 차에서 끝까지 핸들을 돌리지 않고 직진을 하는 사람이 이기고, 겁을 먹고 핸들을 돌리면 겁쟁이(겁쟁이를 닭이라고 조롱한다)라고 부르며 조롱하며 놀린다. 예전 코미디영화에서 나온 장면은 다음과 같다. 마주 보고 달리는데 서로 비키라며 소리친다. 그러다 한 쪽이 아예 두 손을 들어 핸들을 잡지 않는다. 즉, 핸들을 돌릴 의사가 없음을 보인다. 그러자 반대편에서는 아예 핸들을 뽑아서 창문 밖으로 던져 버린다. 핸들을 돌릴 수 없음을 알린다. 위의 예시에서 두 사람은 오직 상대에게 양보를 요구만 하고 있다. 물론 이런 게임을 해서는 안 되겠지만, 게임에서 지면 겁쟁이라고 놀림받기가 싫어서 문제해결이 아니라 문제에만 매몰되어 버린 경우이다.

공동체의 일원으로 함께 살아가고 있다는 점에서 서로가 만족하는 대안을 찾아보자. 일방적인 승리가 아니라 서로가 만족하는 협상을 만들어야 한다. 일방당사자만 만족하고 다른 참여자는 불만족한 상태라면 설령 협상에서 합의가 이루어졌다고 하더라도 이행단계에서 문제가 발생할 수 있다. 일방이 이익을 독점하거나 피해를 입는다면 추후의 이행단계에서 새로운 분쟁을 마주할 가능성이 높다.

협상에서 지속적인 관계를 유지하는 것이 중요하다. 다만, 관계를 유지하기 위해서 협상을 이끌어 가는 것은 바람직하지 않다. 이러한 시각에서는 협상의 결과물로 하나의 합의를 만들었기 때문에 쌍방의 관계가 저절로 유지되겠지만, 관계유지

---

7) 승패협상(win-lose negotiation)을 추구하는 이는 상대의 두려움을 유도하는 경우도 있음을 유의하여야 한다. 다양한 방법을 통하여 상대에게 두려움을 심어주어 대안개발을 도리어 방해하고 자신이 유도하는 방향으로 협상을 이끌어간다.

를 위해서 무리하게 양보하는 것과 같은 행위를 할 필요는 없다. 양당사자가 만족할 때 새로운 관계를 맺거나 그 관계를 계속 유지할 수 있기 때문이다. 관계유지에만 집중하는 것이 아니라, 함께 만족하는 대안을 찾는 것이 중요하다. 대안개발을 통해서 원만한 분쟁해결을 한다면 서로가 만족할 만한 합의를 할 수 있고, 이는 지속적인 관계를 유지할 수 있다.

1. 자신의 입장에서 가치를 재평가하기

(1) 가치를 바라보는 관점의 변화

문제를 바라보는 관점을 바꾸어야 한다. 사안을 바라보는 시선을 변화시키거나 확장시킬 수 있다. 문제상황을 마주하게 되면 문제사안에 너무 매몰되어 주위를 둘러볼 여유를 가지지 못한다. 너무 한 곳만 집중하게 되어서 더 좋은 대안을 찾지 못하는 경우가 있다. 팔씨름에 예를 들어보자.

교수가 두 명(철수와 영수)의 학생을 앞으로 초대해서 팔씨름을 시킨다. 30초의 시간내에 2번을 이긴 사람에게 저녁을 사겠다고 한다. 철수와 영수의 힘이 서로 비슷해서 30초 이내에 승부가 나지 않았다. 2번은 커녕 한번의 승부도 나지 않았다. 둘 다 저녁에 초대받을 수 있는 방법을 찾아보자. 팔씨름에서 이기는 것이 아니라 서로 열심히 진다면 30초 이내에 철수와 영수는 몇번이고 이길 수 있을 것이다. 단, 철수와 영수가 승부에 대한 관점을 먼저 바꾸어야 한다. 그리고, 혼자만 초대받는 것이 아니라, 함께 저녁식사에 초대받을 수 있도록 시합의 관점을 달리 바라보는 것이다.

(2) 파이를 더 크게 만든다

협상을 통해서 더 큰 파이를 만들 수 있다. 미국의 협상가들은 이런 농담을 한다. "협상테이블 위에 많은 돈을 남기고 떠난다"라는 표현을 즐겨 쓴다. 서로가 더 많이 가질 수 있는 기회를 충분히 만들지 못하고 서둘러 악수를 하고 떠나는 사람들을 조롱하는 표현이기도 하다. 오렌지를 나누는 이야기를 생각해 보자.

하나의 오렌지가 있는데, 두 명이 이를 나누어 가지려고 한다. 서로 더 큰 덩이를 차지하려고 다툰다. 오렌지를 반으로 나누어 가지면 공평한가? 그리고 원만한 합의를 했다고 할 수 있는가? 또는, 공평하게 나누었다면 서로 만족하는 결과물을 얻었다고 할 수 있는가?

한 명은 오렌지향이 나는 빵을 만들려고 하고, 다른 한 명은 오렌지쥬스를 만들려고 한다. 빵을 만들려는 사람은 오렌지 내용물이 필요한 것이 아니라, 오렌지 껍질이 필요하다. 만약 둘이 충분한 대화를 통하여 서로가 원하는 것(needs)을 확인할 수 있었다면 단지 오렌지를 둘로 나누는 대안을 개발하는 것보다는 더 좋은 대안을 만들 수 있었을 것이다. 빵을 만들려고 하는 쪽은 전체 껍질을 가질수 있고, 주스를 만들려는 쪽도 껍질을 제외한 오렌지 전체의 내용물을 가질 수 있었기 때문이다. 여기까지가 전통적으로 소개하는 '오렌지 나누기'에 대한 협상내용이다.

이를 좀 더 살펴보자. 이들이 좀 더 진전된 대안을 개발하였다면, 서로가 만든 빵과 주스도 나누어 먹을 수 있어 더욱 만족하고 관계도 좋아졌을 것이다. 이는 다양한 대안을 개발해서 협상의 사안과 관련된 파이를 최대한 키워서 나누어 가질 것을 권고하는 것이다.

(3) 대안개발에 정답은 없다

쌍방이 만족하는 합의점을 찾아가는 협상과정에서 최선의 대안에 대한 정답은 없다. 서로가 만족하는 지점을 찾는 과정이다. 똑같은 곳에 살고 있으면서도 누구는 행복하고 누구는 불행하다. 같은 값으로 구매를 하였지만, 누구는 만족해하고 또 다른 누군가는 불만을 가진다. 우리 주위의 물건에 이미 가격표가 붙어 있어서 흥정이 어렵다고 생각한다. 그러나 조금만 둘러보면 가격이 정해져 있지 않은 것도 상당히 많을 것을 찾아볼 수 있다. 경매를 예로 들어보자. 판매자가 정하는 것이 아니라, 다수의 구매자들이 구입을 원하기 때문에 점차 가격이 올라간다. 당연히 정해진 가격을 없고 이들 스스로 정하는 것이다.

건설업계에서는 입찰(bid)을 통하여 도급계약을 체결하는 경우가 있다. 각 업체에서 희망가격을 제시하고 최저가를 제시한 업체를 선정하는 경우이다. 실수로 최저가를 제대로 책정하지 못하면 공사를 하고도 이익이 남지 않거나 도리어 손해를 보게 될 수도 있다. 즉, 정답은 없지만 여러 가지를 동시에 고려하여야 한다. 협상도 이와 비슷하다. 정해진 답은 없다. 단지 상대와 만족할 지점을 함께 찾아가는 과정이다.

(4) 역지사지의 자세를 가지자

역지사지는 사전적으로 '남과 처지를 바꾸어 생각하거나, 남의 입장에서 생각하기'를 의미한다. 이와 비슷하게, 영어에 다른 사람의 신발을 신어라(put you into other's shoes)라는 표현이 있다. 자신의 욕구에만 집중하지 말고 상대에 욕구도 충분히 고려하라는 의미이다. 이미 자신의 이해관계는 충분히 고려해서 협상에 적용했다고 하더라도 대안개발에는 여전히 미흡하다. 왜냐하면 대안을 개발하기 위해서는 상대의 이해관계도 파악하여야 하고 자신과 상대방 모두의 쌍방의 이익과 염려를 고려해야 하기 때문이다.

따라서, 협상진행과정에서 상대의 이해관계를 파악하도록 하여야 한다. 공감능력을 가져야 한다. 공감하라는 의미는 상대의 주장에 동의하라는 표현은 아니다. 상대의 주장을 들어주고 상대가 원하는 것 혹은 걱정하는 것이 무엇인지 함께 살펴보라는 의미이다.

(5) 50:50으로 나누기가 아니다

협상은 단순히 50:50으로 나누어 가지는 게임이 아니다. 50:50으로 나누어 가지기 위해서는 굳이 대안을 개발하여야 할 필요가 없기 때문이다. 자신이 최초로 설정한 협상목표를 달성하고자 완고한 입장을 취하거나, 단순히 50:50으로 나누어 가지려는 협상태도는 바람직하지 않다. 상대의 기세를 꺾고 자신이 이기려고 하는 힘에 의한 또는 입장에 근거한 협상도 아니다. 협상에서 바람직한 방향은 쌍방이 만족하는 합의점에 도달하는 것이다. 쌍방이 만족하는 지점을 찾아내기 위해서는 이해관계에서 원하는 것(필요)과 걱정하고 있는 바(염려)를 먼저 찾아야 한다.

앞의 3가지 원칙을 통해서 협상의 사안을 파악하고 협상에서 이해관계의 필요와 염려를 찾아낼 수 있다. 이제는 양자가 함께 만족할 대안(options)을 만들어서 합의점을 찾아가는 과정을 준비한다. 이 과정은 각각의 당사자들이 자신의 대안을 찾아보고 이를 함께 맞추어가는 과정도 필요하다.

협상 Tip

대안개발의 현실적인 문제점: 훈련이 되어 있지 않다면 대안개발과정에서 상당한 시간이 소요될 수 있다. 협상과정을 살펴보면 대화, 의사소통에 상당한 시간을 투자한다. 숨어있는 사안들까지 모두 찾아내어 협상에서 다루면 더 좋은 결과를 가져올 수 있겠지만 당연히 충분한 시간을 가지고 진행하기 위해서는 상당한 시간과 비용을 투입하여야 한다.

현실에서는 시간과 공간적인 제약이 있어서 숨어있는 사안을 모두 발굴하기 위하여 시간과 비용에 투자하는 것이 쉽지 않다. 우선, 협상테이블에 올라온 사안에 집중해서 이를 해결하는 것이 우선이다.

대안개발(developing options)에 대한 이해

- 양측을 모두 만족시키는 대안을 마련해야 한다. 보통 창의적인 대안(creative options)이라고 한다. 문제는 이것을 어떻게 만들어 낼 수 있는지 그리고 비슷한 상황에서 자신은 어떻게 실천할 수 있을지 염두해 두어야 한다.
- 끊임없이 질문해야 한다. 특히 '왜'라는 질문(Why Qs)을 적극적으로 이용하여야 한다. 스스로에게도 묻고 상대에게도 질문하여야 한다. 상대의 이해관계를 파악하기 위해서. 현실성 있는 열린 질문(open question)을 한다.
- 상대의 욕구를 자극해서 이해관계의 실체를 파악해야 한다.
- 상대에게 질문을 통해서 협상과정이 합리적이고 객관적인지 질문해라. 무엇(what)을 어떻게(how), 왜(why) 필요하고 염려하는지 질문한다. 특히 청킹기법을 활용하여 각자의 이해관계를 파악한다.
- 개인의 대안개발은 청킹다운기법을 활용한다. 함께 대안을 개발하는 경우는 발전된 로그롤링과 브릿징기법을 사용한다.

2. 자기 자신의 대안개발

1) 가치평가를 다르게 하기

대안을 개발하기 위해서 새로운 가치를 찾는 경우가 있다. 또는, 사안에 대한 가치평가는 서로 다르기 때문에, 일부는 포기하고 그에 대한 보상으로 더 많이 받을 수 있다. 가치를 다르게 평가한다는 의미를 예를 들어보자. 수업중에 현금을 보여주면서 학생들에게 "여러분 이 돈을 원합니까?"라고 묻는다면 다수의 학생들이 손을 들 것이다. 손으로 구기면서 "그래도 원하는가"라고 물어도 상당한 수의 학생은 원할 것이다. 그렇다면 발로 밟고 난 후에도 학생들은 비슷한 반응을 보일지 의문이다. 혹은 그 돈에 침을 뱉더라도 학생들이 동일한 반응을 보일지 의문이다. 돈의 가치에는 변화가 없지만, 여전히 원하는 사람과 그렇지 않은 사람으로 나누어진다. 왜 상이한 반응을 보이는지 고려해 보자.

돈 자체의 가치는 변하지 않았지만 어떤 행위에 의하여 서로 돈의 가치를 다르게 평가하기 시작하였다. 따라서 가치 자체는 변하지 않았으나 외형에서 변화한 돈을 가지려는 측과 그렇지 않은 편으로 나눌 수 있다. 돈은 금속으로 만든 동전이거나 종이로 만든 지폐이다. 그 위에 가치를 포함시킨 것이다. 우리가 발로 밟더라도 돈의 가치에는 변화가 없다. 가치에 대한 인식에는 변화가 없지만, 그 돈을 원하지 않은 사람이 생겼다. 가치는 동일하지만, 그 돈에 대한 인식이 변화하였기 때문에 해당 돈에 대한 태도가 변화하였다.

협상 Tip

또 다른 예를 들어보자. 여러분은 초콜릿을 좋아하는가? 필자는 아주 좋아한다. 학생일 때는 거의 매일 하나씩 먹었다. 그렇다면, 바퀴벌레는 어떤가? 당연히 좋아하지 않을 것이다. 그렇다면 바퀴벌레 모양의 초콜릿은 어떤가? 혹은 눈알모양의 초콜릿은 상품성이 있는가? 아마 평소에는 팔리지 않다가 할로윈 때는 잘 팔릴지도 모르겠다.

좋아하는 초콜릿인데 모양에 따라 선호도가 달라졌는가? 초콜릿의 맛에는 변화가 없지만 모양에서 차이가 있을 뿐이다. 여기에서 여전히 바퀴벌레 모양의 초콜릿을 좋아하는 사람도 있고, 그렇지 않은 사람도 있다.

이처럼, 본연의 가치에는 변화가 없으나 인식의 차이에 의하여 서로 다른 가치를 부여하고 있음을 확인할 수 있다. 협상에서도 이와 비슷한 상황이 발생한다. 동일한 사물을 바라보고 있으나 서로 다르게 가치 평가를 한다. 또는 시간의 변화에 의하여 가치가 변화하는 경우도 있다. 즉, 분쟁발생과 협상시점에서 가치가 변할 수도 있다.

2) 우선순위에 의한 가치평가

사람들은 좋아하는 것과 싫어하는 것으로 나누어 생각하는 경향이 있는데, 이 과정에서 서로의 교집합을 찾을 수 있다. 즉, 공통으로 좋아하는 것이 생기기도 하고 반대로 공통으로 싫어하는 것도 생긴다. 나는 좋아하지만 상대는 싫어하는 것이 있고 그 반대의 경우도 생각할 수 있다. 협상에 이를 적용하면, 동일한 사안과 사물을 보고 있지만, 다르게 평가할 수 있다. 즉, 가치를 다르게 평가하고 있다. 그렇다면 어떤 가치를 부여하느냐에 따라서 별로 좋아하지 않던 것도 좋아할 수 있고, 좋아하던 것도 협상에서 포기할 수 있다. 우선순위에 의하여 가치평가가 변할 수 있기 때문이다.

돈의 경우는 항상 일정하다고 생각하는가? 지금 당장 현금으로 지급하는 것과 한달 혹은 일년 뒤에 지불하는 것과는 차이가 있다. 그래서 우리는 이자라는 것을 덧붙인다. 물건값은 동일하지만 일정기간이 지난 후에 지불하는 경우는 이자를 더 지급하는 경우이므로 그 가치를 달리 해석한다고 볼 수 있다. 지금 당장 필요한 것이 있고, 나중에 가지고 싶어하는 것으로 가치를 평가할 때 우선순위가 생긴다. 지금 당장 필요한 것은 우선적으로 가지려고 할 것이다. 예를 들어보자. 사막에서 물 한모금의 가격과 도시에서 언제나 구할 수 있는 물 한잔의 가치는 당연히 다르다. 사막에서 물을 비싸게 팔더라도 그 가격을 지불할 것이다. 사막에서의 물의 가치가 다른 지역에서는 변화함을 알 수 있다. 지금 당장의 우선순위에 의하여 가치가 달라졌기 때문이다.

3. 상대방과 함께 가치를 확대하기

(1) 브레인스토밍(brainstorming)

대안개발을 위하여 상대의 의견에 반대 또는 비판을 하지 않고 가능한 많은 의견을 제시하도록 한다. 의사소통과정에서 상대의 비판을 염려하지 않고 말할 수 있기 때문에 자신의 내심의 의견까지 이끌어 낼 수 있는 장점이 있다. 최대한 많은 대안을 자연스럽게 만들어내고 제시하기 위하여 비판을 자제하여야 한다. 만약 자신 또는 타인의 비판을 염려하면 다양한 의견을 발표하기 어려워지기 때문이다.

브레인스토밍 과정은 공식적인 토론이 아니며, 기속력도 발생하지 않음을 사전에 약속한다. 예를 들면, "당신이 조금 전에 그런 의견을 말하지 않았는가?"라고 구속하지 않는다. 발언에 대한 염려없이 의견을 최대한 많이 개진하는 데 집중할 수 있는 하는 분위기를 조성하여야 한다.

자유롭게 의견을 개진할 수 있기 때문에 자칫 무질서한 토론환경이 될 수 있다. 이를 방지하기 위해서 진행자를 지정해서 브레인스토밍을 진행하는 것이 좋다. 공평하게 발언기회를 주고, 서로 비판하지 않는다는 규칙을 지키도록 유도한다. 진행자는 최대한 발언자 본인의 입장에서 이해관계를 바탕으로 최대한 많은 의견을 개진할 수 있도록 유도한다. 특히, 상대 혹은 참석자로부터 부정적인 피드백을 받지 않는다는 전제가 있음을 계속해서 언급해 주어야 한다. 이런 환경에서 자신이 처한 상황을 공유하고 상대에게 제공하며 추후의 대안개발에서 서로의 입장을 이해할 수 있는 기회를 제공한다.

(2) 교환전략(trade-off)

위의 과정으로 각자의 상황에 맞추어 이해관계를 파악하고 가치에 대한 평가를 바탕으로 대안을 개발하였다. 이번 단계에서는 단일사안(single issue)과 복합사안(issue package)이 있는 경우를 나누어서 대안개발의 과정을 살펴보자. 단일사안의 예로는 물건의 가격을 생각해 볼 수 있다. 가격이라는 단일사안만 고려하는 것이다. 그러나, 실제로는 협상에서 단일사안인 경우는 매우 드물고 대부분은 복합사안인 경우가 많다.

분쟁의 내면에 다양한 갈등요소가 있는 경우를 복합사안이라고 한다. 복합사안이라면 이혼에서 재산의 분할과 자녀에 대한 양육권과 양육비의 부담자를 결정하는 경우를 예로 들 수 있다. 이 경우 이혼은 단일사안이 아니라, 몇 가지의 사안이 결합되어 있어 복합사안으로 구성되어 있다고 할 것이다.

복합사안(issue package)을 만들어 협상에 임하라고 권고하기도 한다. 양자에게 이익이 되는 부분을 찾아내기 위해서 사안을 더 세분화시켜 본다. 위에서 언급한 단일사안이라고 생각되는 경우라도 여기서 사안을 좀 더 세분화시켜서 대안개발에 활용할 수 있다.

(3) 브릿징(bridging)기법(대안개발과 교환)[8]

브릿지(bridge)의 사전적인 의미는 다리, 교량을 의미한다. 여기에서는 서로 이어준다는 의미로 브릿지기법을 적용하면 된다. 서로의 이해관계를 고려하여 이를 연결한다는 의미에서 브릿징(bridging)기법이라 한다. 이미 각자 개발한 대안을 서로 교환하여 더욱 발전시키는 기법이다. 앞의 제3원칙에서 청킹업(chunking up)기법으로 각자의 협상목표와 이해관계를 확인할 수 있다. 이후에 청킹다운(chunking down)을 통하여 어떻게 이를 실현할지를 고민하는 과정에서 다양한 대안을 개발할 수 있다. 이미 청킹기법을 사용하였기 때문에 각자의 입장과 이해관계를 분리할 수 있다. 이는 각자의 개인적인 입장에서 대안을 개발한 것이다. 개별적인 대안을 통합하기 위하여 서로를 연결할 필요가 있는데 이러한 과정에서 브릿징기법을 활용한다.

(4) 통나무 굴리기(logrolling)기법[9]

원래는 물 위에 떠있는 통나무 위에서 두 사람이 한 명을 물에 떨어뜨리면 이기는 경기에서 유래하였다. 두 사람이 동시에 같은 방향으로 계속 굴리면 오래 버틸 수 있지만, 한 쪽이 갑자기 세우거나 굴리는 속도에 변화를 주면 그 중 한명이 균형을 잃고 쓰러져 물에 빠지게 된다. 즉, 함께 잘 굴리면 물에 빠지지 않을 수 있다는 의미도 내포하고 있다. 따라서, 서로가 양보하고 협력해서 서로가 만족할 수

---

8) 이선우, 오성호, 협상조정론, 한국방송통신대학교출판부(2017) 156−62면을 참고하였다.
9) 이선우, 오성호, 협상조정론, 한국방송통신대학교출판부(2017) 156−62면을 참고하였다.

있는 대안을 함께 개발한다는 의미이다.

대안의 우선순위에 의하여 나에게는 낮은 순위이지만 상대에게는 높은 우선순위의 이해관계가 있다면 이를 교환할 수 있다. 양보의 개념으로 이해할 수 있지만, 대안의 가치에 대한 순위에 의해 양보하는 점에서 차이가 있다. 앞의 브릿징기법을 통하여 서로의 이해관계와 가능한 대안을 교환할 수 있다. 그리고 '왜', '어떻게' 질문을 통하여 청킹업과 청킹다운과정에서 세분화하고 답하는 과정에서 보이지 않은 가치를 새롭게 발굴할 수 있다. 또는 나에게는 중요하지 않으나 상대에게는 중요한 가치를 지닌 것이 있을 수 있다. 이를 우선순위에 근거한 양보를 통하여 서로가 더 큰 만족감을 줄 수 있다.

연습문제

철수와 영희는 바로 이웃에 위치한 집에 살고 있다. 철수는 은퇴를 한 노인으로 빈티지 자동차를 소유하고 있다. 연식은 오래되었지만 자동차 동호회에서는 이 차를 소유하기를 원하는 사람이 꽤 있을 정도로 유명한 자동차이다. 철수는 은퇴 이후에는 나이가 들어 거의 자동차를 운행하지 않고 마당 구석에 주차해 두었다.

철수의 이웃인 영희는 나무를 매우 좋아해서 그녀의 마당에 수많은 나무를 심고 가꾸었다. 철수와 경계를 확정한 이후에 담의 아래에 배나무를 심었는데 이제는 아주 커다란 나무로 성장하였고 한여름에는 나무 아래에서 낮잠을 즐길 정도가 되었다. 배나무의 가지의 상당 부분이 철수의 토지 위로 드리워졌다. 철수도 가끔은 배나무 아래의 그늘에서 낮잠을 즐겼다.

가을이 되자 영희의 배나무에는 풍성한 배가 열렸고 일부는 철수의 차 위에 떨어지기도 했다. 큼지막한 배가 떨어지자 즙이 흘러나왔고 차유리에 금이 가기도 했다. 낙과에 의한 피해는 가을이 시작되는 몇 달에 걸쳐 일어났고 다른 계절에는 발생하지 않았다.

철수는 이미 여러 번에 걸쳐 영희에게 이 사실을 알려주었지만 영희는 철수와의 대화를 회피하기 시작하였다. 철수는 더 이상 참지 못하고 피해보상에 대한 소 제기를 결심하였고 마지막으로 영희를 만나 담판을 짓고자 하였다.

▌ 철수의 협상정보

철수는 문제를 대하는 영희의 태도에 매우 실망하였다. 철수에게는 금전적인 문제는 관심이 없고, 우선 영희의 진심어린 사과를 원하였다. 소 제기를 하였다고 하더라도 그의 차는 여전히 피해를 입을 것을 예상하고 있다.

철수는 영희가 문제를 살펴보고 함께 해결해 나가기를 원하고 있다. 시원한 그늘을 제공해 주는 배나무 아래에서 낮잠을 즐기는 것도 철수에게는 하나의 즐거움이기 때문에 영희에게 소송제기로 얼굴을 붉히기는 꺼려진다. 현재 소유하고 있는 자동차는 자신이 어렸을 때에 아버지가 소유하였고 추억이 깃들여 있는 소중한 자산이다. 만약 문제가 원만히 해결되지 않는다면 나무를 베어달라고 요구할 계획이다.

▌ 영희의 정보

영희는 아주 상냥한 사람이며, 이웃과 문제를 일으키고 싶은 마음도 없다. 마당에서 가꾼 꽃과 배를 팔아서 돈을 벌고 있다. 현재는 현금을 충분히 보유하고 있지 않기 때문에 변호사를 고용할 수도 없기 때문에 법원에서 문제를 해결하고 싶지 않다. 또한 영희는 철수의 차량피해를 보상해 줄 충분한 여윳돈을 가지고 있지 않다.

영희의 사촌 중에 자동차정비소를 운영하는 사람이 있었고 영희가 소유한 차를 항상 저렴하게 수리해 주었다. 며칠 전에 회사에 취직하기 위한 면접을 보았으며 배를 수확하고 마당의 작물을 팔면 다음 달에는 수입이 크게 증가할 것으로 예상한다.

연습 후 토론

- 청킹기법을 이용하여 협상의 목표와 이해관계를 생각해 보자.
- 영희의 이해관계를 찾아보고 그의 대안을 생각해 보자.
- 철수의 이해관계를 찾아보고 그의 대안을 생각해 보자.
- 브릿징기법과 로그롤링기법으로 각자의 협상목표를 제시하고 이해관계를 교환한 후에, 융합과정을 통하여 개선된 대안을 만들 수 있는지 확인해 보자.

철수의 이해관계, 즉 필요와 관심은 자동차수리비를 받고 싶어하고, 원만한 해결을 원한다. 그래야 여름철에 영희의 나무그늘에서 낮잠을 즐길 수 있기 때문이다.

영희이 이해관계, 즉 필요와 관심은 수리비에 금전적인 지출이 지금 당장은 힘들다는 점이다.

[표 2-3] 영희의 협상 이해관계와 가능한 대안의 개발과정

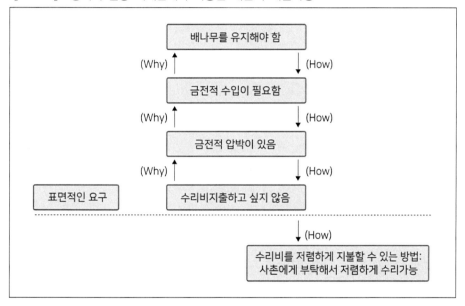

브릿징기법과 로그롤링기법의 적용

철수와 영희 각자의 이해관계와 대안을 찾았다. 각자의 여러 대안을 서로에게 공개하여 융합하는 과정이 필요하다. 영희는 배나무를 계속해서 키워야 하고, 철수는 배나무 아래의 낮잠을 즐긴다. 배나무를 유지하여야 할 공동의 관심을 찾았다. 각자 알고 있는 사실관계 또는 이해관계를 다리(bridge)를 통하여 서로가 공유할 수 있도록 하여야 실제 적용할 수 있는 공동의 대안개발을 할 수 있다. 그리고, 함께 공동의 대안을 개발하는 과정을 로그롤링 과정이라 한다.

Ⅵ. 협상의 제5원칙

협상의 제5원칙으로 배트나(BATNA: Best Alternative To a Negotiated Agreement)를 확보한다. 배트나는 협상을 하지 않았을 경우에 가능한 최선의 대안을 의미한다. 즉 협상 없이 당신의 이익을 충족시켜줄 수 있는 최선의 대안을 배트나(BATNA)라고 할 수 있으며, 이는 제안된 합의안의 수용여부를 측정할 수 있는 기준이 된다. 이를 통하여 협상에서 상대방의 무리한 제안에 대해 'No'라고 말할 수 있는 한계점을 배트나(BATNA)가 제시해 주기 때문이다.

누군가와 협상하는 이유는 그 사람과 협상하지 않았을 때 얻는 결과보다도 더 유리한 결과를 얻기 때문에 협상을 진행하고 합의점을 찾으려는 것이다. 만일 협상이 실패로 끝났을 때 어떤 결과를 초래할지 예상하고 준비하지 않는다면 두려움으로 인하여 무조건적으로 협상을 계속해 진행하려고 할 것이고, 상대방과의 협상을 중단하지 못하고 상대방과 합의점을 찾으려고 할 것이다. 상대의 무리한 제안을 당연히 거부하여야 함에도 불구하고 협상에서의 마땅한 대안을 준비하지 않았기 때문에 불리한 협상상황에서 헤어나오지 못한다.

예컨대, 다른 곳에서 동일한 중고차 가격이 얼마인지를 알아보지도 않은 채 친구로부터 중고차를 600만원에 구입하기로 동의하는 것은 현명하지 못하다. 다른 곳에서 거래되고 있는 비슷한 수준의 중고차 가격이 바로 배트나(BATNA)의 시작 지점이다.10) 거래를 하지 않았을 경우에 이를 대신할 거래가 존재하기 때문이다. 배트나는 항상 일정하지 않고 시간의 흐름에 따라 변동한다는 점을 아는 것도 중요하다. 위의 예에서 새로운 모델의 차가 처음으로 시판되었을 때라면 친구의 중고차 가격은 내려갈 것이고 따라서 배트나(BATNA) 역시 변하게 된다.

배트나와 관련해서 첫 번째로 해야 할 일은 자신의 배트나를 발견하는 것이다.

협상에서 합의에 이르지 못할 경우 취할 수 있는 행동목록에 대해 브레인스토

---

10) 부동산 매매협상에서 집을 못팔 경우 어떻게 할 것인가? 집을 임대로 내놓거나, 개조를 하거나 다른 용도로 전환할 수도 있다.

밍(Brainstorming) 등을 통해 생각해보고, 가능성 있는 아이디어를 개선하고 실용적인 대안으로 전환하여 최고의 대안을 선택해야 한다. 두 번째로 자신의 배트나를 개선해야 한다. 예컨대 컨설턴트가 프로젝트에 대해 고객과의 협상에서 컨설팅 비용을 얼마로 할 것인가에 대해 컨설턴트는 다른 컨설팅 프로젝트를 수주해 프로젝트의 범위를 추가해 대안 프로젝트의 비용을 올릴 수가 있고, 부동산이 안 팔릴 경우 주택을 개조하기로 한 경우 부동산회사와 상의해 수익을 최대로 높일 수 있는 방안을 협의해 볼 수 있다. 세 번째, 상대방의 배트나를 파악할 필요가 있다. 미리 상대방의 마지노선을 파악할 수 있다면 협상에서 매우 유리할 것이다. 지인으로부터 정보를 수집하거나, 상대방의 장단점을 파악하거나, 상대방의 입장이 되어 제안(offer)의 선호도나 이해관계를 파악할 필요가 있다. 마지막으로 상대방의 배트나를 약화시키는 것이 유리하다. 거래 협상(potential deal)과 배트나는 가위의 양날처럼 협상에서 함께 동시에 작용한다. 배트나가 전혀 없을 때에도 배트나가 있는 듯하고, 배트나의 여러 다른 특성에 대해 금전적 가치를 부여할 필요가 있다.

Ⅷ. 기타

이상에서 살펴본 바와 같이 피셔(Fisher) 교수와 유리(Ury) 교수가 설파한 협상의 원칙 이외에 부수적이나마 협상의 원칙으로 고려해야 할 요소들을 생각해보기로 하자.

협상가는 타고난 것도 아니며, 말만 잘한다고 능력있는 협상가가 되는 것도 아니다. 협상경험만으로 최선의 성과를 얻을 수 없을 뿐만 아니라 직관에 의지하여 협상을 진행할 수도 없다. 협상은 준비하면 할수록 준비한 시간의 몇 배 효과가 더 난다. 상대방의 이해관계를 정확하게 파악하고 협상을 통해 상대방이 얻을 수 있는 편익(혜택), 합의해야 할 수치의 근거가 되는 객관적 기준, 나에게 유리한 원칙과 기준 그리고 상대방에게 가장 유리한 기준과 원칙을 상호 비교분석하여 쌍방의 이해관계를 모두 만족시킬 수 있는 제3의 창의적인 대안(creative option)을 마련하고, 협상

팀 내에서 서로 역할분담과 시간과 장소 등을 정해야 한다.

이렇듯이 협상의 준비는 합리적인 논거를 가지고 준비를 해야 한다. 즉 자신에게는 합리성과 논리로 무장을 하고, 상대방에게 논리와 근거를 두고 상호협력을 이끌어 내어야 한다. 협상은 합리성과 논리의 게임이라고도 할 수 있다. 합리적 논거의 바탕으로 작용할 수 있는 요소에는 첫째, 과학적 근거로서 객관적 자료(data)나 전문가의 의견, 둘째, 유사 사례에서의 예와 같은 사실적 근거, 셋째, 논리적 근거 즉 유추에 의한 정당성이 그것이다. 합리적 논리의 정도에 비례하여 협상력(negotiating power)이 좌우된다.

제3장

협상진행단계

제3장

협상진행단계

👥 학습목표

❶ 협상진행단계를 이해하고, 각각의 협상원칙을 협상진행단계에 적용해 본다.
❷ 협상진행의 필수요소를 살펴본다.
❸ 협상준비서를 만들 수 있고, 이를 활용한다.
❹ 협상준비, 협상진행, 협상마무리단계로 나누고, 이를 이해한다.
❺ 협상진행단계에서 협상원칙을 적용하고 흐름을 이해한다.
❻ 협상진행단계에서 의사소통기법을 이해하고 적용한다.

Ⅰ. 협상진행의 필수요소

앞에서 협상의 원칙에 대하여 공부하며 이제 협상의 의미를 어느 정도 파악하였다. 이제 협상의 의미와 원칙을 이해하였으니, 협상진행단계의 필수요소를 살펴보자.1)

- 당사자(권한여부)
- 협상의 사안과 의제
- 협상의 입장, 지위, 최초의 목표

---

1) 함영주, 분쟁해결방법, 진원사, 2014, 177－123을 참고하였다.

1. 당사자

협상을 진행하기 위해서는 분쟁과 이해관계가 있는 당사자들이 모여 협상을 하여야 한다. 이들을 협상당사자라고 부르기도 한다. 둘 혹은 다수의 협상당사자들이 모여야 할 경우도 있다. 대부분의 경우는, 쌍방의 당사자들 사이의 갈등과 분쟁이 있을 것이다. 혹은 회사에서 협상담당자를 배정하여 협상에 임할 수도 있다. 또는 변호사가 의뢰인의 대리인의 자격으로 협상을 대리할 수 있다. 이 때, 유의하여 할 부분은 협상테이블의 건너편에서 앉아있는 사람의 협상의 권한여부를 확인하는 것이다. 자격없는 혹은 권한없는 사람이 협상에서 나타날 수도 있기 때문이다.

예를 들어보면, 의뢰인을 대신하여 변호사가 나왔는데 준비를 하지 않아서 사실관계를 전혀 파악하지 못하고, 사실확인과정에서 매번 의뢰인에게 전화로 물어본다면 협상이 제대로 진행될 수가 없다. 또는 협상의 마무리단계에 이르렀는데, 갑자기 일방당사자가 자신에게는 합의서에 서명을 할 권한을 가지고 있지 않기 때문에 권한 있는 사람(예를 들면 사장 또는 임원)에게 물어보아야 한다고 말하는 경우를 흔히 볼 수 있다.

상대방에게 권한이 없음을 확인하지 않은 채 협상을 진행한 상태에서 협상의 최종적인 합의를 위하여 이미 일정 부분에 대한 양보를 하였다. 그러나 갑자기 자신에게는 최종결정을 할 수 있는 권한이 없음을 통지하며 자신의 상사에게서 허락을 받아야 한다고 알려준다. 이런 경우 상대방측의 권한 있는 자는 추가적인 양보를 전략적으로 요구할 수 있다. 이미 협상을 위하여 상당한 시간과 노력을 투자하였기 때문에 상대의 새로운 제안에 응하게 된다. 어느 정도 합의단계에 들어갔음에도 불구하고 자신의 권한 없음을 이유로 일방적인 양보를 요구하는 경우도 흔하게 발생한다. 이는 협상에서 전통적으로 사용하는 살라미(salami) 전략의 일종으로 마무리단계에서 상대에게 한 번 더 양보를 이끌어내는 기법이다. 여기에서는 권한 있는 사람이 나타나 조금 더 양보를 해준다면 합의서에 사인을 하겠다며 양보를 요구하는 것이다. 따라서 이러한 경우를 사전에 방지하기 위하여 상대에게 협상 권한의 유무를 확인하여야 한다. 또한 가능하다면 권한 있는 당사자와 직접 협상하는 것이 좋고 그러하지 못한 경우에는 사전에 준비하여야 한다.

브랫 교수는 "협상당사자들을 파악한다는 것은 협상에서 누가 협상의 이해관계나 협상 결과에 관계되어 있는지를 파악하는 것"이라고 했다.[2] 따라서, 협상의 당사자와 협상의 이해관계인을 나누어서 살펴볼 필요가 있다. 당사자는 협상테이블에 앉아있는 사람으로 좁은 의미이고, 이해관계인은 협상의 결과에 의하여 이해관계에 영향을 받는 사람으로 넓은 의미이다.

협상당사자가 누구인가에 따라 협상의 이해관계에서 차이가 있다. 대리인은 최선의 협상결과를 만들기 위해서 노력할 것이다. 변호인도 의뢰인을 대리하여 최선의 결과를 얻으려고 할 것이다. 회사를 대표하여 임원이 협상당사자로 나왔다고 생각해 보자. 누구에게 최선의 결과가 돌아가게 하겠는가? 이 때 최선의 결과는 의뢰인 또는 변호인 자신의 최선이 아닌지 생각해 보자.

예를 들면, 1590년 임진왜란 직전에 황윤길과 김성일을 일본에 파견하여 도요토미 히데요시가 조선을 침공할 의도가 있는지를 살피게 하였다. 그러나, 이들의 보고가 서로 달랐다. 김성일의 보고에 의하면 조선을 침공할 의도가 보이지 않는다고 보고하였고, 황윤길은 반대 내용의 보고를 하였다. 결국 조선의 조정은 김성일의 보고를 받아들여 준비를 소홀히 하였고 전쟁의 참화를 입었다. 실제로 의견이 다를수도 있지만, 자신과 정치적인 노선이 다르다는 이유만으로 상대와는 무조건적인 반대의견을 내는 바람에 엄청난 희생을 초래하였다. 이들은 조정을 대표하여 일본의 내부사정을 살피고 그들의 숨은 의도를 파악하는 임무를 부여받았으나, 한 명은 자신과 자신이 속한 집단의 이익을 위한 주장을 하였다.

비슷한 예를 살펴보자. 주식회사의 임원은 주주를 대신하여 합법적인 범위내에서 최고의 이익을 얻기 위해서 노력해야 한다. 그러나 임원은 자신의 임기내에 실적을 만들고 싶어할 것이다. 무리한 사업을 시도하기 보다는 안정적인 사업을 추진할 수도 있다. 주식회사의 경우에는 장기적인 수입원을 확보하여야 하는데 이를 위해서 단기계획뿐만 아니라, 장기계획도 필요하다. 회사의 임원들은 중장기계획을

---

2) 진 M. 브랫, 김성현, 이은우 옮김, 아마추어는 설득을 하고 프로는 협상을 한다, 스마트비지니스, 2011, 37.

수립하고 준비하여 회사의 이해를 준비해야 한다. 그러나, 임원들의 입장에서 본다면 자신이 언제 해임 또는 이직을 할지 알지 못하기 때문에 눈앞의 단기적인 성과에 더 집중하려는 성향도 가지고 있다. 즉, 자신의 지위나 입장에서의 이해관계가 다르다고 할 수 있다.

위에서 살펴본 것처럼 협상의 당사자이기는 하지만 자신의 이해관계와 얽혀있는 경우에 협상의 이해관계에서 다른 모습을 보여주는 경우가 있음을 유의하여야 한다.

2. 사안과 의제(쟁점)

협상을 진행하기에 앞서, 협상의 당사자와 이해관계인들을 먼저 파악한 후에, 갈등/분쟁을 해결하기 위하여 협상진행단계에서 해결하여야 할 사안을 확정하여야 한다.

사안(issue)과 의제(agenda)를 나누어 살펴보자. 흔히 협상의 사안, 의제 등을 혼합하여 사용한다. 앞에서 설명한대로, 분쟁상황에서 문제점, 즉 사안을 먼저 확인하여야 한다. 사안은 분쟁해결을 위한 모든 문제점을 말한다. 해결해야할 사안으로 부를 수 있다. 의제는 이보다 좀 더 좁은 개념이다. 많은 사안 중에서 이번 협상과정에서 해결하고 싶은 사안만을 의미하는 것으로 의제라고 부른다. 지극히 교과서상의 분류이며 이 책에서는 협상사안으로 통일하여 부르기로 한다.

협상과정에서 협상사안을 확인하여야 한다. 공통으로 인식하는 쟁점도 있으나, 서로 다르게 인식하여 각자가 다른 협상사안을 가질 수도 있다. 혹은 공통으로 인식하고 있으나, 중요도에 따라서 우선순위를 다르게 두기 때문에 조금씩 다르게 판단할 수도 있다. 즉, 우선순위(priority)에 따라서 협상에서 자신의 특정사안(쟁점)이 더 중요하다고 판단하고, 다른 당사자는 자신의 우선순위에 의하여 다른 사안이 더 중요하다고 판단할 수 있다. 따라서, 협상에서 원만한 합의점을 찾기 위해서는 협상의 우선순위에 근거한 쟁점사안을 명확히 할 필요도 있다. 즉, 협상에서 우선적으로 처리해야 하고 해결해야 할 사안의 우선순위를 정하여야 한다.

협상의 의제, 쟁점이 하나뿐이라고 하더라도 이해관계에서 본다면 다른 시각을 가질 수 있다. 중고차의 매매에서 가격뿐만 아니라, 인도시기와 보증기간을 추가하는 방식으로 이해관계를 넓힘으로써 대안개발에서 협력적 협상을 할 수 있기 때문이다.

협상과정에서 최대한 많은 사안을 다루려는 경향이 있다. 그러나, 현실적으로 힘든 경우가 많다. 따라서, 대안의 개발과정에서 모든 쟁점을 다룰 것이 아니라, 협상테이블에서 다루어야 할 쟁점을 확인하고 사안을 제한하는 것이 바람직하다. 그렇지 않으면 분쟁의 원인이 점차 확대되어 서로의 책임이라고 우기는 경우가 발생하고, 협상과정이 계속해서 이어지고 많은 시간을 투자하여야 한다. 협상에서 다루기를 원하는 쟁점사항을 정확히 열거하고 상대와 교환한다. 브랫은 "협상 테이블에서 다루고 싶은 쟁점들이 담긴 목록을 제시하면서, 쟁점을 놓치고 있는 사항이 있는지" 확인할 필요가 있다고 하였다.3)

3. 입장(Position)

사전적 의미로 입장(position)은 위치, 입장 혹은 지위를 의미한다. 또는 협상에서 position-based negotiation으로 사용되고 있으며, '입장에 근거한 협상'으로 번역하고 있다. 이는 두 가지로 설명할 수 있다. 첫째, 자신의 지위를 이용한 협상을 의미하기도 한다. 자신의 사회적인 혹은 특정 집단내에서의 지위 혹은 위치에 근거를 둔 협상을 의미한다. 둘째, 입장에 근거한 협상은 협상의 초기 단계에서 협상의 목표를 정하고 협상과정에서 이를 밀어붙이는 것을 의미한다. 즉, 자신이 필요로 하는 것을 미리 정하고 협상과정에서 이미 설정한 목표에 대한 변화없이 오직 이를 획득하기만을 추구하는 것을 의미한다.

일반적으로, 협상에서 입장은 협상에 임하기 전에 이미 자신이 원하는 것을 완고히 정하여 협상과정에서 이를 변경하려고 하지 않는 상태를 의미한다.4) 협상의

---

3) 브랫, 앞의 책, 39.
4) 브랫, 앞의 책, 39("입장은 자신이 원하는 것을 이미 결정해 놓고 이를 상대에게 요구하는 것"을 말하는 것으로 협상에서 원하는 것 자체를 입장으로 보기도 한다).

입장이 지나치게 완고하며 상대의 요구를 전혀 수용하지 않으면 협상을 진행하기 힘들어진다. 자신의 입장을 주장하고 굽히지 않는 경우를 입장에 근거한 협상(Position-based negotiation)이라고도 한다.5) 또는 경쟁적 협상이라고도 한다. 이는 협상에서 자신의 주장과 원하는 것을 미리 설정한 후에 협상에서 이를 획득하는 것에만 관심을 두기 때문에 상대의 입장은 전혀 고려하지 않고 자신의 입장인 최초의 목표(initial negotiation goal)만을 고수하기 때문에 이기려고만 하는 협상(win-lose negotiation)이 된다. 이렇게 해서는 협상진행의 여지를 두기 힘들다. 서로가 원하는 것이 무엇이고, 원하는 것에 대한 가치가 어떻게 다른지 살펴볼 수 있는 기회를 가질 수 없고, 갈등상황은 평행선을 달리게 되어서 결코 합의를 이룰 수 없기 때문에 협상이 결렬되거나 한 쪽의 일방적인 양보를 통하여 일방의 승리로 끝나게 된다.

II. 협상준비서 만들기

협상을 진행하기 위하여 준비하여야 할 요소들이 있다. 회사를 대표하여 계약을 체결하려고 다른 회사를 방문하려고 한다고 가정해 보자. 아마 준비를 하지 않은 상태로 나서면 '차로 이동하는 중에 생각해 보자.'라고 나서지는 않을 것이다. 자신과 상대방이 이번 거래에서 원하는 것이 무엇이고 어떤 협상과정이 예상되는지 먼저 생각해 볼 필요가 있다. 이를 위해서 협상준비서(negotiation preparation paper)를 만든다. 협상의 원칙을 적용하며 쌍방이 이행할 수 있으며, 서로 만족할 수 있는 합의점을 찾는 과정을 준비하는 것이다. 아래에는 협상의 준비단계와 진행단계, 마무리단계에서 필수적으로 확인해야 할 요소들을 정리한 것이다.

1. 협상 목표(goal)

앞에서 언급했듯이, 협상의 입장과 목표를 구별할 필요가 있다. 협상의 시작

---

5) 이것과 대비되는 협상법으로는 문제해결협상(Problem-solving negotiation)이 있다.

이전에 자신이 설정한 목표를 '입장'이라고 할 수 있다. 이는 협상의 실질적인 목표와는 차이가 있다. 입장은 협상 이전에 즉흥적으로 설정한 것인 반면, 준비단계에서 검증을 통하여 설정된 것이 '협상목표'이다. 협상의 목표를 명확히 하기 위해서는 준비단계에서 청킹기법을 통하여 협상을 통하여 자신이 최종적이며 진정으로 원하는 것이 무엇인지 확인할 수 있다. 청킹기법으로 외부로 드러난 욕구에서 시작한 '왜'(why)에 의한 질문을 통한 청킹기법으로 협상의 목표를 파악할 수 있다.

2. 협상 이해관계(interest)

협상에서 이해관계(interest)를 설명하기 이전에, 항상 협상 당사자의 입장(position)을 언급하여야 한다. 이는 앞에서 언급한 협상의 종류에서 입장에 근거한 협상(position-based negotiation)으로부터 이해관계에 근거한 협상(interest-based negotiation)으로의 협상 관점을 바꾸어야 할 필요성이 있기 때문이다.

한국 협상책에서 사용하고 있는 용어인 이해관계에 대한 설명이 필요하다. 사전적 의미를 살펴보면, 이해(利害)는 이익과 손해를 의미하고, 이해관계는 서로의 이익이나 손해에 영향을 미치는 관계를 의미한다. 현재 우리나라의 대부분의 협상 관련 책에서는 interests를 이해관계로 번역하고 있다.[6) 협상에서 사용하고 있는 이해관계(interest)를 풀어서 설명하면, 요구(needs)와 염려(concern)를 뜻한다.[7)

그리고, 이러한 이해관계(interests)에도 좀 더 세분화할 수 있다. 표면으로 드러난 욕구(apparent desires)와 겉으로 드러나지 않고 숨어있는 욕구(hidden desire)가 있다. 따라서, 실질적인 이해관계(interests)는 표면적으로 드러난 요구와 걱정뿐만 아니라 숨어있는 욕구를 모두 포함한다. 분쟁을 마주한 상황에서는 어느 정도 표면적인 이해관계는 협상준비과정과 협상과정에서 어느 정도 파악할 수 있으나, 숨어있는 욕

---

6) 브랫, 앞의 책, 37-38.
7) Interest를 이해관계로 번역하면 오해의 소지가 있으며 이를 온전히 우리말로 대체하기는 어렵다. 물론, 협상이 상대방과 하는 것이고, 상호의존성이 있으므로, 관계를 중시하여 이해관계로 번역한 것 같다. 여하튼, 협상에서 말하는 interests는 요구와 염려, 걱정으로 크게 나누어 볼 수 있겠다. 이 책에서도 이미 사용하고 있는 이해관계로 그대로 쓰기로 한다.

구는 쉽게 파악되지 않는다. 숨어있는 욕구는 협상과정의 의사소통과정에서 차츰 그 모습을 드러낸다. 따라서, 의사소통과정에서 언어적(verbal language) 그리고 비언어적(non-verbal) 수단을 통하여 상대방에게 어느 정도 자신의 욕구를 의도적으로 노출을 하여 유도하던지 혹은 질문을 통하여 파악하여야 한다.

3. 대안개발(inventing possible options for both with values)

일반적으로 협상에서 창조적인 대안개발을 하라고 조언하고 있다. 자칫 창조적인 대안개발이라는 표현이 막연하게 느껴질 수도 있다. 입장 혹은 협상 목표를 달성하기 위해서 협상을 진행하지만 차츰 최초의 목표를 성취하기가 어렵다는 점을 인지하게 된다. 그렇다고 해서 상대가 원하는 것으로 자신의 모든 것을 양보할 수도 없다.

대안개발에서 유의하여야 할 점은 1) 적응가능한 다양한 대안을 개발하고, 2) 자신의 이해관계를 만족시킬 수 있는 대안 중에서 상대방에게도 적용가능한 대안을 개발하고, 3) 쌍방에게 적용가능한 대안을 만들기 위해 각자의 다른 가치평가를 위한 관점의 변화이다.

대안개발은 청킹기법으로 일방당사자의 대안을 개발할 수 있고, 교환전략(trade off) 브릿징기법(bridging)과 로그롤링기법(Log-rolling)을 통하여 쌍방당사자가 협력으로 공통의 대안을 개발할 수 있다. 또한, 이를 위해서 서로가 원하는 것과 염려하는 것에 대하여 이해하고 서로의 이해관계에 대한 공감을 통하여 협상을 진행하면서 타협가능한 지점을 어느 정도 확인할 수 있다. 이를 협상가능한 지점(ZOPA, Zone of possible agreement)으로 부른다. 이를 형성하기 위해서 여러 가지의 대안을 만들어야 하고, 서로의 대안에서 공통부분이 협상 가능한 지점(ZOPA)이다.

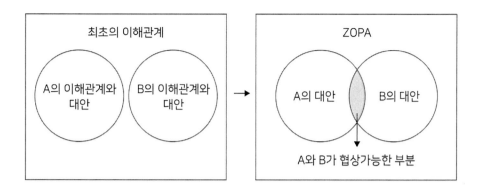

최초의 이해관계

A의 이해관계와 대안

B의 이해관계와 대안

ZOPA

A의 대안

B의 대안

A와 B가 협상가능한 부분

협상에서 대안개발을 위해서는 가치(values)의 확인 혹은 재평가를 해야 한다. 협상에서 가치 확인 또는 재평가의 출발점은 협상자가 각기 다르게 인식하고 있음을 인정하는 것이다. 특히 인식의 차이에서 가치를 새롭게 찾아낼 수 있는데 초콜릿을 예로 들어보자. 다들 달콤한 초콜릿을 좋아할 것이다. 그런데, 초콜릿의 모양에 따라서 가치가 달라질 수 있겠는가? 만약 할로윈에서 사용하는 눈동자 모양의 초콜릿 혹은 바퀴벌레 모양의 초콜릿이라면 당신은 맛있게 먹을 수 있을까? 초콜릿 맛 자체에는 변화가 없다. 만약 당신이 이 초콜릿에 거부감을 느꼈다면 초콜릿을 바라보는 당신의 그 초콜릿 제품에 대한 가치평가가 변화하였기 때문이다.

협상에서의 가치평가는 협상과정에서 분쟁이 발생하였고, 분쟁의 원인 또는 그 결과에 대한 평가가 각자에 의하여 달라질 수 있다.

동일한 대상물을 바라보고 있지만 사람에 따라서 서로 그 가치에 대한 평가를 다르게 하고 있다. 때문에 분쟁이 발생하였지만 분쟁해결을 위한 협상의 대안개발이 가능해진다. 위에서 언급한 이해관계에서 동일한 사실과 사안에 대하여 서로 다른 시각에 근거하여 다른 해석과 평가를 한다. 협상을 위한 대안개발에서도 서로 다르게 그 가치를 평가하기 때문에 교환가치가 생기게 된다. 나에게 필요없는 것 혹은 낮게 평가되는 가치를 상대에게 주고, 상대가 낮게 평가하지만 나에게는 가치가 있는 것을 서로 교환할 수 있게 되기 때문이다.

목이 마른 경우를 예로 들어보자. 축구 경기를 마치고 친구들과 근처에 있는 마트에 간다. 하나씩 골라보라고 했더니, A는 콜라를 B는 물을, C는 사지 않겠다고 했다. C에게 물었더니, 자신은 그 마트 주인이 매우 불친절해서 다른 곳에서 마시겠다고 한다. 마트에 들어가보니, 콜라는 없고 다른 탄산음료는 있다. 물도 없다. 이 때, 협상의 관점에서 각각의 요소를 살펴보자.

C는 꽤나 완고하다. 마트는 들어가지도 않겠다고 한다. 그런데 이 곳이 제일 가깝기 때문에 목이 마르니 그냥 여기에서 마시자고 다들 난리들이다. C는 고집을 피운다. 절대로 가지 않겠다고 한다. 친구들이 설득을 (일방의 행동변화를 요구했음으로 설득이라고 하자) 해보지만, 요지부동이다. C 역시 목이 마르기는 하다.

C는 예전에 이 마트를 방문했을 때, 주인이 매우 불친절 했었고 다투기까지 했기 때문에 이 마트를 더 이상 방문하고 싶지 않다. 현재는 마트 주인과 마주치고 싶지도 않고, 마트의 매출에 조금도 기여하고 싶지 않다. 숨어있는 가치는 갈증해소 혹은 마트주인과의 화해가 있을 수 있다.

B는 당뇨가 있어서 탄산음료를 마시고 싶지 않다. 목이 매우 마르기 때문에 물을 마시고 싶다. 만약 물이 없다면 그 대안이 무엇이 될 수 있는가? 만약 성인이라면 시원한 맥주도 가볍게 한 잔 할 수도 있다. 정말 갈증이 너무 심하다면 아주 조금 탄산음료를 마실 수도 있다. 표면적으로 필요한 것은 물이다. 당이 있는 탄산음료를 마시고 급격히 당이 올라갈 것을 염려한다. 숨어있는 가치는 역시 갈증해소이다. 다른 음료수를 마시는 것도 역시 갈증해소를 위한 것이다.

A는 목이 매우 말라서 시원한 탄산음료를 마시고 싶다. 콜라가 없다면 다른 탄산음료를 마셔도 된다. 지금 원하는 것을 탄산음료로 갈증을 해소하는 것이다. 탄산음료가 없더라도 갈증해소가 된다면 어떤 음료도 마실 수 있다. A에게 표면적으로 필요한 것은 콜라이다. 만약 콜라가 없다면 그 대안으로 할 수 있는 것은 다른 탄산음료일 것이다. 숨어있는 가치는 갈증을 해소할 수 있는 음료이다. 음료가 시원할수록 가치는 더 높아질 것이다. 차갑지 않은 탄산음료와 차가운 물이 있다면 아마도 A는 고민할 것이다.

4. 저항점(Resistance point)과 대안범위(ZOPA, Zone of possible agreement)

협상에서 저항점(resistance point)은 현재 진행중 협상에서 합의할 수 있는 대안 중에서 최저지점 또는 최고지점을 의미한다. 판매가격에서는 양보할 수 있는 가격을 의미하므로 이를 유보가격(reservation price)이라고 한다.

중고자동차의 매매를 예로 들어보자. 매장에 들어서기 전의 구매자라면 자신의 현재 지불할 수 있는 돈을 저항점으로 삼을 수 있다. 구매자의 입장에서 최고로 지불할 수 있는 가격이 제한가격이 되고, 판매자의 입장에서 가장 낮은 가격에 판매할 수 있는 가격이 저항점이 된다. 그러나, 협상을 진행하면서, 즉 구매자가 매장에 들어가서 중고차를 구경하고 가격을 묻는 과정에서 중고차의 현실적인 가격을 알아가면서 저항점이 변할 수 있다. 이와 반대의 입장인 판매자는 이익을 남기기 위하여 최소한 어떤 가격 이상으로 받아야 할 것이고 그것이 그의 최소저지점이 될 것이다. 저항선의 적용은 협상에서 옵션의 개발에 앞서 특정사안에 대하여 저항점을 확정한다는 데 의미가 있다.

[표 3-1] 구매자의 저항점과 대안범위

1천 5백만 원		1천 6백만 원
{제안가격	‥‥‥‥‥	(저항가격)}
	(대안범위)	

위의 저항점과 배트나의 예를 살펴보자. 자동차(또는 주택)의 매매의 예들 들어보자. 구매자는 현재 자신이 지불할 수 있는 현금은 2천 만 원이다. 그리고, 구입 후의 세금과 수리비 등을 예상해서 1천 6백만 원 정도를 지불하고 싶다. 가급적이면 1천 5백정도에서 구입하고 싶다.

1) 위의 예에서, 협상 목표가격은 1천 5백이고 저항점은 1천 6백만 원이다. 그러나, 판매자의 요구가격은 구매자의 목표가격을 넘는 경우가 흔하다. 현재

거래의 대안범위(ZOPA)는 1천 5백에서 1천 6백만 원이 된다. 당연히 1천 5백만 원 이하의 거래도 포함된다.

2) 이런 경우가 발생하는 이유는 서로의 최초의 제안가격을 다르게 설정하기 때문이다. 구매자는 낮추어 부르는 반면에 판매자는 높게 책정한다. 이를 닻효과(anchor effect)라고 한다. 예전의 협상에서는 자신이 먼저 닻효과를 가지기 위해서 먼저 자신의 제안가격을 제시하는 경우가 있었으나, 현대의 협상에서는 이를 회피하거나 무시하는 경우가 많고, 도리어 자신의 제안가격이 노출되어서 먼저 제한하는 것을 꺼리는 경우도 있다. 현재는 인터넷을 통하여 다른 곳에서 판매되는 가격비교가 쉽기도 하고 예전에 비하여 정보공유가 용이해져서 가격에서의 닻효과는 그리 크지 않다.

3) 구매자의 입장에서는 1천 6백만 원이 넘어서는 경우에는 협상을 중단할 가능성이 크다. 이를 달리 해석하면, 판매자의 입장에서는 상대의 저항점이 무엇인지 파악하여야 한다.

[표 3-2] 판매자의 저항점과 대안범위

1천 8백만 원		1천 9백만 원
저항점	·············	제안가격
	(대안범위)	

판매자의 입장에서 본다면 공장에서부터 자신이 사는 가격과 예상되는 이익을 포함하여 구매자에게 최초로 제안한 가격을 1천 9백만 원이라고 하자. 그러나 최소한의 판매이익을 가지기 위해서는 1천 8백만 원을 받아야 한다. 이 가격이 판매자의 저항점(저항가격)이 된다.

5. 배트나(BATNA, best alternative to a negotiated agreement)

배트나(BATNA, best alternative to a negotiated agreement)는 협상 결렬시 선택할 수 있는 최선의 대안을 의미한다. 협상은 분쟁해결을 위하여 원만한 합의를 목표로 한다. 이런 점에서 배트나(BATNA)는 이미 협상결렬을 예상하고 있다는 점에서 차이가 있다. 그러나, 배트나(BATNA)는 현재 진행하고 있는 협상 이외의 대안을 의미한다. 즉 위의 협상 저항선과는 달리 협상 이외의 최선의 대안을 의미한다. 만약 해당 사안에 대하여 협상을 하지 않을 경우에 자신이 선택할 수 있는 최선의 대안이 무엇인지 확인할 수 있다. 이 점이 위의 협상저항선과의 차이점이다.

1) 위의 거래에서 구매자의 입장에서 1천 6백만 원을 초과한 금액에 대해서는 협상을 중단할지를 결정하여야 한다. 이런 선택상황을 미리 준비하지 않는다면 상당히 당황하게 되고, 섣부른 판단을 하게 될 우려가 높다. 저항점을 초과한 경우에, 차의 구입에서 다른 판매자를 찾거나 차를 구입하는 이외의 방안을 미리 준비하여야 한다. 다른 자동차매장은 어떤 가격을 제시하는지 또는 비슷한 크기의 차량이지만 생산자가 다른 차량의 가격을 비교해 볼 수 있다. 또는 차량 구입을 하지 않는다면, 자신에게 어떤 불이익과 대체이익이 생기는지를 고려해 볼 수 있다. 자동차의 구입이 단지 출퇴근용이라면 이를 대신할 대중교통의 이동시 어떤 불이익과 대체이익이 있는지 고려해 볼 수 있다.

2) 현재 진행하고 있는 협상에 대한 대안이 배트나(BATNA)이다. 위의 거래를 중단한 경우에 최선의 대안이 있어야 진행하고 있는 거래를 멈출 수 있다. 그렇지 않은 경우, 지금까지 투자한 시간과 노력이 아깝다고 생각되고 또 다시 이런 과정을 다른 사람과 거쳐야 하기 때문에 쉽사리 거래를 중단하기보다는 자신이 설정한 저항점을 무시하고 상대의 요구에 빠져든다. 해당협상(거래)를 하지 않더라도 자신에게 최선의 대안이 있다면 상대의 무리한 요구에도 저항할 수 있다.

3) 저항점과 BATNA는 자신이 설정한 최저점을 의미한다. 이들의 가치는 협상

에서 '노'라고 말할 수 있는 지점을 명확히 하고 협상에 임하는 것을 말한다. 이는 준비단계에서 사전에 설정하라는 의미이다.

4) 저항점에서 협상의 사안을 지나치게 좁게 설정하지 않도록 하여야 한다. 위의 예에서 가격에만 지나치게 집중하기 보다는 차량의 옵션 또는 차량의 사고이력 등의 다른 고려대상이 존재한다. 따라서, 저항점에 속하는 가격에 지나치게 매몰된다면 이는 대안개발 과정을 방해할 수도 있기 때문에 주의하여야 한다.

6. 선택상황에서 우선순위 결정하기(selecting process with value)

1) 가치(value)를 추가하여 가능한 대안(possible option) 개발

상대방과의 갈등과 분쟁으로 인하여 협상을 진행하게 된다. 전통적으로는 쌍방의 양보를 통하여 합의를 하도록 권하고 있다. 무작정 일정부분을 포기하거나 양보하는 즉흥적인 결정을 한다면 추후에 그 결정에 관하여 후회를 할 가능성이 높다. 협상을 진행하면서 쌍방의 이해관계를 확인하였고, 다양한 대안을 개발하는 과정을 가졌다면 이 중에서 쌍방하게 더 나은 만족을 주는 대안을 선택하면 된다. 이러한 과정을 위하여 판단기준으로 우선순위를 정하고 선택을 위하여 대안을 배열해 본다.

우리가 비교적 나쁜 선택을 하게 되는 이유를 살펴보자. '동조현상' 또는 '동조압력'이 있다. 이는 비슷해지려는 경향을 의미한다. 사전적 의미는 개인의 의견과 행동을 내세우기 보다는 집단 다수의 의견 또는 사회규범에 동화되어 주위의 의견과 행동에 따르는 현상으로 보고 있다. 동조압력은 개인의 의견과 행동이 집단과 그것과 유사해지도록 유도한다. 우리는 사회생활을 하고 개별집단의 구성원의 일원이기 때문에, 옆자리에 있는 동료들과의 관계를 항상 신경쓰게 된다. 이 때 구성원들의 전체적인 의견과 비슷해지려는 경향이 있다. 또는 상급자 또는 권위를 가진 자의 의견과 유사해지려는 경향을 가지기도 한다.

기장과 부기장의 관계에서도 동조압력에 의해서 어이없는 실수를 하기도 한다.

기장이 명백한 실수를 하였음에도 불구하고 부기장은 기장의 권위에 눌려 그의 실수를 말하지 않는다. 부기장이 이를 기장에게 알렸다면 충분히 사고를 피할 수 있었으나 동조압력에 의하여 자신의 의견을 기장에게 제대로 알리지 않는 경우가 있다.

다른 예를 들어보자. 식당에서 음식을 주문할 때를 생각해 보자. 한 명(대부분 선임 또는 연장자일 가능성이 높다)이 음식을 주문하면 대부분 동일한 음식을 주문하게 된다. 무의식적으로 동조하여 동일한 주문을 하는 경향이 있다. 이런 현상이 협상에서도 나타나기도 한다. 특히, 집단 또는 단체가 협상의 당사자가 되면 개인의 의견을 내세우기가 쉽지 않다.

대안의 개발 또는 선택을 위한 우선순위의 선택에서도 자신의 의견을 충분히 개진하지 못하는 경우가 흔하다. 가치를 다르게 해석하고 평가하는 과정에서 새로운 대안을 만들 수 있기 때문에 다른 사람의 의견에 따라가기보다는 자신의 의견을 적극적으로 표시하여야 한다.

2) 우선순위(priority)에 의한 대안선택(selecting) 혹은 제거(eliminating)과정

협상의 합의를 위한 선택에서 결정의 기준과 근거를 고려해 보자. 고장난 시계도 하루에 두 번은 제 시간을 맞춘다. 대안선택의 오류에 대해서 생각해 보자. 개발한 대안 중에서 하나를 선택하는 방법과 원하지 않는 것을 하나씩 제거(elimination)해 남아있는 최종안을 선택하는 방법이 있다. 제거는 개발한 대안의 리스트 중에서 후순위에서부터 하나씩 지워서 최종적으로 남은 대안이 최적의 대안으로 선택하는 방법이다.

선택의 기준은 자신의 이해관계에 얼마나 부합하는지 판단하여야 한다. 협상진행단계를 거치면서 상대와의 소통과정에서 상대의 이해관계를 확인하면서 가능한 대안을 개발하였다. 다만, 판단은 본인의 몫이다. 왜냐하면 무엇을 원하는지는 본인이 가장 잘 알고 있기 때문이다.

스포츠용품점에서 운동화를 사고 싶다. 요즘 운동을 하고 싶은데 테니스화도 사고 싶고 등산화도 사고 싶다. 운동화 둘을 동시에 구입하기에는 지나친 소비라는 생각이 들어서, 하나만 선택하려고 한다. 둘 중에서 하나를 고르는 선택의 과정이 필요하다.

선택과정에서 사람마다 가지고 있는 성향의 차이도 있다. 여자와 남자의 차이도 있다. 남자는 운동화 그 중에서도 등산화를 사려고 하면 등산화 코너로 돌진해서 등산화를 산다. 선택과정이 비교적 짧다. 신상이 있는지 세일품목인지 등을 세밀히 살피지 않는다. 직선유형에 가깝다. 그러나 남자와는 달리 여자의 선택과정은 곡선 혹은 지그재그 유형을 이룬다.

진화심리학자는 남자는 사냥을 하기 때문에 좌고우면하지 않고 직선적인 행동을 하도록 발전했다고 한다. 여자는 채집활동을 주로 했다. 혹시 있을지 모를 독도 피해야 하고 먹을 수 있을지 여부를 판단하여야 한다. 지금 채집해야 할지 얼마 뒤에 해야 할지 등을 고려해야 했다. 즉 여러가지를 고려해야만 했기 때문에 남자가 볼 때는 곡선이거나 지그재그로 보일 수 있다. 고려해야 할 요소가 복합적이기 때문이다.

부부가 쇼핑을 한다고 가정해 보자. 남자는 백화점에서 왔다 갔다 하는 것이 너무 힘들다. 남자는 왜 여러 가게를 둘러보는지 이해할 수가 없다. 그냥 한 가게에서만 봐도 될텐데 여러 가게를 둘러보는 것이 너무 힘들다고 느낀다. 부인의 입장에서 보면, 옷의 디자인도 비교해봐야 하고 가격도 비교해봐야 한다. 그만큼 고려해야 할 것이 많다. 앞에서 배운 분쟁의 원인처럼, 남녀가 쇼핑을 바라보는 관점이 다르다. 이제 남편은 지쳐서, 그만 가자고 하면서 짜증을 내기 시작한다. 쇼핑을 하면서 연인간의 다툼이나 부부싸움을 하기도 한다.

Ⅲ. 협상준비서 목록

[표 3-3] 협상준비서

협상준비 목록	본인	상대방
권한을 가진 당사자(authority)/이해관계인		
최초의 협상목표		
최초의 입장과 요구		
이해관계(필요)		
이해관계(염려)		
대안		
우선순위		
저항점		
배트나(BATNA)		
객관적인 기준과 절차		
만족여부		
이행가능성여부		

* 협상준비서 목록표의 아래에 설명하지 않은 부분은 제2장의 협상원칙을 참고할 것.

위의 협상준비서는 기존의 협상책에서 보여주는 준비서를 수정·보완하여 필자가 사용하는 협상준비서이다. 여기에서 '본인' 대신에 원고와 피고 측으로 나누어 적용하면 조정인이 사용하는 조정준비서로 활용될 수도 있다.

Ⅱ의 협상준비서 만들기에서 협상준비서의 내용을 일부 설명하였다. 앞에서 설명하지 않은 부분만 다음에서 설명하기로 한다.

1. 권한을 가진 당사자

협상을 진행하기 이전에 협상장에 나타난 상대에게 최종적인 합의를 결정할 수 있는 권한을 가지고 있는지 확인하여야 한다. 앞에서 언급한 살라미 전략과 유사하게 합의를 위한 마무리 단계에서 협상의 상대방에게 결정권한이 없음을 통보하는 경우가 있다. 이는 권한없는 자를 대리인으로 협상하게 한 후 어느 정도 합의에 이른 단계에서 나타나 자신이 협상의 최종적인 결정권한을 가지고 있다며 자신의 요구사항을 받아들이지 않으면 합의를 거절할 수 있다고 통보하는 경우가 있다. 이를 방지하기 위하여 상대방에게 협상의 합의권한을 가지고 있는지를 확인하는 것이 바람직하다. 권한을 가지지 않은 경우에는 상대방과의 협상과정에서 사안마다 합의 시점별로 권한 있는 상대에게 문의를 하여 확인을 시키는 것이 바람직하다.

이해관계인도 가능하면 협상에 참여시킨다. 분쟁의 직접적인 당사자는 아니지만, 양당사자의 분쟁합의결정에 영향을 받거나 미칠수 있는 이해관계인이 누구인지 확인하고, 가능하다면 협상과정에 참여시킨다. 앞의 학교폭력의 예에서도 당사자 학생의 부모들이 협상을 진행하더라도, 교내의 사고인 경우에는 학교장 또는 교육 담당관계인도 이해관계인이 될 수 있기 때문이다.

2. 최초의 입장과 요구

협상장에서 상대의 최초(initial)의 입장과 요구를 확인하여 둔다. 당연히 본인의 최초 입장과 요구도 주의하여 설정하고, 협상과정에서 상대에게 전달한다. 닻효과 (anchor effect)에 있기 때문이다. 이는 거래의 경우에서 주로 사용되었던 개념으로 거래시에 판매자 혹은 주문자가 처음 말한 가격에서 적당한 변화를 거쳐 가격이 설정될 수 있기 때문이다. 설령, 분쟁해결에서 닻효과가 없다고 하더라도 상대의 최초요구를 명확히 확인하면 상대의 표면적으로 드러난 요구와 숨어있는 요구를 협상과정에서 어느 정도 유추할 수 있다.

특히, 협상준비서에서 '최초의 협상목표'와 '최초의 입장과 요구'를 파악할 필요가 있다. 즉 자신과 상대방이 최초로 제시한 안을 기록하여 두면 좋다. 왜냐하면 이해가 서로 상충하는 갈등상황을 마주하였고 이로 인하여 협상을 진행하고 있기 때문에 위의 두 가지를 확인하면 문제상황의 원인과 상대방의 요구를 확인할 수 있기 때문이다. 또는 협상과정에서 자신과 상대방이 최초의 목표나 입장에서 얼마나 변화하였는지 확인할 수 있다. 또한 최종단계에서 확인할 협상을 평가할 수 있는 기준이 된다. 따라서 상대방과 자신이 최초로 가진 협상목표나 입장을 기억하고 있어야 한다.

청킹기법을 적용하기 위해서도 최초의 상대의 요구 또는 입장을 기록해 두면 좋다. 일반적으로 최초의 요구에서 시작해서 '왜'(why) 질문을 통하여 필요와 관심의 이유를 물어나가면 보이지 않는 욕구(hidden desire)까지 확인할 수 있기 때문이다.

최초의 입장과 요구를 확인하는 이유는 최초의 요구에서 시작하여 이해관계를 확인하고 대안을 개발하는 과정을 거치면서 협상요구와 관심의 변화여부를 확인할 수 있을 뿐만 아니라 최종합의 내용에 대한 만족을 확인할 수 있기 때문이다.

3. 객관적인 기준과 절차

협상과정에서 각자의 주장을 한다. 특히, 대안개발과정에서 자신의 이해관계(필요와 염려)를 더욱 추구하게 되는데, 이러한 과정에서 형평성과 공정성을 확보하라는 의미에서 기준과 절차를 대안의 아래에 위치시켰다.

협상의 전반적인 과정에서 합리적인 절차와 객관적인 기준의 적용여부를 판단함으로써 공정하게 협상을 진행하였는지 판단한다. 협상과정에서 상대가 절차를 무리하게 진행하여 심리적인 압박을 가하였는지 확인하고, 본인에게도 공정한 절차로 협상을 진행하였는지 판단한다.

분쟁을 확인하는 과정과 대안의 제시에서 객관적인 기준을 적용하였는지 판단한다. 분쟁의 사안을 제시하는 단계에서 문제되는 사안을 제시할 때 객관적인 기준을 적용하고 있는지 확인하다. 대안을 제시하는 과정에서도 마찬가지이다. 예를 들면, 부동산 거래의 경우에 거래가액을 제시할 때 어떤 기준에 의한 것인지 확인한다. 객관적인 기준이라면 주위의 비슷한 거래액을 제시하거나, 제3의 중립적인 부동산중개인의 제시안을 들어 볼 수도 있다.

4. 만족

합의한 내용의 좋고 나쁨을 판단하기 위해서 기준이 필요한데, 협상과 같은 과정에서는 이를 수치화하기 힘든 요소의 개입이 많기 때문에 합의안에 대한 평가가 쉽지 않다. 필자가 제시하는 것은 합의안의 평가기준으로 지금의 현재 시점(here and now)이다. 현재상황에 맞춘 기준으로 만족여부를 판단한다.

장래에 어떻게 되는지도 현재를 기준으로 예측하는 것이기 때문에 현재를 기준으로 최종합의의 좋고 나쁨을 판단하는 것이 좋다. 이는 협상의 마무리단계에서 최종합의여부를 결정하기 위한 판단기준을 의미한다. 거래에서 가격이라는 수치화할 수 있는 근거가 있는 반면에, 갈등과 분쟁해결의 경우에는 사안마다 수치화하기 힘든 요소의 개입이 많기 때문에 명확한 판단의 근거를 찾기 어렵다. 특히, 분쟁해결을 위한 협상의 경우에는 최종합의에 근접한 협상의 마무리단계에서 협상의 성과를 판단할 근거와 자료가 필요하다. 즉, 최종합의를 결정하기 전에 이를 판단하기 도구가 있어야 한다. 일반적으로, 분쟁해결을 위한 경우에는 협상과정에서 어느 정도 갈등의 정도가 완만해지기 때문에 합의시점에 이른 경우에는 어느 정도 좋은 기분을 가지게 된다. 이런 시점에서 최종적인 합의를 하기 직전에 자신의 감정상태를 점검할 필요가 있다. 합의과정과 합의내용을 판단할 때, 현재의 시점(here and now)에서 가지고 있는 자료와 기준으로 보았을 때 최종합의에 대하여 만족할 수준의 여부를 판단할 수 있다.

5. 이행가능성 판단

협상이 갈등과 분쟁과정에서 합의만을 위한 과정은 아니다. 분쟁해결에서 원만한 합의를 통하여 이를 실제로 이행할 수 있는 협상의 결과물을 만드는 것이 중요하기 때문이다. 단지 분쟁상황을 피하기 위하여 이행할 수 없는 약속을 하는 경우가 있다. 이렇게 할 경우에는 또 다시 새로운 갈등을 만들 수 있음을 유의하여야 한다. 예를 들면, 월급으로 생활을 하고 있는데, 매달 월급 이상의 돈을 갚겠다고 약속한다면 일단 갈등상황을 회피하기 위하여 협상과정에서 지키지 못한 합의를 한 것에 불과하다. 따라서 일단 현재 상황에서 갚을 능력이 되는지 확인해볼 필요가 있다.

상대가 현재상황을 외면하고 이행에는 별다른 관심을 보이지 않는 경우에는 이를 문서화 하거나 이행불이행의 경우에 대한 처벌 또는 추가배상을 추가하여 후속에 대한 안전장치를 확인하여야 한다.

IV. 협상의 진행단계

전체적인 협상의 진행단계를 3단계로 나누어, 협상초기단계(negotiation pre-stage), 협상진행단계(during-stage)과 협상마무리단계(post-stage)로 진행단계별로 나누어 준비하고 적용해야 할 사항을 단계별로 살펴본다.

[그림 3-1] 분쟁에서부터 해결까지

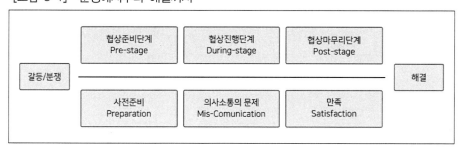

1. 협상이 힘든 이유

협상의 전체적인 진행과정이 어려운 이유는 문제사안의 객관화(separate people from problems)하기 어렵기 때문이다. 갈등이 발생한 것 자체도 힘이 드는데 이를 해결하기 위하여 상대방과 마주하여야 하기 때문에 협상과정과 합의에 대하여 막연한 두려움을 가지기 쉽다. 분쟁이 발생하면 이를 개인적이고 감정적인 사안으로 받아들이고 분쟁에 대응하기 쉽다. 또한, 갈등을 유발한 사안에 대하여 자신의 기준에 의하여 판단하려는 경향이 짙다. 상대의 행동에 대한 평가에서 지극히 자신의 주관적인 기준과 자신에게 유리하게 평가하고 해석하려고 한다. 즉, 상대에 대해 부정적인 면만 부각시키고 자신에게는 긍정적인 면이 부각되도록 해석하려고 한다. '다르다'라는 면을 전제로 시작하는 것이 아니라, '상대가 틀렸다'에서 시작한다. '나는 맞고 당신은 틀렸다'라는 시각으로, 상대의 오류를 수정하려고만 하게 된다.

선입견 또는 편견에 의한 인지적 오류도 발생한다. 준비단계에서 자신의 지위에 근거한 지나친 자신감과 상황인식에 대한 부정확한 정보 혹은 정보에 대한 부정확한 판단에서 발생하는 편견이 있다. 개인적인 욕망과 이기심에 의하여 정보수집에서 자신이 원하는 것만 습득하여 스스로 오류를 만들기도 한다. 상대방의 행동에 대하여 자신들의 기준에 근거하여 판단해 버린다. 윗사람과 아랫사람이라는 기존의 질서에 의하여 내가 명령하면 무조건 따를 것이라는 믿음이 항상 맞는 것은 아니다.

문제에 대한 개인적인 태도 역시 해결을 방해하는 요인이다. 부부가 생명보험에도 가입하여야 하고 반려견의 사료도 구입해야 하는 경우를 가정해보자. 두 가지 사안에서 우선순위를 두고 중요도에 따라서 더 많은 시간을 투자하고 사려깊은 결정을 하는 것이 맞다고 생각을 할 것이다. 그러나 우리는 생각만큼 우리가 이성적인 판단과 행동을 하고 있지 않음을 알고 있다. 생명보험 가입이 더 중요하고 많은 시간을 투자하여야 함에도 불구하고 간단한 상담을 한 후 가입을 결정해 버린다. 반면 사료의 구입을 위하여 인터넷으로 조사를 하고 많은 시간을 투자한다.

고정된 파이라는 믿음으로 대안을 개발하지 않는다. 승패(win-lose)협상은 승자가 모든 것을 독식하기 때문에 이기기 위하여 모든 힘과 수단을 집중할 수밖에 없었다. 협상과정을 서로가 원하는 것을 더 많이 획득하려고 하는 과정으로만 제한한다. 나눌 수 있는 몫(파이)이 제한되어 있다고 믿기에 더 많은 부분을 차지하려고 다투기만 하기 때문이다.

앞의 제1장에서 갈등과 분쟁의 의미를 살펴보았다. 공동체 생활을 하기 때문에 사회생활을 영위하면서 사람들 사이에서 갈등이 발생한다. 개인간에 혹은 개인과 집단, 집단과 집단 사이에 의견대립과 같은 충돌은 항상 발생한다. 상대와의 의견차이 또는 힘의 차이도 항상 있어왔다. 완전한 평등사회는 존재하지 않았기 때문에 여러가지 형태의 충돌이 갈등과 분쟁으로 외부에서 인식할 수 있는 형태로 표출된다. 갈등의 변화과정에서 협상진행단계를 함께 살펴보면, 초기단계에서 갈등과 분쟁상황을 인지하고, 진행단계에서 더 이상의 갈등폭발을 방지하고, 서로의 이해관계를 의사소통을 통하여 점차 해결된다. 그리고, 협상 마무리단계에서 서로가 원하는 결과물을 생산하고 합의를 한다면 만족하는 협상을 만들어 낼 수 있다.

[그림 3-2] 협상의 진행과정

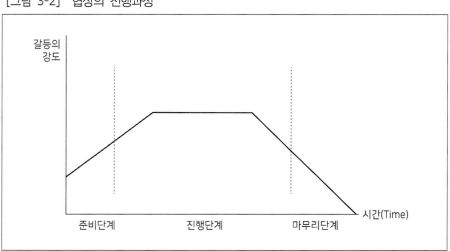

협상진행단계별로 나누어 접근하는 이유는 협상의 전반적인 과정에 대한 이해를 도울 뿐만 아니라 단계별로 준비하기 위함이다. 협상준비단계에서 협상을 시작하기 이전에 이번 협상을 통하여 획득하려는 것이 무엇인지 확인한다.

앞에서 언급한 협상준비서에서 자신의 협상목표와 입장요구, 이해관계, 대안, 우선순위, 저항점, 배트나(BATNA)를 어느 정도는 확인하고 준비하여야 한다.

협상진행단계에서는 효율적인 의사소통기법을 통하여 합의단계에 근접할 필요가 있다. 의사소통에는 언어에 의한 의사소통과 비언어에 의한 의사소통으로 나누어 살펴보기로 한다. 협상의 마무리단계에서는 합의안에 서명하기 이전에 준비단계에서 준비한 목표를 성취하였는지 스스로 질문해 본다. 합의안에 동의하기 직전에 협상의 최종적인 결과물에 대한 평가를 하여야 한다. 앞의 협상원칙과 협상진행에 대한 이해가 필요한 이유는 상대의 갑작스런 제안에 대한 준비를 하기 위해서이다. 상대의 갑작스런 제안에 합의를 한다면 후회하는 일만 있을 뿐이다.

협상에서 예상하지 못한 제안을 통해서 협상 상대를 혼란에 빠뜨리는 경우가 많다. 예를 들어보자. 자동차구매로 매장을 방문했다면, 수많은 차를 보여주며 구매자를 혼란에 빠뜨린다. 조금 더 호감이 가는 차를 보여주며, 지금 준비한 금액보다 조금만 더 지불한다면 이 차를 살 수 있다며 구매자를 부추긴다. 이 때 충분한 구매준비(협상준비단계)를 하지 않았다면, 판매자의 전략에 빠질 우려가 있다.

준비단계에서 협상의 사전조사를 철저히 한다면, 단지 차를 사러간 것인지, 혹은 정확히 어떤 종류의 차를 살 것인지, 일정액을 정하고 간 것인지에 대한 결심이 있을 것이고, 자신의 페이스에 맞추어 자동차 구매 협상의 분위기를 이끌어 갈 수 있다.

2. 협상의 시기별 단계

준비없이 시작하는 협상은 결국 갈등만 확인하거나 갈등을 더욱 심화시켜서 도리어 분쟁해결이 어려워진다. 또한, 준비없는 협상은 협상 자체에 집중하기 어렵게 만들 수 있는데 감정의 개입, 특히 감정적으로 흥분하기 때문에 협상에서의 의사소통을 방해할 수 있다. 협상에 더 집중하기 위해서 협상을 단계별로 나누어 본다.

협상의 전체과정에서 집중력을 발휘해야 원만한 합의를 이끌어 낼 수 있다. 협상 중에 집중력을 유지하기 위해서 협상의 과정을 1) 협상준비단계, 2) 협상진행단계, 3) 협상마무리단계로 나누어 살펴본다.

  1) 협상준비단계: 지나치게 많은 자료만 모으고, 정작 제대로 분석을 하지 않는 경우가 있다. 지나치게 많이 모으고 분석을 하지 않는다면 선입견에 대한 오류를 일으키고 제대로 된 협상을 준비할 수 없게 된다.

2) 협상진행단계: 협상은 상대방과의 의사소통이 필수적인 요소이다. 나의 의견을 효율적으로 상대에게 전달하여야 하고 상대방의 의견도 청취하여야 쌍방이 만족하고 이행가능한 합의안을 도출해 낼 수 있다.

정신적, 육체적 피로로 인하여 집중력이 떨어질 수 있다. 이럴때에는 잠시 휴식시간을 취하는 것이 바람직하다. 이 때 무리하면 자신만 손해를 본다.

3) 협상마무리단계: 협상안에 대한 평가를 해야 할 시기이다. 최종협상안에 서명하기 이전에 집중력을 가지고 평가작업을 거쳐야 한다. 이 때 최종안에 대한 평가의 기준이 무엇이고, 어떤 과정을 거쳐야 하는지 알아야 한다.

1) 협상준비단계(pre-stage of negotiation)

협상준비단계에서는 분쟁과 갈등이 심화되는 것을 방지하는 것이다. 갈등의 심화는 협상진행을 방해하고 쌍방이 협상테이블에 함께 앉는 것을 어렵게 한다. 상대방에 대한 협상태도를 어떻게 하느냐에 따라 협상의 분위기가 달라진다. 법정에서 만났다면 이기거나 지는 법정의 특성상 상대방을 이겨야 하지만 협상은 이기고 지는 게임이 아니라 서로가 만족해 할 수 있는 수준에서 합의를 하는 것이다.

상대와의 차이점을 부각하기 보다는 공통점을 더 찾아본다. 함께 원하는 것을 찾아가는 동료와 파트너라고 본다. 서로의 입장과 지위에 근거한 (position-based)협상이 아니라, 서로의 이해관계, 즉 필요와 관심(needs and concerns)에 더 초점을 맞추어야 한다. 준비단계에서 사전준비에 앞서 협상에 임하는 마음가짐과 태도를 바꾸어야 한다.

협상준비단계는 협상진행단계에 앞서 협상에 임하기 전의 준비(preparation)하는 단계이다. 협상을 위한 자료조사와 수집단계로 볼 수 있다. 앞에서 언급한 협상준비서(negotiation preparatio paper)를 자신의 기준으로 작성하는 과정이다. 준비단계에서는 본인의 이해관계와 대안을 충실히 준비할 수 있으나, 상대방에 대하여는 어느 정도 예상하는 수준에 그친다. 상대방에 대해서는 협상진행과정에서 협상준비서를 충실히 만들면 된다. 협상준비서에 포함되지 않은 구성요소를 먼저 정리한다. 협상의 당사자와 이해당사자가 누구인지 확인한다. 협상에서의 쟁점과 사안도 확인하여야 한다.

준비단계의 협상준비서의 작성은 본인란에 집중한다. 본인의 이해관계(interests), 즉 요구와 염려를 알아야 한다. 예상하는 수준에서 상대방의 이해관계도 고려해 본다. 협상 이전이기 때문에 모든 사항을 알기는 어렵지만, 상대의 요구사항을 어느 정도는 예상하여야 한다. 즉, 쌍방이 서로 만족할 수 있는 호혜적 협상(reciprocal negotiation)을 준비하여야 한다.

협상은 빙산(iceberg)과 유사하게 보이는 부분보다 보이지 않는 부분이 더 크다. 빙산은 바닷물 위로 드러난 빙산만 보이고 그 아래에 위치한 실제 빙산의 90%는 보이지 않기 때문이다. 준비단계에서는 이처럼 보이는 부분만 일단 먼저 확인하고 조사하여야 한다. 그리고 수집한 자료는 반드시 정리하여서 협상장에서 실제 활용 여부를 판단하여야 한다. 너무 자료만 수집한 후에 정리하지 않는다면 아무 소용이 없다. 여기에서 주의할 점이 있다. 자료를 수집하는데 상당한 노력을 기울이지만 수집하는데 지나친 시간과 노력을 들인 나머지 정작 정리하고 자신에게 필요한 정보를 획득하지 못하는 경우가 있다. 여기에서 필요한 것이 시간관리(Time management)와 에너지관리(Energy management)이다. 앞에서 언급하였지만, 우리는 제한된 자원과 시간에 의하여 항상 선택을 요구받고 있다. 동시에 모두 구입할 수 없기 때문에, 그 중에서 하나를 선택하여야 한다.

취업 면접을 예로 들어보자. 일주일 뒤에 면접이 있다고 생각해 보자. 이미 회사에 서류를 준비하면서 회사에 대한 정보를 모았을 것이다. 이제는 그 자료 뿐만 아니라 좀 더 세밀한 자료도 필요하다. 마케팅 부서라면 현재 진행하고 있는 사업이 있는지 또는 올해의 사업목표는 무엇인지 등을 기본적으로 확인하여야 한다. 가장 먼저 인터넷에서 회사 관련 자료를 찾아볼 것이다. 그리고, 혹시 지인 중에 이 회사에 근무하고 있는 사람이 있는지도 찾아볼 것이다. 다양한 수단을 통하여 자료를 접근할 수 있다.

무분별하게 부지런하게 정보만 획득하려고 해서는 소용이 없다. 목적을 가지고 왜 하는지를 먼저 생각하고 어떻게 할지 고려한 후에 실행하는 것이 중요하다. 움직인 다고 해서 모든 전진하는 것은 아니다. 그리고 후퇴할 시점이라면 그렇게도 해야 한 다. 누구나 성공하고 싶어한다. 그러나 시작과 마무리를 제대로 하지 못하면 성공하 지 못한다. 협상도 마찬가지이다. 마음만 간절하다고 해서 자신이 원하는 결과를 제 대로 알 수도 없고 그 목표를 이룰 수 없다. 실행력을 뒷받침 할 수 있는 준비단계가 필요하다. 최소한의 정보가 필요하다. 문제는 대부분의 사람이 그렇게 많은 준비를 하지 않은 상태에서 협상을 하고 있다는 점이다.

(1) 조사기반 협상(investigative negotiation)

상대의 이해관계를 파악하기 위한 방안을 살펴보자. 협상 준비와 협상단계에서 활용할 수 있는 조사기반 협상(investigative negotiation) 기법이다.

"무엇을(what)과 어떻게(how)"라는 질문보다는 "왜(why)"라는 질문을 한다. 일반 적으로, 우리는 협상에서 상대에게 무엇을 어떻게 원하는지 물어본다. 그러나, 사람 은 자신의 비밀을 쉽사리 그리고 먼저 알려주지 않는다. 그리고, 말하지 않았음에도 불구하고 상대방이 협상에서의 자신의 이해관계를 미리 알아주기를 바란다.

또한, 자신의 이해관계에 대해서 알려주어도 듣는 사람은 자신이 듣고 싶은 것 만 듣고 그 중에서도 자신의 인식의 틀을 통하여 받아들이게 되어서 말하는 것과 듣는 것에는 차이가 발생할 수밖에 없다. 따라서, 듣는 사람의 입장에서는 질문기법 을 통하여 이를 재확인할 필요가 있다.

자동차 구매를 예로 들어보자. 딜러는 구매의향자에게 어떤 차(무엇)를 어느 정 도의 가격과 색상, 언제 원하는지(어떻게) 물어본다. 좀 더 세심한 딜러라면 왜 차를 구매하려고 하는지 물어볼 것이다. 출퇴근용인지 주말에 가족이 함께 사용할 차인 지 등의 사용목적을 질문할 것이다. 훌륭한 딜러라면 상대의 말에 귀를 기울일 뿐 만 아니라, 숨어 있는 의도와 목적에 더 관심을 둘 것이다. 상대의 의도와 목적을 파악해야만 거래가 성사되고 협상도 합의에 이르게 되기 때문이다.

협상에서 '무엇을', '어떻게', '왜' 이 세 가지 질문이 중요하다. 협상에 집중하기 위해서 반드시 이 질문을 해야 하고 여기에 대한 답을 어느 정도 준비한 상태에서 협상을 시작해야 한다. 협상 중에서도 이를 계속 염두에 두어야 한다. 준비과정과 협상과정에서 '무엇'과 '어떻게'에 집중한다면 '왜' 원하는지를 알 수 없게 된다.

(2) 일방의 요구가 아닌 쌍방의 만족

각자의 요구사항에만 관심을 두어 협상을 한다면 협상의 진척없이 일방의 양보만을 요구하게 된다. 위에서 말한 왜(why) 질문을 통하여 상대의 숨어있는 이해관계(hidden interests)를 찾아야 한다.

예를 들면, 구매자의 요구는 대부분 저렴한 가격으로 구매를 원한다. 그러나, 판매자의 입장에서는 일정수준 이하로 판매할 수가 없다. 이럴 경우, 서로의 이해관계는 상충하게(incompatible) 치어 더 이상의 협상이 어렵다. 자신의 이해관계만을 위한 요구에 집중하는 것이 아니라, 서로의 이해관계에 관한 대화를 나누어야 한다. 이 때 대부분의 이해관계는 숨어있고(hidden), 섣불리 상대에게 말해주지 않는다. 따라서, 왜(why) 질문이 필요하다.

협상 Tip

이해관계는 수치화하기 힘들고, 여러 가지가 복합적으로 묶여 있는 경우가 많다. 임금협상을 예로 들어보자.8) 일반적으로 매년 연봉협상을 한다. 얼마나 임금을 인상할지에 대한 연봉협상을 한다. 이때, 연봉협상을 해야 한다면, 개별로 하는 것이 유리한가, 단체로 하는 것이 유리한가?

연봉협상에서 기준이 되는 것은 무엇인가? 회사의 이익(재정상태)과 노동자의 투자시간, 업무강도 등이 가장 일반적인 기준이 될 것이다. 그렇다면, 회사의 지역적 차이에 의한 임금 체계를 달리할 수 있는지도 고려해보자.

우선 단체 또는 개별 연봉협상을 한다고 가정한다면, 어떻게 다른 준비를 해야 하나? 아래에 추가적인 질문을 보자.

  1) 협상의 목적은? 단순한 임금상승을 목적으로 하는가? 업무안전성은? 따라서, 매년 목적을 명확히 해야 할 것이다.

---

8) 아래는 미국사회에서 적용되는 예이다.

2) 회사의 연봉규정, 근무연한, 학력, 업무내용과 강도, 성취도(특별실적에 따른 증가분, 상여금)를 고려한다.

3) 실질 임금상승이라면, 세금혜택으로 증가의 효과를 얻는 방법이 있나?

4) 세금혜택을 받을 수 있는 부분을 더 많으면 실질적인 임금상승을 꾀할 수있는가? 그러나, 연금(pension)에서는 불이익을 받을 수 있다.

5) 다른 혜택으로 임금을 보존받을 수 있는가? 예를 들면, 재교육지원 또는 사택, 교육융자금등.

(3) 객관적인 자료확보와 분석

협상에서 가장 흔하게 하는 실수는 자신의 주장이 옳고 타인의 주장이 틀렸다고 믿는 것이다. 그 다음은 자신의 주장을 뒷받침하는 자료가 정확하고 타인의 자료는 틀렸다는 것이다. 자신이 균형 잡히고 객관적인 시각에서 판단한다고 생각하지만, 대부분은 본인 위주로 생각하고 본인중심으로 판단한다. 즉, 타인에 대한 관심은 상당히 낮고, 자기 자신에게 관심이 있는 다분히 이기적인 존재이다. 따라서 협상을 위하여 자신이 자료를 수집하고 이를 분석하는 과정에서 자신에게 유리한 자료만을 수집하고 자신에게 유리한 방향으로만 해석하려고 한다.

인간은 이기적이기도 하지만, 자신을 가장 잘 속이는 존재이기도 한다. 즉, 자신이 무엇을 원하는지 정확히 모르는 경우가 많다. 따라서 시간을 들여서 이를 살펴보아야 한다. 자신을 잘 안다고 생각하고 있지만, 많은 사람들이 스스로를 속이며 혹은 애써 사실을 외면하면서 살아가고 있다. 내적 자아는 자기중심적이면서도 스스로를 속이며 살아간다. 그래야만 더 우월감을 느끼고 마음 편히 살 수 있기 때문이다. 그러기 위해서는 자신을 위한 변명을 끊임없이 만들어야 한다. '에고는 나의 적'에서 자신감이 거만함으로 단호함이 완고함으로 바뀌어서 현실에서 자신 위주로 해석하게 되어서 스스로를 망치게 된다고 하였다.[9]

(4) 자료분석을 통한 가능한 협상시나리오 준비

사전에 사실관계를 파악하고 협상의 시나리오를 몇 가지 준비해야 한다. 사전

---

9) 라이언 홀리데이 저, 이경식 역, 에고라는 적, 흐름출판, 2017.

준비가 있어야 협상과정에서 임기응변을 할 수 있기 때문이다. 사전준비가 없으면 협상과정에서 상대의 갑작스런 제안에 당황하게 된다. 그리고, 적절한 대응과 판단을 하기 어렵게 되기 때문에, 협상 시작 이전에 상황별로 시나리오를 준비하는 것이 좋다.

2) 협상진행단계

인생을 마라톤에 비유한다. 협상도 마찬가지이다. 언덕도 나오고 내리막길도 나온다. 단, 성급히 달려서는 끝까지 달리기 힘들어진다. 천천히 달려야 완주할 수 있다. 협상과정에서 단계별로 나누어서 접근하는 것이 지치지 않고 자신의 협상원칙을 지킬 수 있다. 협상과정에서 불안과 걱정을 이겨낼 수 있도록 협상단계별로 하여야 할 사항을 마련하여야 한다. 한꺼번에 합의안에 도달하기 위하여 자신의 주장을 펼치면 상대는 아마도 "No"라고 하며 거부할 것이다. 하나씩 천천히 접근하여야 한다. 협상을 위해서는 준비단계도 필요하고, 협상장에서 활발한 의사소통과정도 필요하다. 합의안은 결국 쌍방이 새로운 약속을 하는 것이고 이를 실제로 이행하여야 하기 때문에 서로가 만족하여야 한다. 이 모든 것을 한 번에 손뼉을 마주치듯이 이루어내기는 힘들다.

협상진행단계는 의사소통이라는 수단을 사용하여 협상에서 실제로 적용하는 단계이다. 사전단계에서 수집한 정보를 협상장에서 적용해야 한다. 사전조사단계에서 협상의 구성요소에 맞추어 수집한 정보가 실제의 상대의 협상의 이해단계와 옵션에 맞지 않을 수도 있다. 상황에 맞추어서 변화하고 대안(options)을 개발하도록 한다. 쌍방이 합의가능한 지점(ZOPA, Zone of possible agreement)을 찾도록 한다.

협상진행단계에서는 자신의 개인적인 정보(confidential information)를 적절히 제공해야 한다. 알려주지 않으면 상대는 당신의 숨어있는 욕구를 알아내지 못할 수도 있다. 자신의 비밀스러운 정보를 조금씩 알려줌으로써 상대가 더 정확한 정보를 획득할 수 있게 되고, 자연스럽게 신뢰를 형성할 수 있다. 또한, 호의적인 행동에 대한 보상을 확실히 받아낼 수 있다. 앞에서 언급한 사전조사기반에 의한 자료를 바탕으로 협상전략을 구사해야 한다.

협상진행단계는 협상테이블에서 양 당사자가 만나는 과정이기 때문에 효율적인 의사소통 수단을 마련해야 한다. 여기에서 의사소통은 언어에 의한 의사소통과 비언어에 의한 의사소통으로 나누어 살펴보기로 한다. 언어에 의한 의사소통에는 말하기와 듣기, 적절한 반응이 필요하다. 말하기는 전달의 의미에서 대표적인 표현이다. 자신의 의견과 사실을 전달하는 방법에는 언어에 의한 말하기뿐만 아니라 비언어에 의한 전달도 가능하다. 예를 들면, 몸의 제스처와 얼굴표정으로 의사를 전달할 수 있다. 좋은 소식에는 얼굴은 웃고 어깨는 펴는 반면에, 나쁜 소식에는 우울한 표정을 짓고 몸은 움츠려든다.

(1) 의사소통(communication)

협상을 위한 준비단계를 거쳤다면 이제는 협상테이블에 앉아서 대화(communication)를 통해서 서로의 이해관계를 확인하고 대안을 개발하여야 한다. 대화와 의사소통은 나의 의사를 전달하고 상대로부터 의견을 전달받는 행위이다. 의사전달 과정에서는 주고 받는 과정을 의미하지만 반드시 포함되어야 할 요소는 반응(reacting)이다. 의사소통은 주로 언어에 의하여 서로 주고 받음을 의미한다. 앞에서 말했지만, 협상은 쌍방향의 설득이면서, 타인과의 상호작용이다. 말하기(speaking)에 의하여 자신의 의사를 전달하고, 듣기(listening)를 통하여 전달받으며, 반응(reacting)을 통하여 의사소통이 제대로 되고 있는지 알려준다.

의사소통의 수단으로 말하기와 듣기, 쓰기와 읽기가 있지만, 대부분은 말하기와 듣기를 통하여 대화를 한다. 일반적으로 대화의 3요소를 화자(speaker)와 청자(listener), 내용(contents)으로 나누고 있으나, 협상에서는 내용을 제외하고 반응(responding or reacting)을 포함하기로 한다. 여기에서는 1) 자기주장(적극적 말하기)와 2) 적극적 듣기, 3) 반응으로 나누어 살펴본다.

① 언어에 의한 의사소통

협상에서 의사전달은 매우 중요하다. 협상중에는 제대로 말도 못하고 집으로 돌아온 후에 후회한 적이 한 번쯤은 있을 것이다. 유려하게 말할 수 있도록 훈련하기 보다는 전달력을 높이는 것이 더 중요하다. 설득과 협상은 단순히 타인에게 대화를 통하여 사실과 의견을 전달하는 것 그 이상의 과정이다. 설득은 남의 행동변화까지 요구하는 것이고, 협상은 나의 행동변화도 필요하기 때문에 쉬운 작업은 아니다. 이런 과정에서 필수요소가 말하기와 듣기, 반응이다.

우리는 학교교육에서 의사소통을 충분히 배우지 못하였다. 협상의 말하기가 특히 어려운 이유는 나 자신이 느끼고, 생각하고, 평가한 것을 남에게 말하는 것이기 때문이다.

특히 피드백(feedback)을 해주는 상황이라면 더욱 어렵다. 공격적인 사람에게 피드백을 주는 경우는 더욱 그러하다. 왜냐하면 상대가 왜 그렇게 말하느냐고 반박할 수 있고, 이 반박으로 인해 새로운 갈등이 유발될 수 있기 때문에 조심하게 되고 말을 쉽게 하기 힘들어질 수 있다. 그래서 자주 마주치는 동료와 친구에게는 갈등을 유발할 만한 언급을 회피하게 된다.

(i) 자기주장

자기주장을 적극적 말하기로 표현하기도 한다. 자신의 주장을 타인에게 전달하기 위한 수단으로는 말하기와 글쓰기가 있다. 말하기에서도 언어적인 수단과 비언어적인 수단이 있다. 언어라는 수단을 이용하여 타인에게 의사를 전달한다. 비언어적인 수단은 몸짓과 얼굴표정 등으로 자신의 의사를 어느 정도 전달하고 있다.

(ii) 나 말하기(I message)와 너 말하기(You message)기법[10]

협상장에서 주로 사용하는 화법은 상대의 잘못을 지적하는 경우가 많다. 상대의 행위에 대한 설명을 하는 것을 너 말하기(You message)기법이라고 한다. 이는 "당신이 지체를 했기 때문에 일을 제 시간에 마무리하지 못하였다"로 말하는 것처럼 상대의 행위를 지적하고 책임을 돌리고 있다. 이렇게 되면 상대는 자연히 방어적인 태도를 취하게 되고 자신에게 책임이 없음을 주장하게 된다.

이에 비하여, 나 말하기(I message)기법으로 상대의 잘못을 지적하는 대신에 말하는 사람이 어떻게 느끼고 있는지, 어떤 상황에 처해있는지를 전달해 준다. 상대의 행위에 초점을 두지 않고 나의 관점 또는 상황에 맞추었기 때문에 상대방을 자극하지 않고, '너 말하기'기법보다는 상대적으로 적게 자극한다. 예를 들면 "제 시간에

---

10) 유혜숙, 이민호, 방민화, 움직이는 말하기, 64-67, 집문당 (2012).

마무리하지 못하여 속상하다."라고 표현하면 '나 말하기'기법은 상대방의 행위에 대한 언급을 극히 자제하고 나의 행동, 감정에 집중한다. 이는 상대의 행위를 언급하면서 부정적인 피드백을 해주는 것이 아니라, 말하는 사람에게 초점을 맞추어 말하기 때문에 한층 부드럽게 의사를 전달할 수 있다.

나 말하기(I message)는 상대를 직접적으로 공격하지 않는다. 상대방의 행위에 초점을 맞추는 것이 아니라, 나의 감정, 의견, 바라는 바를 제시하는 표현방법이다. 너 말하기(You message)는 "당신은 약속을 지키지 않았다" 또는 "당신의 일 처리는 매끄럽지 못하다"로 상대의 행위를 위주로 말한다. "나는 네가 책임감을 느끼지 않는다고 생각한다"는 표현은 나 말하기(I message)기법을 적용하는 것처럼 보이지만, 여전히 상대의 잘못을 지적하고 있기 때문에 올바른 예가 아니다. 따라서, 상대는 여전히 방어적이게 된다.

(iii) 말을 많이 한다고 이기는 것이 아니다

자기주장이라고 해서 말을 많이 해야 하는 것은 아니다. 제한된 시간과 상황이기 때문에 체계적으로 전달하는 것이 중요하다. 시험을 제한된 시간 내에 끝내고 답안지를 제출해야 하는 것처럼, 제한된 시간동안에 나의 의견을 말해야 한다. 협상은 특히 말하기와 듣기를 해야 하기 때문에 더욱 제한된다.

싸움닭처럼 덤벼든다면 하나라도 더 혜택을 받을 수 있는가? 혹은 도리어 불이익을 받는가? 일반인이라면 이런 고민을 하다가 제대로 말도 꺼내보지 못할 수도 있다. 교통사고가 나면 일단 목소리를 높여서 자기주장을 하는 사람을 볼 수 있다. 과연 그 사람들이 자신에게 유리한 방향으로 협상을 이끌어가고 있다고 생각하는가?

(iv) 수동적인 말하기

말하기에서 극단적으로 지나치게 수동적 혹은 공격적이어서 의사전달과 협상에서 문제가 발생하는 경우가 있다. 수동적인 행동이나 주장을 하는 예스맨이 되어서는 안 된다. 거절할 줄도 알아야 한다.

(v) 거절의 기법(Yes, but (if) 기법)

상대와의 좋은 관계를 유지하기 위해서 대화중에 'No'라는 거절하는 것을 부담스러워한다. 그렇다고 항상 예스맨이 될 수는 없다. 상대의 기분을 상하게 하지 않으면서 거절하는 방법을 살펴보자. '네, 하지만(Yes, but (if))' 기법이다. 일단 긍정의 답을 하지만 이후에 곧바로 조건을 추가한다. 거절의 의사를 포함하고 있지만, 표면 상 긍정의 대답이기 때문에 거절을 하는 사람에게는 부담이 없다.

상대는 "지금 당장 이것을 해 줄 수 있어?"라며 질문 또는 요구를 한다. "아니요. 지금 당장 할 수 없어요"라고 한다면 부정적인 대답을 하는 것이다. "네, 하지만 지금은 급한 일이 있어서 마무리를 해야 합니다"라고 대답한다. 의미를 살펴보면 "할 수는 있는데(도와줄 수는 있는데), 지금 당장은 아니야. 왜냐하면 지금 마무리해야 하는 일이 있기 때문이야"라고 해석할 수 있다.

부정적으로 대답하지 않았기 때문에 상대는 기분 나빠하지 않을 것이다. 그러나 조건을 달았기 때문에 지금 당장 상대방의 요구를 들어줄 수 없음을 설명하고 있다. 설령, 착한 사람 콤플렉스를 가지고 있더라도 심적 부담을 줄일 수 있다.

협상에서도 이와 비슷하게 사용할 수 있다. 상대의 지나친 요구에 대하여 긍정적인 답에 조건을 붙여서 사실상의 거절 표현을 할 수 있다.

(vi) 돌려서 말하기

직설화법이 유용하기는 하지만, 한국 사람의 의사소통에서는 사용하기 힘들다. 한국 사람이 자신의 감정을 온전히 드러내는 것은 일상적이지 않다. 예를 들어, 상대방이 짜증을 낸다면, "짜증내지 마라"고 직설적으로 말하면 상대가 기분나빠 할까 염려된다. 협상장에서는 상대에게 "짜증내지 말고 말하세요"라고 말한다면 분위기는 더욱 나빠진다.

직설적으로 상대를 지적하기 보다는 이를 살짝 돌려서 표현한다. 직접적인 표현보다는 "오늘 힘든 일이 있었어?" 또는 "오늘 힘든 일이 있었군요"라며 간접적인 표현으로 상대의 표현과 행동을 지적할 수 있다. 상대에게 실제 힘든 일이 있었다면, 공감에 대한 감사를 할 것이다. 그렇지 않고 단지 자신이 짜증을 냈다면, 상대방 스스로 자신이 신경질적인 행동을 했다고 느끼게 될 것이다.

상대가 "지금 내가 신경질을 많이 냈나요?" 라고 되묻는다면 직접적인 표현인 Yes/No 대답이 아니라 단지 "단지 힘든 일이 있지 않았나 하는 생각이 들었다"고 대답한다.

(vii) 반박의 유혹

협상은 쌍방향의 설득 작업이다. 상대가 그 요구를 들어주기를 기대하며 각자의 주장을 한다. 따라서, 각자 자기 주장을 하게 되는데, 상대의 주장에 대한 반박도 추가된다. 즉, 주장과 동시에 방어를 한다. 자기주장에 대하여 상대의 긍정적인 반응인 지지를 받고 싶어서 더욱 강조하고 반복하는 경향이 있다. 분쟁상황의 협상이기 때문에 '자기주장과 자기방어'라는 말하기를 한다.

일반적으로 협상과정에서 통제력을 가지려고 한다. 그리고 상대방의 주장에 대해서 반박하려는 행동은 자연스러운 것이다. 예를 들면, 첫마디가 "그게 아니라…"라고 부정적인 반응을 하는 것을 자주 들을 수 있다. 부정적인 피드백을 일단 먼저 주는 것이다.

협상에서는 부정적인 반응은 상대를 방어적으로 만들어 협상진행에 어려움을 만들게 된다. "그렇게 생각할 수도 있지만" 또는 "그렇게 생각할 수 있군"이라며, 일단 긍정적 피드백을 먼저 준다. 이런 표현은 동의의 표현은 아니라, 공감의 표현으로 상대에게 적극적으로 듣고 있음을 표현한다.

② 비언어(non-verbal)에 의한 의사소통

(i) 몸짓과 얼굴표정을 통한 의사표현

우리는 말을 통해서 대부분의 의사를 전달한다고 생각하고 있지만 비언어적인 의사소통수단 즉, 몸짓, 제스처를 통해서도 상당량의 의미를 전달하고 있다. 어떤 학자는 70%가량의 의미 정보를 비언어적인 수단에 의하여 전달한다고 주장한다.

집에서 키우는 반려동물의 예를 보자. 그들은 우리가 어떻게 행동하는지 유심히 관찰하고 이를 이용한다. 우리가 적대적인 행동을 하는지 단번에 알아차린다. 어떻게 알아낼 수 있는가? 무심결에 우리는 특정 행동을 하게 되고, 이를 자세히 관찰하던 반려동물들은 이를 단번에 알아차린다. 그만큼 동물은 비언어적인 수단, 즉 몸짓을 집중해서 관찰하고 이를 해석해낸다.

백화점에서 쇼핑을 할 때 어떤 경우는 매장직원이 마중 나오기도 하고 그렇지 않기도 하다. 당신은 위의 경우에 어떤 경험이 더 많은지 돌이켜보라. 몸짓, 즉 걸음걸이를 통해서 우리는 많은 정보를 타인에게 전달하며 다니고 있다. 매장직원은 손님의 몸짓을 통해서 진심으로 구매의사가 있는지를 어느 정도 확인하고 있다.

비언어적인 의사소통의 또 다른 방법으로, 멋진 옷 입기를 통해서 자신감을 표현하고 있다. 자신감 있는 걸음걸이로 우리는 많은 정보를 전달할 수 있다. 우리는 수만년 동안 몸짓으로 은연중에 자신의 행동을 통하여 의사를 전달할 수 있도록 프로그램되어 있다.

미안하다는 말도 중요하지만, 공손하고 사죄의 의미를 담은 눈빛도 중요하다. 미안해야 할 상황인데, 도리어 당당한 태도를 보이는 경우를 볼 수 있다. 혹은 사례해야 할 사람이 도리어 거짓말까지 하고 있다고 생각이 들면 왠지 따끔하게 쏘아 붙이고 싶어진다. 눈까지 동그랗게 뜨고 말을 하면 도대체 이 사람이 사과할 마음이 있기는 한지 의심이 든다. 우리는 말로 직접 전달하지 않더라도 많은 정보를 획득하고 이를 해석하고 있다.

(ii) 몸짓과 얼굴표정의 예11)

인간은 얼굴표정으로 기쁨과 슬픔, 놀람 등의 다양한 표현을 한다. 이뿐만 아니라, 손가락과, 코, 어깨, 무릎, 발가락의 위치와 방향으로 내심의 의사를 표현하고 있다.

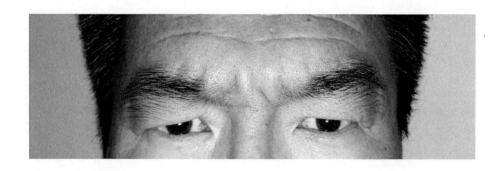

다음의 사진 속의 표정과 몸짓으로 상대의 의견이 무엇인지 생각해보자.

위의 사진 속 남자는 얼굴, 특히 미간을 찌푸리고 있다. 불쾌하거나, 염려를 하

---

11) Joe Navarro · Marvin Karlins, What Every Body Is Saying: An Ex−FBI Agent's Guide to Speed−Reading People(William Morrow Paperbacks, 2008)의 내용을 참고하였다.

고 있을 때의 표정이다. 협상테이블에서 상대방의 표정으로 충분히 예상할 수 있다. 협상과정에 대한 두려움 또는 이해관계에서의 염려로 인하여 얼굴의 미간을 찌푸리고 있을 수 있다. 지금 당장 웃는 표정이 아니기 때문에 협상 시작 이전에 협상의 긴장을 누그러트릴 수 있는 분위기를 만드는 것이 좋다.

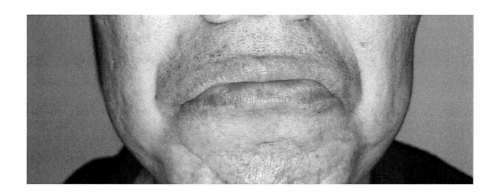

　　사진 속의 남자의 입 주위 근육이 뭉쳐있고 입술꼬리가 아래로 향하고 있다.
　　입 주위의 근육 특히 앞턱의 근육도 긴장하였다. 입꼬리가 아래로 향하였다. 이 역시 상대방의 제안에 전혀 동의하지 않음을 표정으로 전달하고 있다. 또는 난처한 상황을 마주하였을 때 보이는 표정이다.

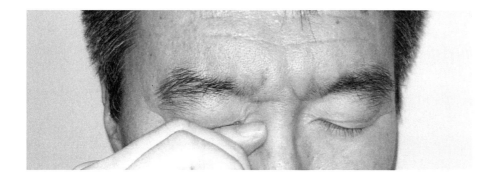

사진 속의 남자는 손가락을 눈에 대고 있거나 가볍게 비비고 있다.

피곤할 때 자주 보이는 태도이다. 또는 상대방의 제안을 고심할 때도 보이는 태도이다.

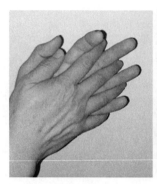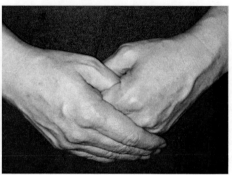

주로 상급자를 마주했을 때 두 손을 모은다. 유명인과 찍은 사진을 보면 하급자들이 두 손을 모은 자세를 취하는 경우가 많다. 위의 사진을 보면 엄지손가락을 숨기고 있음을 확인할 수 있다. 협상테이블에서 두 손을 모으고 올려놓는 경우가 있는데, 자신의 엄지손가락을 보여주고 있는지를 확인해보자. 엄지손가락은 자신감 또는 자신을 의미한다. 상대방의 엄지를 볼 수 있는지에 따라 상대방의 자신감 여부를 확인해보자.

왼쪽 사진은 간절히 기도하는 듯한 손모양을 취하고 있다. 협상과정에서 간절히 원하는 것이 있다는 의미이다.

다르게 해석하면 손을 비벼서 긴장감을 표현하고 있다. 사람은 긴장하거나 간절히 원하는 것이 있는 경우에 손을 가만히 두지 못하고 기도하듯 두 손을 모으거나 서로 비벼서 자신의 마음을 외부로 나타내는 경향이 있다. 위의 사진들은 협상에서 대안을 개발하고 마무리단계로 들어갈 때 자주 마주하는 비언어적인 표현이다.

손으로 책상을 밀거나 의자를 뒤로 젖히는 행위는 현재 진행하고 있는 협상에 흥미가 떨어졌음을 의미한다. 또는 자신의 가슴 앞에 팔짱을 끼는 행위도 방어적인 자세이다. 협상에 적극적인 자세로 임하고 있지 않음을 의미한다.

특히, 엄지손가락을 자주 문지르고 있으면 긴장을 하고 있다는 의미이다. 어려운 상황을 마주하거나, 간절하게 누구를 기다릴 때 엄지손가락을 서로 문지르는 경향이 있다. 즉, 손바닥 또는 손가락을 자주 문지르는 행위는 긴장했음을 드러내는 행위이다.

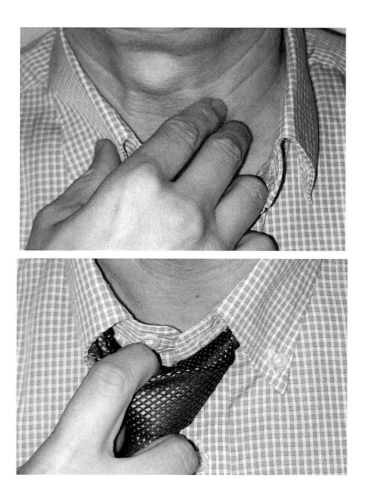

위 사진에서는 자신의 목을 만지고 있다. 그 아래의 사진은 자신이 매고 있는 넥타이를 느슨하게 하려고 하고 있다.

사람은 갑작스러운 질문으로 당황한 경우 뒷목이나 뒷머리를 긁적인다. 긴장하거나 답답한 상황을 마주하면 몸의 긴장을 풀기 위하여 머리를 가볍게 흔들거나 목의 근육을 스트레칭하기 위하여 좌우로 움직인다. 자신의 긴장감을 표시하는 방법이다.

포유류의 목은 가장 약한 부분으로 동물들이 사냥할 때 주로 이 부위를 공격한다. 목 주위로 많은 신경이 지나고 있기 때문에 협상과정의 난처한 상황에 목을 만지거나 긁적인다. 넥타이를 맨 사람이 회의실을 벗으나면 넥타이를 느슨하게 하는 것도 해방감을 표현하는 것이다.

③ 적극적 듣기

ⓐ 경청

말하기, 듣기, 반응의 순서로 의사소통이 진행되지만 듣기의 중요성을 감안해 우선적으로 살펴보기로 한다. 적극적 듣기를 경청이라고 하기도 한다. 말을 많이 한다고 나의 주장이 상대에게 모두 전달되지는 않는다. 상대방이 말할 틈을 주지않고 내가 말을 많이 한다고 해서 나의 주장이 더 설득력을 가지는 것도 아니다. 말을 많이 하면 말하는 과정에서 사실관계가 충돌하거나, 의견과 주장이 일치하지 않는 경우가 발생할 수 있다.

우리는 상대방의 말을 경청하여야 한다고 교육받았다. 그렇다면, 왜 경청을 해야 하는가? 실생활에서 사소한 문제가 있는 경우 즉시 자신의 의견을 말하지 않는 경우가 많다. 혹은 자신의 이야기를 넌지시 전달하기도 한다. 즉시 자신의 의견을 말했더라면 해결할 수도 있었지만, 대부분은 말을 하지 않았다가 가슴에 응어리진 상태에서 이야기하게 된다. 미리 주의를 기울이거나 경청을 한다면 파국에 이르지 않을 수 있을 것이다.

화내는 사람의 말도 경청해 주어야 하는가? 자신이 화가 난 상태인데도 상대의 말을 잘 들어주어야 하는가? 상대가 화를 내고 있는 중이라면 상대의 말을 들어주기가 부담스럽다. 당연히 듣고 싶지 않는데, 그 이유는 이런 상태에서 상대의 말을 들어 주는 것 자체가 스트레스이기 때문이다. 아주 부담스러운 상황이라면 "잠시 멈춤"을 적용한다. 잠시 멈춤을 적용하고 난 후에는 주의해서 상대방의 말을 경청해준다. 여기에서 중요한 점은 스트레스 상황임에도 불구하고 경청하고 있음을 상대에게 보여주는 것이다. 경청의 태도를 상대방에게 보여주는 것을 의미한다.

말하는 사람은 듣는 사람이 주의해서 경청하고 있는지를 이미 알고 있다. 즉, 말하는 사람은 상대방이 듣는 태도를 보고 경청의 여부를 알 수 있다. 특히, 화를 내는 사람도 듣는 사람이 주의해서 경청하고 있다면, 화를 가라앉히고 말할 것이다. 상대방이 화를 낸다는 이유로 의사소통을 거부한다면 갈등상황은 더욱 심화된다. 이런 스트레스 상황을 회피한다고 해서 문제가 해결되지 않을 뿐더러 오히려 갈등이 더욱 증폭된다. 상대는 자신을 무시하며 더욱 화를 낼 수도 있다. 위의 상황에서 화내는 타인의 말을 잘 들어주는 것만으로 많은 문제가 저절로 해결된다.

분쟁에서 적극적 듣기를 통하여 잘 들어주는 것으로 많은 문제가 저절로 해결된다. 적극적인 듣기를 통하여, 화가 난 원인 또는 분쟁의 원인을 찾기가 쉬워진다. 때로는 나의 의견을 제대로 청취해 주지 않는다는 이유로 화가 날 수도 있다.

상대의 말에 공감한다는 의미가 상대방의 의견에 동의한다는 의미는 아니다. 영어에서는 Sympathy와 Empathy를 사용하고 있는데 우리는 이를 공감이라는 하나의 단어로 구별하지 않고 있다. 그러나 Sympathy는 "feel with"를 의미하며 상대방의 곤경에 대한 유감을 느끼지만 그 어려움에 대한 이해는 하지 않는 것으로 보는 반면에, Empathy는 "feel into"를 의미하며, 상대방의 어려운 처지까지 이해하는 것을 의미한다. 따라서 여기에서의 공감은 Empathy를 의미하며 상대방의 어려운 처지까지 이해하자는 의미를 포함한다.[12] 공감의 의미는 상대의 입장에 대한 이해를 의미한다.

듣는 사람은 상대방의 주장을 반박하고 싶어지고, 방어적인 마음가짐을 가지게 된다. 협상에서의 대화는 듣기와 말하기가 동시에 이루어기 때문에 반박 또는 방어를 하고 싶어지는데, 이를 참고 일단 들어보는 것이 중요하다. 반박을 메모해서 추후에 반박해도 늦지 않다. 즉, 즉흥적인 반사적인 반박과 반응을 자제해야 한다.

---

12) William Ury, Getting to Yes with Yourself: How to Get What You Truly Want(HarperOne, 2016).

적극적 듣기는 객관적 듣기를 포함한다. 대화를 하는 동안 자기에게 유리한 부분만 듣고 기억하는 경우가 많다. 상대의 말에서 단어를 재구성하여 자신의 마음대로 해석하는 경우도 흔하다. 적극적 듣기를 통하여 들은 내용에 대한 합리적인 분석과 평가가 필요하다. 이는 정보의 획득이라는 면에서 듣기를 강조하는 것이다. 경청은 협상 듣기에서 가장 기본이 된다. 자신의 주장과 설득이 필요하지만, 협상은 상대의 주장도 들어야 하는 작업이다. 따라서 상대의 말을 경청하고 이 모습을 보여주는 것으로 상대방에게 성의를 보여준다면 원활한 협상과정을 이끌어 낼 수 있다. 적극적 듣기에 흔히 하는 실수가 있다. 자신이 원하는 답으로 유도하는 것이다. 또는 상대의 답을 지나치게 예상해서 상대에게 질문은 했지만, 실제로는 제대로 듣지 않는 경우도 있다. 이 때문에 상대의 입장이 되어보는 입체적 듣기가 필요하다. 입체적 듣기는 신뢰를 구축하는 데 유용하다. 협상에서 신뢰를 형성하고 이를 유지하기는 쉽지 않다. 이해관계가 다르거나 갈등과 분쟁관계에 있기 때문에 신뢰를 바탕으로 이해관계를 다루기는 어렵다.

상대의 말을 듣고 난 후에, 다시 한 번 확인하는 과정으로 적극적인 질문을 한다. 상대의 생각을 짐작하여 어림잡아 파악하지 말고 질문을 통하여 다시 확인한다. 선입견을 가지면 상대의 말을 넘겨짚게 되고 상대의 말에 귀기울이지 않게 된다.13) 자신의 기준으로 상대를 판단하게 되면 선입견을 가지게 되고, 협상에서 의사소통의 장애요소가 된다. 표현하는 방법이 다르고, 그에 따른 행동도 다르기 때문이다.

적극적 듣기는 듣는 과정에서 상대에게 질문을 통하여 적극적으로 상대로부터 상대의 의사 또는 사실관계를 이끌어낸다. 질문을 통하여 상대가 미처 전달하지 못한 부분을 찾아내고 이를 이끌어 낼 수 있다는 장점이 있다. 일상생활처럼 질문을 하면 말하는 이는 자신의 말을 경청하고 관심을 보인다고 느끼게 된다.

분쟁상황이거나 협상과정에서는 질문을 통하여 상대의 허점을 파고 들 수 있

---

13) 미국과 조정과정을 참관해 보면, 조정인이 당사자의 말을 끊고 "당신이 무슨 말을 하는지 알고 있다"라고 말하는 경우를 볼 수 있었다. 말하는 사람의 입장에서는 자신의 의견을 제대로 전달하지 못하였다고 생각하게 된다. 조정인은 비슷한 사안을 경험하였고 시간을 단축하기 위해서 위의 말을 하는 경우가 있다. 이런 말 보다는 적극적 듣기를 통해서 질문으로 말할 수 있는 기회를 주는 것이 좋다.

다. 연속된 질문을 통하여 상대의 주장에서 논리적인 문제를 찾아내거나 사실관계에서 허점을 찾아낼 수 있다. 즉, 상대에게 말을 많이 하도록 유도해서, 주장의 모순을 찾아낼 수 있다.

여기에 더하여, 입체적 듣기를 이용한다. 상대의 입장에서 상대의 주장을 고려해 본다. 서로의 입장을 바꾸어 그러한 주장을 하게 된 이유를 생각해 본다. 이는 공감과 역지사지로 표현할 수 있다. "말하는 사람은 무슨 생각을 하고 있을까? 무엇을 기대하고 있을까? 왜 이런 말을 할까?"를 듣는 사람의 입장에서 고려해 본다.

ⓑ 적극적 듣기의 예

전달에 목적을 둔다. 그 대표적인 예는 질문이다. 질문의 유형은 개방형 질문(open question)과 폐쇄형 질문(closed question)으로 나눈다.

[표 3-4] 개방형 질문과 폐쇄형 질문

	폐쇄형 질문(closed question)	개방형 질문(open question)
의미	주로 상대가 예/아니오(yes/no) 형식의 대답을 하도록 유도한다.	상대에게 더 자세한 설명을 요구하는 질문 형식이다.
예	당신의 주장이 맞다고 생각하나요?	어떤 근거에 의한 것인지 추가적인 설명이 가능한가요?
	자신의 제안은 최종적인 것인가요?	우리 회사 임원을 어떻게 설득할 수 있을까요?
	우리 측의 제안을 거절하는 건가요?	주말까지 할 수 없다면 화요일까지 해 줄 수는 있나요?

(i) 폐쇄형 질문

미국의 법정드라마에서 변호사가 '예 또는 아니오'로만 대답하라고 요구하는 장면을 볼 수 있다. 이는 변호인이 자신에게 유리한 답변을 이끌어내기 위하여 상대의 답변을 유도할 때 사용하는 질문형식이다. 이처럼 대답하는 사람이 설명을 하는 것이 아니라 '예 또는 아니오'를 사용해서 대답하도록 유도하는 질문형태이다. 협상에서 대안을 개발하기 위하여 상대에게 이해관계를 묻기에는 적절하지 않다.

"가격인하가 가능합니까?"라는 질문에 "아니요."

"다른 방법이 없나요?"라는 질문에 "없습니다"와 같이, 협상에서 이런 질문을 한다면, 상대방의 대답은 부정적이다. 굳이 상대방에게 유리한 방법과 제안을 제시하지 않기 때문이다. 이런 형식의 질문으로는 상대의 이해관계를 파악하기도 힘들고 대안개발은 더욱 힘들어진다. 상대에게 직접 설명하고 이해하도록 만들기 보다는 질문을 통해서 대안을 발굴해 나가는 것이 바람직하다. 자기주장만 한다고 해서 상대가 이를 들어줄지 알 수 없고, 도리어 반감만 생기도록 해서 대화가 어려워지는 경우도 있다.

(ii) 개방형 질문

폐쇄형 질문을 통한 대화는 서로 자기주장만 하면서 서로의 입장만 완고해진다. 기존의 협상틀에서 벗어나 대화를 이어가고 대안을 만들어 가기 위한 방법이 필요하다. 자기주장만 펼치기 보다는 서로의 입장에서 더 깊이 있는 내용을 듣기 위해서 질문을 하는 방법은 개방형 질문(open question)이다. 문제해결형 질문이라고도 한다.

협상에서 상대의 이해관계를 확인하고 대안을 개발하기 위해서는 충분한 자료를 획득하여야 한다. 폐쇄형 질문만으로 이를 취득하기는 힘들다. 비록 시간이 걸리더라도 상대에게 충분한 시간을 주면서 무엇을(what), 어떻게(how), 왜(why) 원하는지를 질문하여야 한다. 개방형 질문에서 가장 중요한 것은 "왜(Why)"라는 질문을 통하여 해답을 이끌어내는 과정에서 대안개발과 각자의 우선순위를 확인할 수 있는 장점이 있다.

(가) '왜 안되나요?(Why not?)' 질문을 통하여 한 걸음 더 접근하기

일반적으로 협상을 하면, 서로의 제안과 반박을 하게 된다. 이때 "왜(why)"라고 이유를 문의하였지만 확실한 답을 듣지 못하는 경우도 있다. 그렇다면, 제안을 먼저 하고 상대가 그 제안을 거부하는 경우, "왜 안되나요?"라는 질문을 통하여 상대의 의도를 찾아낼 수 있다.

상대의 숨어있는 의도를 파악하기는 힘들다. 일상적인 대화를 통해서는 표면적인 이유만을 제시하는 경우가 많기 때문에 상대의 진정한 의도를 도출해 내기 쉽지 않다. 이런 경우에 상대가 드러내고 싶어하지 않는 의도까지 파악할 수 있다면 대안개발이 용이해 질 수 있다.

주식회사의 이사는 회사의 이익을 위해서 노력하지만 자신의 이익을 위해서도 움직인다. 이사의 입장을 생각해 보자. 언제까지 회사에서 일할 수 있을까? 장기적인 목표를 세우면 좋겠지만, 장기 성과를 내기는 어렵기 때문에 단기간에 성과가 나는 사업목표에 치중하고 싶어할 수도 있다. 그러나, 회사의 입장에서 본다면, 단기적인 계획과 장기적인 계획도 필요하다. 이사의 입장에서 본다면, 10년 뒤면 이미 퇴직하였을 것이고 자신의 재임기간에는 성과를 얻기 힘든 경우에도 장기적인 계획을 수립하고 추진할 수 있겠는가?

이사에게는 이런 숨어있는 의도가 있을 수 있다. 눈에 보이는 의도와 숨어있는 의도가 있을 수 있다. 자신의 재임기간에는 투자만 해야 하고 성과도 내지 못하는 사업을 추진하려고 하지 않을 경우이다. 이사가 이런 의도를 직접적으로 말하지는 않을 것이다. 사업을 계획하는 단계에서 '왜'(why) 또는 '왜 안 되나요'(why not) 질문을 통하여 상대의 숨어있는 의도를 찾아 볼 수 있다.

(나) '이렇게 하면 어떤가요?(What if?)' 질문

이러한 질문 유형은 특히 대안개발과정에서 유용하게 사용할 수 있다. 가격협상에서 상대가 더 이상 인하해 줄 수 없다고 주장한다. 예를 들면, 더 이상 차량의 금액을 조정하는 것이 불가능하다는 통보를 상대방으로부터 받았다면 개방형 질문을 통하여 새로운 대안을 찾아야 한다. 여전히 구매자의 주머니에서 내야 하는 금액은 조정할 수 있다. 총금액을 더 이상 낮출 수 없다면, 60개월 할부의 이자율을 낮출 수 있을까? 차량의 구매에서 판매자가 4천만 원으로는 판매할 수 없다며 저항가격으로 4천만 원을 제시하였다. 이러한 자동차 구매는 일반적으로 5년의 할부로 하게 되는데, 새로운 문제는 이 5년간 할부에 대한 이자율이다. 은행에서 이자를 받을 수도 있고, 자동차 회사에서 제공하는 이자를 받을 수도 있다. 총금액 4천만 원뿐만 아니라 이자율도 상당한 부담이 된다. 이자율을 포함하여 5년간 매달 납부하여야 할 금액이 핵심사안이다. 당연히 4천만 원에 5년간의 이자를 합하면 상당한 금액이다. 이자율을 낮추면서 매달 납부하여야 할 금액에서 일부를 할인할 수 있는지는 what if 기법을 사용하여 문의하면 새로운 결과를 얻을 수 있다.

④ 반응

협상의 의사소통을 말하기, 듣기, 반응으로 나눌 수 있다. 자기주장과 적극적 듣기에 이어서 적절한 반응(proper responding)에 대하여 살펴본다. 반응은 상대의 말하기에서 듣기과정을 거친 이후의 반응을 의미한다.

반응하는 과정에서 "당신이 무슨 말을 하는지 충분히 이해한다"는 표현에 유의하여야 한다. 듣는 사람은 말하는 사람이 진정으로 공감하는지, 자신의 말을 끊기 위해서 대충하는 말인지를 직감적으로 안다. 이 말을 할 때는 정말 상대의 말에 공감하고 나서 하는 말인지, 또는 진심이 담긴 말인지 자신에게 물어보는 것이 좋다. 그렇지 않다면, 이 말을 하는 것에 유의하여야 하고, 자제하는 것이 좋다.

의사소통의 반응은 반박과 다르다. 상대의 주장에 대하여 이의를 제기하는 것이 반박이다. 반박의 예로, 반박의 말하는 행위와 화를 내는 등 몸으로 반응한다. 그러나, 협상에서 의미하는 반응은 자기주장과 적극적 듣기를 더욱 강화하기 위한 수단으로 말하는 사람에게 경청을 하고 있음을 보여주고 의사소통을 강화하기 위한 수단이다.

의사소통에서 말하기와 듣기 과정에서 적절한 반응은 윤활 작용을 한다. 말하고 있는 상대에게 경청하고 있음을 보여주는 반응으로 상대를 존중해준다.

ⓐ 지지받고 싶은 욕구충족

사람은 인정받고 싶은 욕구가 있다. 자신의 주장을 들어주고 공감해 주기를 원한다. 따라서, 협상과정에서 고개를 끄덕여주는 것으로 경청하고 있음을 표현하면 상대는 더욱 열심히 말한다. 협상에서 상대방으로부터 많은 정보를 제공받을 수 있는 기회를 가질 수 있음을 의미한다. 상대방이 지지받고 싶은 욕구를 충족시켜주면서 더 많은 정보를 획득한다. 공감과 마찬가지로 동의의 표현은 아니기 때문에 듣고 이를 반응하는 사람에게도 부담은 없다.

ⓑ 메모와 질문하기

협상 의사소통의 반응의 대표적인 유형으로 메모와 질문하기가 있다. 일상적인 대화가 아닌 분쟁상황하의 협상에서는 많은 정보를 주고 받는다. 특히, 말하는 사람이 숫자와 날짜 등을 전달해 주는 경우 이를 모두 기억하기 어렵다. 정보획득의 한 방법으로 메모를 하면, 말하는 사람의 입장에서도 상대가 경청하고 있다고 느끼게 된다.

듣기 후에 반응으로 질문을 하면 원활한 소통을 이어갈 수 있다. 위의 자기주장에서 살펴본 '왜'라는 질문(why question)이 유용하다. "왜 그런 입장을 취하였는지 좀 더 설명해 줄 수 있습니까?" 등으로 상대에게 추가적인 설명을 요청할 수 있다. 경청과 동시에, 상대로부터 정보도 획득할 수 있다.

ⓒ **거울효과**

거울을 보는 듯이 상대의 행동을 비슷하게 따라하거나 유사하게 행동한다. 반응에도 몸짓과 말이 있는데, 모두 거울효과를 활용할 수 있다. 대표적인 예로, 추임새과 고개 끄덕임이 있다. 단순한 흉내내기는 불쾌함을 유발하고, 상대방의 실수와 버릇을 따라하는 것은 무례한 행위이다. 연인끼리의 대화를 살펴보자. 서로 대화할 때 몸을 앞으로 기울인다. 한 명이 커피를 마시기 위해서 컵을 집으면, 상대도 동시에 커피잔을 든다. 그만큼 공감을 하고 있다는 의미이다. 협상에서도 거울을 보는 듯이 비슷한 행위로 공감을 표시할 수 있다.

ⓓ **공격적인 상대방과의 협상(반응하기)**

공격적인 성향의 사람과 협상하는 것이 즐거운 일은 아니다. 이런 부류의 사람과 협상하다보면 상대가 화를 내는 모습을 자주 목격할 수 있다. 여기에 대한 반응으로 화를 내고 말싸움으로 맞장구를 치면 협상의 결과물을 만들 수 없다. 협상을 진행하다보면, 과연 무엇 때문에 말싸움을 하고 있는지와 무슨 이유로 화를 냈는지도 기억하지 못한 채 상대방의 흐름에 휩쓸려 버리는 경향이 있다.

이런 부류의 사람은 승패(Win-lose)협상으로만 상황을 인식하기 때문에, 자신이 더 많이 차지하려고만 한다. 지속적인 관계에는 별다른 관심을 두지 않기 때문에 자신의 감정적 소모도 도리어 덜하다. 상대에게 지나치게 화를 낸다고 훈수를 두기도 한다. 아래에 대처방법을 적용하여 대처할 수 있다.

(i) 브로큰 레코드기법(broken record)

상대방의 어떤 말에도 한가지 대답만 준비하여 계속해서 말하는 것이다. 고장난 레코드처럼 같은 말만 반복하는 방법이다. 예를 들면, "화내지 말라"는 말은 도리어 상대의 분노를 유발할 수 있기 때문에 삼간다. 다만, "계속해서 화를 내거나 목소리를 높인다면 더 이상 대화를 이어갈 수 없다"고 말한다. 분명한 조건을 붙였기 때문에 자신이 언제 목소리를 높였느냐고 반박하지 않고 목소리를 낮춘다.

(ii) 일시중단 기법(Time out)

대화를 나누기도 힘든 상황이라면 협상 자체를 잠시 중단한다. 이 기법은 일반적인 협상에서도 베란다 기법이라는 이름으로 사용되기도 한다. 잠시 휴식시간을 가짐으로써 새로운 기분으로 임할 수도 있고, 복잡한 사안이라면 정리할 수 있는 시간을 가지기 위해서 이 기법을 사용하기도 한다. 통제하기 힘든 감정적 흥분상태라면 잠시 휴식시간을 가지는 것도 도움이 된다.

예를 들면, 말실수에 대한 사과로 간단히 마무리 할 수 있는 사안임에도 계속해서 잘못을 따지게 되면 협상을 진행하기 어렵다. 이 때 잠시 휴식시간을 가지며 사과하는 선에서 마무리한다.

(iii) 기어 변속(shifting gears) 기법

화를 내고 있는 사람에게 화를 가라앉히고 차분해지라고 요구한다고 해서 해결되지 않는다. 이미 감정이 폭발한 이후에 스스로 감정을 통제하고 대화에 참여하기를 기대하기는 힘들다. 일시중단으로 감정이 순화시키기 힘들다면, 다음 기회에 다시 만나자고 하는 편이 낫다. 즉, 협상을 중단하고 다음 만남을 약속하는 것이 효과적이다.

여기에서 다음 만남을 약속하기가 쉽지 않다. 격렬한 협상이 예상된다면 협상 시작시점에서 '만약 오늘 협상을 마무리 하지 못한다면 언제 어디서 다시 만나자'라고 미리 약속을 해 두는 것이 좋다.

ⓔ **부정적인 피드백 전달하기**

협상을 포함해서 일상적인 대화에서도 상대방이 듣기에 거북한 말을 해야 할 때가 있다. 듣는 상대방의 기분을 상하지 않으면서도 사실관계를 충분히 전달하는 방법이 필요하다. 부정적인 피드백이라면 사실관계의 전달에만 집중하고 형용사의 추가에 주의하여야 한다.

앞에서 설명한 I message와 You message기법을 다시 정리하여 사실관계에 대한 정리를 한 후에 말을 하겠다. 상대의 행위를 지적하는 것인지 그 행위에 의한 나의 감정상태를 표현하는 것인지 먼저 확인하는 작업이 필요하다. 특히, 상대에게 부정적인 피드백의 경우에는 I message기법으로, 본인이 어떻게 느꼈는지 혹은 어떻게 평가를 하였는지를 표현하여야 한다. You message "당신이 이렇게 해서 일을 망쳤다" 보다는 I messase "나는 이렇게 느꼈다"라고 느낌을 전달하는 것이 더 간결하고 듣는 사람의 감정도 덜 상하게 된다.

부정적인 피드백으로 사실관계와 감정을 표현한 이후에는 어떻게 변화하면 좋을지 구체적으로 제시하는 것이 좋다. I message기법으로 나의 감정에 집중해서 말했기 때문에, 상대방의 행동이 어떻게 변화하면 좋을지 세분화해서 구체적으로 제시해야 한다. 구체적 제시에는 어떤 결과가 예상되는지도 함께 말하면 더욱 효과적이다.

예를 들어, "지난 주 내내 점심을 뭘 먹는 거예요? 점심시간을 너무 많이 사용하고 있어요. 오늘도 뭘 먹었길래 이리 오래 걸린거요? 더 이상 이런 식으로 점심시간을 지키지 않으면 곤란해요"의 표현은 You message로 상대의 행위를 직접적으로 비난하고 있다. I message기법을 통하여 "매일 점심시간을 너무 오래 가진다. 식사 후에 제 시간에 맞게 돌아오면 좋겠다. 기다리는 손님이 있는데, 조금만 일찍 업무를 시작해 준다면 만족도가 높아질 것이다"로 표현하면 상대에 대한 직접적인 비난도 피하고 기대하는 행위도 요구할 수 있다.

협상 Tip

협상의 시기별로 나누어 준비할 사항과 적용할 사항을 파악한다.
① 사전조사와 준비단계에서 수집한 정보를 협상에 적용해 본다.
② 실제 협상에 임하게 되면 감정과 흥분을 제어하여야 한다
③ 효율적인 의사소통 수단을 이용하여야 한다.
ⅰ) 언어에 의한 의사소통
ⅱ) 비언어에 의한 의사소통

ⓕ 황금다리(glden bridge)와 체면 세워주기

갈등관계에 있고 감정이 상해있는 상대방에게 합의에 이르도록 하기 위해서 협상 중에 상대가 건널 수 있는 황금다리를 놓아주어야 한다. 즉, 체면을 차릴 수 있는 기회를 주어야 한다. 만약 어떤 사안에 대하여 30% 정도만 동의하고 70% 정도는 동의하지 않는다고 생각해 보자. 그렇다면, 당신은 이 사안에 동의한다고 표현하는가? 아니면 동의하지 않는다고 할 것인가? 협상은 상대의 잘못을 굳이 판단하지 않고도 협상을 이어갈 수 있기 때문에, 판결과 다르다. 30%밖에 동의하지 않는지, 30%나 동의하는지의 표현에 의하여 협상에 임하는 태도가 달라진다. 내가 동의하는 부분과 그렇지 않은 부분이 있더라도 서로 협력해서 동의하는 비율을 높이거나 동의하지 않는 부분의 비율을 낮출 수도 있다. 어떤 점에 더 중점을 두어서 말하느냐에 따라서 달라진다. 단지 투표하듯이 동의하지 않는 부분이 많으니, 부동의에 한 표를 던지는 것이 아니다.

"혼자 가면 빨리 갈 수 있지만, 함께 가면 오래 갈 수 있다"고 했다. 협상에는 상대편이 있고, 나의 주장만 관철해서 밀고 나갈 수 없다. 서로의 주장을 이해하려는 과정이 지난해서 시간낭비가 아닌가 하는 생각이 들 수도 있다. 그러나, 우리는 혼자 사는 것이 아니라, 함께 사회의 구성원으로 함께 살고 있음을 잊지 말아야 한다.

상대방은 적이 아니라 함께 문제해결을 하는 파트너이다. 상대가 적이라고 생각된다면 그를 무너 뜨리고 완벽한 승리를 거두려고 할 것이다. 그러나, 우리는 서로 같은 빌딩을 사용하면서 항상 서로 얼굴을 마주하는 관계일수도 있고, 업무로 인하여 자주 대면하는 관계일 수도 있다. 공동체라는 사회에서 살고 있는데, 굳이 상대를 적으로 생각하고 완벽한 승리라는 의미로 상대에게 패배를 안길 필요는 없다. 지금 당장은 이겼을지 모르지만, 내일은 어떻게 될지 알 수 없기 때문이다. 따라서, 상대가 이를 극복할 수 있도록 황금다리를 놓아주어야 한다.

협상의 장애요소는 걱정과 불안, 두려움이 있다. 협상이 잘 진행되고 있는지, 상대가 혹시 자신을 속이고 있지는 않는지, 합의안을 보고하면 상사가 거부하지 않을지 등등 협상과정에서 자신이 예측하거나 통제하지 못하는 요소가 많이 있기 때문에 이를 걱정하고 불안해한다.

협상에서 자신이 통제하지 못하는 요소는 무엇인지 살펴보자.

1) 상대에게 이끌려서 혹은 자신이 통제하지 못한 과정에 대한 염려
2) 최초의 협상목표와 이해관계를 충족하지 못한 것에 대한 불만
3) 협상을 잘 이끌어야 하는 책임감과 성취에 대한 욕망으로 인한 합의를 주저한다.

따라서, 위의 불안과 장애요소를 건널 수 있는 황금다리가 필요하다.

우리가 만든 황금다리를 건너올 수 있도록 상대방에게 명분을 만들어 주어야한다. 협상 초기에 최초의 입장에서 협상을 준비하였고, 서로의 이해관계를 바탕으로 해서 대안을 개발하였다. 함께 만든 대안에 합의할 수 있도록 상대에게 황금다리를 만들어 건너올 수 있게 한다. 상대를 완벽하게 제압한다고 해서 좋아할 일이아니다. 그런 경우에 상대가 협상장을 벗어날 가능성도 있다. 설령 합의를 했다고하더라도 쌍방이 만족한 경우가 아니기 때문에 이행상에서 문제가 발생할 가능성도있다. 동일인과 다른 협상을 진행해야 할 경우에 상황이 악화될 우려도 있다.

즉, ZOPA에서 중립적인 제3자의 도움 없이 상대도 참여자로서 체면을 세울필요가 있다. 상대방에게도 자신의 역할이 있었음을 알게 해주어야 한다. 황금다리를 만들어 줄 수 있는 중립적인 제3자인 조정인이 있으면 좋겠지만, 협상에서는 양당사자만 있는 상황이다. 상대를 너무 무리하게 몰아붙이거나 상대에게 너무 불리한 경우에는 협상이 깨지게 된다.

예를 들어, 쓰레기매립지 선정, KTX 역명 결정에서 다수 당사자가 있다. 보통대표자가 협상에 나서게 되는데, 대표자는 상당한 압박상황에 놓여있다. 이들을 지나치게 몰아붙이게 되면, 대표 당사자는 대안을 개발하기보다는 최초의 협상목표만을 고집하며 강경한 입장(position)을 유지하게 된다. 따라서, 참여의식을 가지도록하고, 다수 당사자들이 의견을 개진할 수 있도록 조언을 구해야 한다. 대표와 다수자들이 직접 참여하고 함께 만든 합의안의 경우에는 이행과정에서도 더욱 적극적으로 동참하게 된다.

상대에게 이성적이고 논리적인 설득을 하는 것과 상대를 이성적으로 생각할

수 있도록 만드는 것은 별개의 문제이다. 즉, 상대에게 아무리 논리적인 설득을 한다고 하더라도 이를 상대가 받아들일 준비를 하지 않은 상태라면 의미없는 노력을 하고 있는 것이다. 이를 위해서, 상대가 받아들일 수 있는 상황을 만들어야 한다. 이것이 문제해결형 협상이고, 황금다리를 만들어 주는 것이다.

대안개발에서 상대가 받아들일 수 있는 것을 제시해야 한다. 최악의 상황을 설명해 주어서 (위협이 아니라) 원만한 합의로 받을 수 있는 혜택을 설명해 줄 필요가 있다. 서로가 윈-윈할 수 있는 바가 무엇인지 찾을 수 있는 상황을 제시해 주어야 한다.

협상 Tip

예전에 미국에서 조정을 참관할 기회가 있었다. 나이에 의한 불공정한 해고라고 주장하는 원고와 이를 거부하는 회사측 대표와의 조정이었다. 회사측은 단지 업무성과가 낮아 해고하였다고 주장하며 조정 자체를 거부하였다. 이에 조정인은 만약 조정을 거부하고 재판으로 이어질 경우에 내일 아침 신문에 당신네 회사 이름이 실린텐데 과연 사장이 좋아할지 생각해 보자며 회사측 대표자에게 알려주었다. 이는 위협이 아니라, 조정이 얼마나 중요한지 지도하는 차원이었다.

흥분하면 현실 적응능력이 떨어진다. 쌍방이 현실감에 바탕을 둔 협상을 하도록 유도하여야 한다. 예전에 붕어빵을 먹다가 이물질을 발견했다며 민사소송을 제기해야 할 문제라는 사람을 보았다. 그는 이미 자신이 먹다가 피해를 보았기 때문에 흥분된 상태였다. 소제기를 할 경우 변호사비로 예상되는 금액을 먼저 말해주면 자신에게 무슨 이익이 있는지 확인하는 순간 흥분상태에서 돌아와 현실적인 상황을 인식한다.

3) 협상 마무리단계(Post-stage)

엄밀히 말해서 협상에서 최종적인 합의를 하기 직전과 직후의 상황을 의미하고, 세 단계로 나누어 볼 수 있다.

1) 합의안에 최종합의 직전
2) 최종합의 한 후에 수정여부
3) 다음 협상을 위한 협상의 평가

(1) 합의안에 최종합의 직전 단계

협상의 최종 합의서에 서명을 하기 전에 협상에 대한 평가를 하여야 한다. 적절한 과정을 거쳐 자신이 만족할 수준의 합의안인지 여부를 검토를 하여야 한다. 다만 이를 평가하기 위한 과정과 합의안에 대해 수치화 하기 힘들다는 한계가 있다. 그래서, 자신의 협상원칙과 평가수단이 필요하다.

협상준비서에서 언급한 바와 같이 필자의 경우는, 만족감과 이행가능성에 더 집중한다. 만족감은 지금 현재에 자신이 만족하는가에 대한 질문을 하고 어떤 답을 할 수 있는지 생각해 본다. 이행가능성은 자신과 상대방이 합의안을 약속에 맞추어 이행할 능력여부를 질문하는 것이다. 오늘 합의를 하였지만 다시 불이행의 문제 발생으로 인해 협상을 재개하여야 한다면 지금의 협상 가치는 감소하기 때문이다.

(i) 자신이 만족하고 있는지 다시 확인

당신의 자세를 확인해 보라. 몸이 먼저 반응한다. 우리가 아무리 자기계발서를 읽고 정신무장을 한다고 해도, 머리만 이해하고 몸으로 실천하지 못하면 소용이 없다. 전달되어 나타나지 않는다면 소용없다. 협상에서도 마찬가지이다. 나 자신의 협상이 스스로 잘 되었다고 생각만 하는 것으로 평가가 끝나는 것이 아니라, 나의 몸이 어떻게 표현하고 있는지를 확인해야 한다. 협상 마무리단계에서 스스로 고개를 들고 있는지, 어깨는 펴고 있는지, 얼굴에는 미소를 띠고 있는지 등을 확인해 본다. 이런 반응이 없다면 과연 스스로의 좋은 평가라고 할 수 있을까? 이것은 '나를 다시 한 번 보기', '위에서 조망', '헬리콥터에서 내려다보기'처럼 전체를 다시 한 번 확인하기 위한 방법과 비슷하다.

(2) 협상의 최종 평가

이미 협상을 마무리하고 서명을 하였다. 더 이상 무엇을 추가할 수 없는 것 같다. 그러나 실제에서는 그렇지 않다. 상대가 먼저 추가적인 협상을 하자고 하는 경우도 있을 수 있고, 당신이 먼저 추가적인 협상을 하자고 요청할 수도 있다. 특정 의제에 대하여 협상을 하며 합의도 하였다. 그리고 당연히 합의사항에 맞추어 진행하여야 한다. 그러나 완벽한 협상이 아닐 수 있기 때문에 추가 협상의 여지는 항상 있다. 합의한 이후에 협상에 대해 되돌아본다.

협상에 만족하느냐의 문제가 아니다. 비슷한 협상을 해야 한다면 어떻게 할지에 대한 고민이다. 여기에서 발전이 없다면 훈련을 할 필요가 없다. 내부적인 것이기에 솔직하게 되돌아본다.

본인만 알거나 소수만 알고 있는 사항

1) 협상의 구성요소에서

2) 원칙은 충실히 지켜졌는지

3) 협상의 진행단계에서 적절한 과정을 거쳤는지 등을 살펴본다.

(3) 다음 협상을 위한 협상의 평가

이제 모든 협상이 마무리 되었으므로, 자신이 합의한 협상에 대한 평가를 해야 한다. 이것은 본인 또는 내부토론만 하면 되기 때문에 진실되게 이행하여야 한다.

(i) '왜 그렇게 되었을까'라는 질문을 하게 될 것이다. 이는 자칫 변명을 만드는 것일 수도 있다. 그 때의 상황이 그랬다거나 예상치 못한 변수에 의하여 어쩔 수 없었다는 변명을 할 수 있다.

(ii) '왜' 라는 질문에 더하여, '어떻게 했어야 하는가'라는 질문을 해 본다. 모든 상황은 반복되지만 언제 어떻게 반복되는지는 알 수 없다. 역사는 항상 반복되지만 언제 되풀이 되는지 알기 힘들다. 협상에서도 이런 불확실한 협상 당시의 상황에서 어떤 변수가 작용하였는지, 다음에는 어떻게 협상의 사안을 이해하고, 협상에서 어떻게 행동했어야 하는지 평가하여야 한다.

Ⅴ. 협상의 장애요소와 협상기법

1. 협상의 장애요소

협상을 힘들게 하는 방해요소는 불확실성과 염려이다. 신뢰 쌓기와 관계의 지속에 대한 염려도 있고, 상대를 믿지 못하기 때문에 지나치게 걱정한다. 한 치 앞도 내다보지 못한다는 말이 있듯이, 우리는 10분 후의 장래에 어떤 일이 일어날지도 알지 못한다. 지금 당신이 협상을 하고 있다면 어떤 마무리를 할지 당연히 알지 못할 것이다.

예를 들어보자. 로빈 윌리암스의 '미세스 다웃파이어'라는 영화가 있다. 점차 부부 사이가 소원해지고 마침내 별거를 한다. 아이들이 너무 보고 싶은 남편은 할머니 분장을 하고 아내가 살고 있는 집에 가사도우미로 일을 시작한다. 그 과정을 코믹하게 그려낸 영화이다. 남편이 할머니로 분장했음을 알지 못한 아내는 분장한 남편에게 자신의 이야기를 하게 된다. 차마 남편에게 하지 못했던 속 깊은 이야기를 하게 된다. 남편과 아내의 관계에서는 대화를 잘하지 못했으나 할머니 가면을 쓴 남편과 아내는 마침내 진솔한 대화를 하게 된다. 부부였음에도 불구하고 그들은 제대로 대화하지 못했으나, 정작 다른 얼굴에 의지해서 대화를 할 수 있었다.

1) 갈등에 지나친 몰두(overcommittment)

갈등상황에 지나치게 몰두한 나머지 분쟁의 양상을 누그러뜨리지 못하는 경우가 있다. 즉, 분쟁을 격화만 시키고 누그러뜨리지 못할 수 있다는 의미이다. 앞에서 다룬 갈등의 양상과정에서 비이성적인 갈등증폭(Irrational escalation of dispute)으로 인하여 갈등의 상승 그래프가 지속적으로 우상향한다. 지나치게 몰두해서 자가교정(self-correction)의 기회를 가지지 못하면 격화된 분쟁상황에 놓인다.

2) 승패협상기법(Win-lose negotiation strategy)의 적용

상대의 이해관계에 관심을 두지 않고, 오직 자신의 주장만 하는 경우이다. 상대의 입장도 고려해 주어야 함에도 불구하고, 자신의 목적만 생각하고 역지사지를 하지 않는 경우이다. 자신이 협상의 이해관계 중에서 전부를 가지려고 하는 것이다. 70:30 혹은 80:20으로 협상을 유리하게 해도 된다. 상대의 체면을 세워주어야 한다. 당신이 일방적으로 유리한 협상을 하였다면 다음에 있을 협상에서는 상대는 죽기살기로 덤벼들 것이다. 100 대 0으로 이기려고 한다.

3) 대화기술의 부족

협상에 필요한 대화기술은 여전히 부족하고, 자신의 의견표출을 주저한다. 혹은 상대의 말을 듣지 않고, 자신의 말만 한다. 단순한 의견의 차이임에도 불구하고, 이를 갈등으로 인식한다. 대화기술의 부족으로 서로간의 오해가 증폭되고 분쟁으로 발전한다.

4) 좋은 관계유지에 대한 압박

지나치게 관계의 유지에 몰두하여 제대로 된 협상을 하지 못하는 경우가 있다. 관계유지에 지나치게 얽매이는 경우이다. 협상의 상대방과 지속적인 관계를 유지하여야 하는 경우에, 이를 지속하기 위하여 협상 자체를 회피할 수도 있다. 분쟁 자체를 외면한다는 의미이다. 이런 상황하에서 장기적으로는 관계를 유지하기 힘들어진다. 사회생활과 인간의 관계에서는 어쩔 수 없이 분쟁이 생기기 마련이고 이를 원만한 합의점 즉 행복감을 느껴야 관계를 지속할 수 있다.

5) 다르다는 인식의 부재

자신의 선택이 틀림없이 맞다고 생각하는 경향이 있다. 협상에서 일단 어떤 대답, 여기서는 특히 "아니다, 안된다."라고 말했다면 그것을 유지하려는 속성을 가지고 있다. 혹은 종교적 혹은 윤리적 신념을 끝까지 지키려는 것이 그 예이다. 혹은 사이비 종교에 빠져 자신의 재산을 포기하기도 하고 가족을 버리기까지 하기도 한다. 아무리 가족이 말려도 포기하지 않고 그 종교에 빠져버린다. 일단 자신의 판단에 의하여 "안된다"는 부정적인 답변을 하고 그에 대한 근거로 선례 또는 규칙에 의하여 그러하다고 답한다. 설령 자신이 선례를 잘못 이해하였다고 하더라도 쉽사리 자신의 잘못을 인정하려고 하지 않는다. 또한 상대에게 도움을 줄 수 있는 방안을 제대로 찾아보려고 하지 않는 경향이 있다. 인간은 자신이 선택을 하게 되면 그것이 맞다는 것을 증명이라도 하려는 듯이 그것을 끝까지 추종하는 경향이 있다. 따라서, 협상 과정에서 상대의 입에서 "안된다"라는 말이 나오지 않도록 주의하여야 한다. "일단 그것은 불가능합니다"라고 말한다면, 그 사안에 대해서는 추가적인 협상을 하려고 하지 않을 것이기 때문이다.

6) 지나친 확신 또는 자신감의 부족

자신의 선택 이후에 결과가 장밋빛일 것이라고 믿는 경향이 있다. 또한 한 번 결정한 후에는 잘 바꾸려고 하지 않는다. 설령 그것이 올바른 충고이거나 충분히 들을 만한 가치가 있다고 하더라도 그것을 무시하려는 경향이 있다. 그리고 인간은 실제로는 자신을 원하는 것을 정확히 말하지 못하는 경우가 흔하다. 정말 간절히 자신이 원하고 있지만, 부끄럽다거나 사회적인 지위 때문에 말하지 못하는 경우도 있다. 혹은 그것을 말했을 때 거절당할 것을 두려워해서 말하지 못하는 경우도 있다. 그 대표적인 예가 사랑을 고백하는 것이다. 자신이 상대방을 사랑한다고 말하는 것이지만, 이를 상대방에게 말하지 못하는 것이다.

2. 협상기법[14]

1) 더 큰 파이 만들기(Making bigger pie)전략

브레인스토밍(Brainstorming)은 모든 참여자가 합의점에 도달하기 위하여 공통으로 아이디어를 내는 과정이다. 이때는 다른 사람의 아이디어에 대한 비판을 자제하고, 남의 시선을 고려하지 않은 상태에서 최대한 많은 의견을 제출하려고 해 본다.

---

14) 로저 피셔, 윌리엄 유리, 브루스 패내튼, 박영환 역, Yes를 이끌어내는 협상법, 안세영, New 글로벌 협상전략, 박영사 (2013)과 탐 가슬린 저, 고빛샘 역, 협상불변의 법칙, 미디어윌 (2008), 김영헌, 속임수의 심리학, 웅진지식하우스 (2018)을 참고하였다.

사용하는 언어는 상대의 약점을 공격하지 않도록 한다. 따라서, 너 말하기(You mes-sage)를 자제한다. 오직 개발을 위한 아이디어를 발굴하는 과정이다. 브레인스토밍을 하게 되면 상대방에게 나의 약점과 협상의 아이디어를 노출시키는 것은 아닌지 걱정이 되기도 한다.

브레인스토밍을 통하여 협상과정에서 상대의 관심사항을 어느 정도 확인한다. 단일 사안이라고 하더라도 가치(Value)를 서로 다르게 본다는 점을 잘 이용하면 서로의 몫을 더 가질 수 있다. 점차 이해관계가 다양해짐에 따라 단일사안에서 복합사안(issue package)으로 변화할 수 있는데, 이 때에는 다시 개별 사안으로 세분화할 필요가 있다. 즉, 몇 가지의 사안을 묶어서 협상할지 여부를 정하여야 한다.

(1) 균형맞추기(balancing scales) 전략

양팔저울의 균형을 맞추듯이 서로 양보한 부분에 대한 이익을 맞추어 본다. 다양한 사안(multiple issues)에 만족하였다면 복합사안(issue package)으로 변화하였기 때문에 어떤 부분을 양보하고 그에 대한 보상의 이익균형을 맞추어 볼 수 있다.

(2) 묶음만들기(bundling) 전략

끼워팔기 전략으로도 불리는데, 복합사안의 가격과 수량을 한 번에 묶어서 협상에 반영한다. 수량이 작으면 가격이 비싸고, 주문한 수량이 많을수록 가격인하를 할 수 있다. 또는, 쌍방 거래뿐만 아니라, 세 당사자 간 삼각거래에서도 사용된다.

협상 Tip

팔씨름의 예를 들어보자. 수업에서 두 명을 선발해서 학생들 앞에서 팔씨름을 시킨다. 아주 힘이 센 학생과 보통 체격의 학생을 불러낸다. 조건으로 1분 동안 이긴 횟수만큼 점심을 사주겠다고 한다. 힘이 센 학생은 자신의 온 힘을 다해서 이기려고 할 것이다. 그러나 조건을 다시 살펴보자. 이것이 협상이라면 다른 방법이 있는가? 팔씨름의 이기고 지는 것에서 파이를 더 크게 만들 수 있는 방법은 없는가? 조건을 재해석해 보자. 서로 져주기를 한다면 어떻게 되겠는가? 1분이면 대략 각 학생이 60번씩 이길 수 있을 것이다. 제안을 한 사람은 두 학생에게 60번 정도의 점심을 사주어야 한다. 팔씨름을 이기는 것이 아니라 원래의 협상 목표는 점심을 대접받는 것이었고 두 학생의 팔씨름에 대한 관점을 바꾸면 더 큰 결과를 만들 수 있다.

2) 체면세워주기(Saving other's face) 전략과 황금다리(golden bridge) 전략

적절한 양보를 통하여 상대에게 양보를 유도할 수 있다. 양보를 통해 교착상태를 돌파한다. 또한 적당한 양보를 통해서 상대방이 협상을 통해서 획득한 것이 있음을 보여준다. 타인의 눈치가 보여서 타협을 하지 못하는 상대도 자신의 체면을 세울 정도의 획득물이 있다면 합의에 응한다.

협상 Tip

위의 팔씨름의 예에서 학생과 교수가 한다고 가정해 보자. 당연히 학생이 이기겠지만, 만약 학생이 너무 쉽게 이기면 교수의 체면은 어떻게 되겠는가? 교수의 체면을 세워주면서 이기는 방법은 무엇인가? 쉽게 이기느냐, 겨우 이기느냐에 따라서 교수의 체면을 세워줄 수 있다. 상대방의 체면도 세워주면서 이겨도 되고 상대방과의 관계도 더 좋아지게 된다.

3) 권한없는 대리인 전략

자동차 딜러의 오래된 전략(the old car dealer trick)으로도 불린다. 예를 들면, 딜러와의 거래가 거의 성사될 시점에 딜러는 중간간부 또는 매니저(floor manager)의 허가를 받아야 한다고 말한다. 매니저의 판단에 따라 딜러와 이미 진행한 협상이 수포로 돌아갈 수도 있다. 조금만 더 지불하면 허가를 받아낼 수 있다며 계약성사를 위해서 조금만 더 많은 금액을 지불하라고 요구한다.

의사결정권자가 협상 후반부에 나타나 이미 진행하고 있는 협상을 뒤집어 놓는 경우이다. 이런 경우 협상과정에서 당신이 이미 투자한 시간과 노력은 무의미해진다. 따라서, 협상 시작 전에 상대에게 합의서에 서명할 수 있는 권한을 보유하고 있는지 확인하여야 한다. 확인하였다고 하더라도 중요한 사안을 결정하기에 앞서 미리 결정권자의 의사를 확인하라고 요구하여야 한다.

협상의 실무에서 결정권자가 참여하기 힘든 경우도 있다. 결정권자가 개인이거나 단체, 즉 위원회, 이사회인 경우도 있기 때문이다. 이 경우 협상실무자의 권한이 어느 정도인지를 확인하여야 한다. 그리고, 협상실무자가 이사회에 보고를 하더라도 즉각적인 답을 구하기는 어렵고 일정 시간이 지난 후에 답을 들을 수 있는 경우에는 어떤 의사결정과정을 거치는지 물어보는 것도 좋다. 상대의 의사결정과정을 알 수 있다면 누가 더 결정에 영향을 미치는지도 확인할 수 있기 때문에 협상이 결렬되더라도 추가적인 접촉을 할 수 있기 때문이다.

4) 착한 경찰 나쁜 경찰(Bad cop and good cop) 전략

착한 경찰은 당신을 위해서 행동하는 척 하고, 나쁜 경찰은 피의자에게 욕설과 위협을 가한다. 예를 들면, 나쁜 경찰이 먼저 취조실에 들어와서 욕을 하고 책상도 내려치며 빨리 진술하라고 소리친다. 그러자 착한 경찰이 들어오며 나쁜 경찰을 혼내며 내보낸다. 착한 경찰이 사과를 하며 다가온다. 그리고, 자신은 당신 편이라며 담배도 피우게 해주고 커피도 가져다준다. 피의자는 나쁜 경찰을 적으로 간주하고 착한 경찰은 친구로 생각하게 된다. 협상에서도 착한 사람 역할과 나쁜 사람 역할을 나누어서 당근과 채찍을 주면서 진행한다.

5) 마감(Closing deal) 전략

일단 자신의 합의안에 동의해 주지 않는다면 협상을 종료하겠다며, 벼랑끝 전략을 구사하는 경우이다. 잘못하면 추후의 협상이 결렬될 우려도 있다. 교착상태(Deadlock)전략과 유사하다. 더 이상 협상에 진척을 만들기 힘든 상황이다. 예를 들면, "우리의 마지막 제안은 이것입니다. 더 이상의 양보는 힘듭니다"라며 최종제안임을 밝히는 경우이다.

하위전략으로 시간압박(time pressure)전략으로 긴장상황을 만들기도 한다. 예를 들면, "저희의 마지막 제안입니다. 오늘 퇴근시간 이전에 답변을 주십시요. 그 시간 이후에는 협상 포기로 간주하겠습니다"라며 최종제안과 함께 종료시점까지 지정하는 경우이다.

협상 Tip

TV 광고에 흔히 나온다. "이것이 마지막 판매이고 5분 뒤에 마감합니다. 자.. 이제 서두르세요. 마지막 판매광고입니다. 이제 거의 전부 판매로 소진되어갑니다. 이제 30벌 남았습니다. 블랙은 이미 완판되었습니다. 남은 색은 블루입니다." 이런 광고는 당신의 흥미를 끈 이후에 어서 주문을 하라고 압력을 행사하는 것이다.

6) 살라미(Salami) 전략

원래 살라미는 소금에 절인 이탈리아식 소시지에서 유래되었다. 짜기 때문에 아주 얇게 썰어 먹었던 것에서 유래되어 분쟁의 현안을 세분화하여 각 단계별로 나누어 진행함으로써 이익이 극대화하도록 한다는 뜻이다. 발걸치기(feet in the door)기법과 유사하다.

협상에서 타협안을 통합하는 것이 아니라 분쟁사안을 세분한 이후에 이를 각각의 사안별로 별도 협상을 한다. 혹은 조금씩 상대의 양보를 이끌어 내어서 상대로부터 최고의 보상을 받아내는 것이다.

예를 들자. 모금을 위해서 초인종을 누르면 대부분 문을 열어주지 않는다. 설령 모금을 설명해도 대부분 모금운동 참여를 거부할 것이다. 이런 경우에 아주 천천히 그리고 조금씩 접근해야 한다는 의미이다. 모금 대신에 현재 진행되고 있는 전쟁반대와 평화운동을 하자는 스티커를 대문에 붙여도 되는지 묻는다. 그러면 상당수가 허락을 한다. 그리고 일주일 후에 평화운동에 동참하는 서명을 해달라고 하면 그 중에서 상당수가 서명에 참여한다. 그리고 다시 일주일 후에 평화운동과 난민을 돕는 모금운동에 동참해 달라고 한다. 얼마나 많은 수가 모금행위에 동참할까? 처음 모금행위에 동참해 달라고 하는 것보다는 당연히 더 많을 것이다. 이런 식으로 하나의 목표를 위하여 아주 천천히 그리고 조금씩 전진하는 것이다. 그리고 자신이 그렇게 침식당하는지도 모르는 상태로 협상을 종결짓는다. 대응방법으로 자신의 저항점과 배트나를 알고 있어야 한다. 저항점과 협상결렬(Walk-away point)지점을 알아야 대응할 수 있다.

7) 거절(Saying No) 전략

상대의 압박에 대하여 단호하게 맞서는 전략이다. 문제는 상대의 전략에 대해 성급히 거절하면 협상이 결렬될 우려도 있다. 따라서, 자신의 저항점(resistance point)과 배트나를 미리 확인하고 있어야 적절히 대응할 수 있다. 하부전략으로 협상결렬 선언(Walk away)전략이 있다. 상대의 터무니없는 주장에 맞서기 위해서 혹은 마지막 양보를 이끌어 내기 위해서 하는 최후의 방편이다. 협상 합의에 도달하지 못할 수도 있다는 신호를 준다. 양보를 조금 더 하라는 강력한 메시지를 주어서 상대방을 압박하는 것이다.

예를 들면, "더 이상 이 곳에 함께 앉아서 협상할 이유를 찾을 수 없군요. 의견 차이가 너무 커서 도저히 합의를 할 수 없을 것 같군요"라고 대답할 수 있다. 주의할 점은 상대가 더 이상 양보하지 않거나, 자신이 거절한 상황의 후속조치가 가능한지도 준비해 두어야 한다.

8) 기습(Surprising or sudden attack) 전략

예상 밖의 상황 혹은 제안으로 상대를 곤혹스럽게 만든다. 이는 상대를 감정적으로 몰아붙이기도 하고 뜻밖의 상황을 만들어서 협상의 사안에 집중할 수 없도록 만들기도 한다.

하위전략으로 감정폭발(Emotional outburst) 전략이 있다. 자신에게 유리한 협상 분위기를 유도하기 위하여 의도적으로 험악한 분위기를 연출한다. 우리가 일상적인 생활을 하면서 타인에게 자신의 감정을 폭발을 남에게 노출시키는 경우는 흔하지 않다. 만약 그렇다면 이는 대부분 의도적인 감정폭발로 보면 된다. 꼬마아이가 울면 사탕이라도 내어 놓듯이, 일단 감정폭발을 하면 이를 달래기 위해서 상대는 뭔가 내어 놓기 마련이다. 이를 적극적으로 활용하는 것이다.

하위전략으로 인신공격(personal attack) 전략이 있다. 협상중에 당신에게 갑작스럽게 개인적 인신공격을 한다. 협상의 사안이 아니라 인격적인 공격이므로 상당히 당혹스럽다. 그래서 어떻게든지 이 상황을 모면하고 싶어서 협상을 빨리 마무리 짓게 만든다.

9) 거짓말 전략(lying or bluffing) 전략

윽박지르거나 거짓말을 하는 경우이다. 추후에 거짓말인지 명확히 확인할 수 없는 경우에 흔히 사용된다. "더 이상의 할인은 없나요?"라는 질문에 "지금 단계에서는 본사에서 추가할인에 대한 논의를 하고 있지 않습니다."라고 대답한다. 그 후에 추가할인을 하는 경우에도 자신은 알지 못했다고 하면 반박하기 힘들다. 상대의 이런 주장에 대하여 굳이 반박을 할 필요는 없다. 굳이 원한다면, 1개월 이내에 추가 할인이 있을 경우에 본인도 추가로 받을 수 있도록 문서화를 요구할 수 있다.

제4장

협상연습

제4장

협상연습

연습문제

준석은 자동차정비소를 운영하고 있고, 경선은 고등학교 3학년으로 준석의 정비소 이웃으로 살고 있다.

2020년 코로나-19의 발생으로 인하여 사회적 거리두기가 이루어졌다. 준석은 2010년부터 자동차정비소를 개업하여 영업을 하고 있었는데, 코로나-19로 인하여 손님의 수가 급감하여 경제적으로 힘든 시기를 보냈다. 이 시기에 영업도 제대로 할 수 없고, 방문하는 고객의 수도 급감하여 종업원을 모두 해고하였다. 2022년 초부터 영업을 재개하였다. 방역이 다소 느슨해지며, 경제적인 활동을 할 수 있었고 많은 사람들이 차를 정비하기 위해서 준석의 정비소를 찾았다. 종업원이 없는 상태에서 준석의 정비소의 영업시간은 아침 8시부터 저녁 10시까지였다. 기존의 종업원을 해고한 상태였으므로 홀로 정비를 해야 했고 영업시간 이외에 야간에도 홀로 수리를 하기도 했다.

경선은 2022년에 고등학교 3학년으로 진급하여 수험생이 되었다. 지난 2년간 고등학교에 다닐 때 대부분 집에서 공부를 할 수 있었던 이유는 코로나-19로 준석의 정비소가 거의 문을 닫고 있었기 때문이다. 고등학교 3학년이 되면서 저녁식사 이후에 집에서 공부를 하고 있으면 정비소에서 발생하는 소음으로 인하여 집중을 할 수 없었다. 하교 이후에 7시까지 학원을 다녀오고, 8시까지 저녁식사와 휴식을 하였다. 8시부터 다시 공부를 시작하는 습관을 지난 2년간 이어오고 있었고, 3학년이 된 이후에도 유지할 계획이었다. 그러나, 저녁 식사시간 동안 소음을 참을 수 있겠지만 그 이후 시간에도 계속되는 쇠가 부딪히는 소리 등은 공부하기에는 참기 힘든 수준의 소음이었다. 위의 사안에 대하여 준석과 경선의 부모가 만나서 분쟁해결을 위한 대화를 하자고 하였다.

▌ 준석의 협상정보

지난 2년간 영업을 거의 할 수 없었기 때문에, 지금 현재 금전적인 어려움에 처해 있다. 은행대출을 받기도 힘든 상황으로 현금부족을 겪고 있다. 홀로 정비소를 운영하였고, 2022년 여름부터는 체력적으로 힘들었지만, 지금 당장 고용을 늘릴 여유도 없다. 지금 당장 금전적인 여유가 없기 때문에 2022년을 홀로 정비하고 2023년부터 2명의 정비공을 고용할 계획을 가지고 있다.

▌ 경선의 협상정보

경선은 지난 2년 동안 집에서 공부하는 습관이 있어서 다른 곳에서 공부하고 싶지 않다. 학원을 마치고 저녁식사를 하며 1시간 동안 TV를 보며 휴식을 취한다. 그 이후로 취침까지 공부를 하는데, 정비소에서 발생하는 소음으로 인하여 공부에 집중할 수가 없다.

▌ 준석의 청킹기법 적용

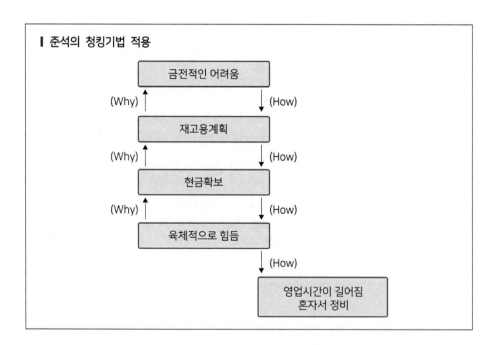

준석은 코로나로 인한 사회적 거리두기로 인하여 제대로 된 영업을 할 수 없었다. 따라서, 기존의 종업원을 두지 않고 홀로 영업을 하고 있기 때문에 영업시간이

길어졌다. 모든 일을 홀로 하고 있기 때문에 육체적으로도 힘들다. 현금이 확보된다면 재고용의 계획을 가지고 있지만, 근본적인 원인은 금전적인 어려움으로 인한 것이다.

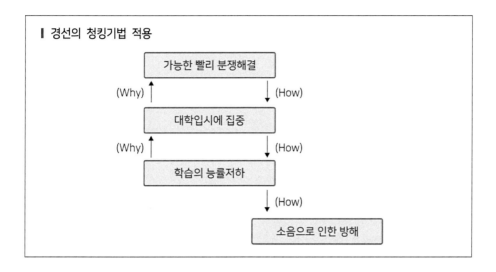

경선의 입장에서 보면, 표면에 드러난 갈등의 원인은 소음문제이다. 일상생활은 가능하지만, 수험생이 공부에 집중하기에는 좋은 환경이 아니다.

특히, 경선은 현재 고등학교 3학년으로 입시를 준비하고 있기 때문에 공부에 더욱 집중하여야 할 시기이다. 이웃간의 소음으로 인한 생활방해에 근거한 소송을 할 수도 있으나, 소송이 길어지면 경선에게는 실익이 없다. 2022년에는 공부에만 더욱 집중하여야 하기 때문이다. 소송을 하게 되면 공부하기 좋은 환경을 만들기 어렵게 된다. 지금 당장 정비소에서 발생하는 소음에서 벗어나 공부할 수 있는 환경을 만드는 것이 최우선 협상목표이다.

▎준석과 경선의 공동의 대안개발하기
준석의 이해관계(필요와 관심)에서 영업을 재개하여 경제적인 어려움에서 벗어나는 것이다. 정비공을 고용하면 이익이 더 늘어나겠지만, 당장 현금이 부족하여 고용여력이 없는 실정이다. 정비공의 도움없이 홀로 정비를 하면서 영업시간은 늘어났고, 그만큼 체력적으로 힘들어졌다. 가능하다면 이른 시기에 정비공을 고용할 계획이다. 그렇게 한다면 영업시간을 단축할 수 있을 것으로 기대한다.

문제는 준석의 영업시간이 늦춰짐에 따라 경선의 공부시간과 정비시간이 겹치기 때문에 발생한다.

준석의 이해관계와 경선의 이해관계를 파악하고 자신의 대안을 협상테이블에 올려놓고 공동의 대안을 개발하여야 한다.

소음이 발생하는 작업을 경선의 저녁식사시간 이후에는 가능한 소음을 유발하는 직업을 하지 않는 방법을 제시할 수 있다.

경선의 부모가 낮은 이자로 금전을 빌려주어 정비공을 고용하면 준석의 영업시간을 줄일 수 있다.

소설가 기철과 점술가 영희의 사례

청킹기법을 통하여 각자의 이해관계를 확인하고, 개인적인 대안을 개발하였다. 청킹기법에 의한 개인적인 대안개발 이후에 최종적인 합의를 위한 공동의 대안개발을 위하여 브릿징기법과 로그롤링기법을 적용해 본다.

기철의 입장에서는 영희를 방문한 손님이 기철의 집 근처에서 소음을 유발하기 때문에 집필에 방해가 된다.

연습문제

기홍은 평생을 선대로부터 물려받은 땅에서 벼농사를 하며 살고 있다. 2010년에 농토의 이웃에 제지공장이 들어섰고 2011년부터 공장을 운영하기 시작하였다. 기홍은 2013년부터 벼수확량이 확연히 줄기 시작했다고 느끼기 시작했으며, 2018년에는 10년 전에 비하여 30%가량의 손실을 보았다. 기홍은 제지공장에서 나오는 하수가 오염되었고, 이로 인하여 농지로 유입된 수질의 악화가 벼수확량 감소로 이어졌다고 생각하게 되었다. 2019년 초에 제지공장의 사장인 주영을 찾아가 손실에 대한 보상을 논의하고자 하였다. 그러나 주영은 법에 따라 제지공장을 운영하고 있으며, 폐수에 의한 오염가능성을 부인하였다.

▎ 기홍의 협상정보

하수가 오염되어서 벼수확이 줄었다고 생각되기는 하지만, 하수를 연구소에 보내어 시험을 하지 않았기 때문에 과학적인 근거는 없다. 금전적인 부담이 있어 시험을 맡기지 못하였다.

기홍은 이제 70대에 접어들어 농사일이 힘에 부쳤다. 선대로부터 물려받은 농지를 남에게 팔고 현재 살고 있는 고향을 떠나기에는 심리적인 부담이 있다. 농사일을 그만두고 싶으나, 그렇게 하면 수입이 없기 때문에 할 수 없이 농사를 짓고 있으며, 체력적인 부담이 있다.

▎ 주영(제지공장주)의 협상정보

2018년부터 주영의 제지공장의 평가가 좋아지며 주문량이 크게 증가하였다. 제지공장을 무리하게 운영하게 되면서 하수처리시설에 부담이 증가하였다.

공장부지를 증설하고 종업원의 복지를 위하여 식당과 매점을 추가하기 위한 토지를 매입하여야 하는데, 기홍의 토지를 매입하고자 하는 계획이 있다.

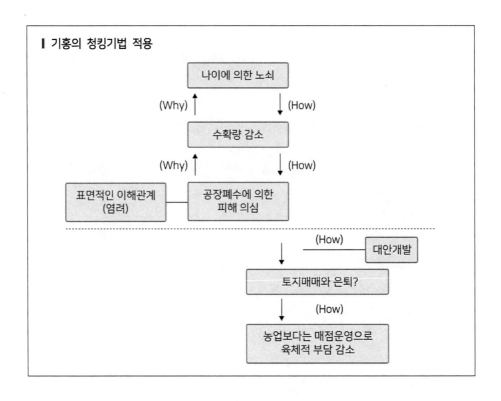

▌ 기홍의 청킹기법 적용

- 나이에 의한 노쇠
  - (Why) ↑ ↓ (How)
- 수확량 감소
  - (Why) ↑ ↓ (How)
- 표면적인 이해관계 (염려) ── 공장폐수에 의한 피해 의심
- (How) ── 대안개발
- 토지매매와 은퇴?
  - (How)
- 농업보다는 매점운영으로 육체적 부담 감소

위의 분쟁상황에서 기홍의 표면적인 이해관계는 공장폐수에 의한 피해를 의심하고 있다. 단, 뚜렷한 증거는 확보하지 못하였다. 그러나 몇해 전부터 수확량이 감소하였고, 나이로 인한 노쇠도 경험하고 있다. 기홍의 이해관계를 청킹업과 청킹다운을 통하여 파악하였다면 대안을 개발하여야 한다. 노쇠로 인한 문제와 고향을 떠나고 싶지 않은 마음을 모두 충족할 수 있는 대안을 개발하여야 한다. 협상 이전에는 주영의 이해관계를 모두 파악할 수 없기 때문에 기홍의 토지를 매매할 수 있는지 여부와 매점운영 가능성을 찾을 수 없다. 그러나 기홍과의 협상과정에서 기홍의 이해관계를 파악할 수 있다면 앞에서 언급한 대안의 개발이 가능하다.

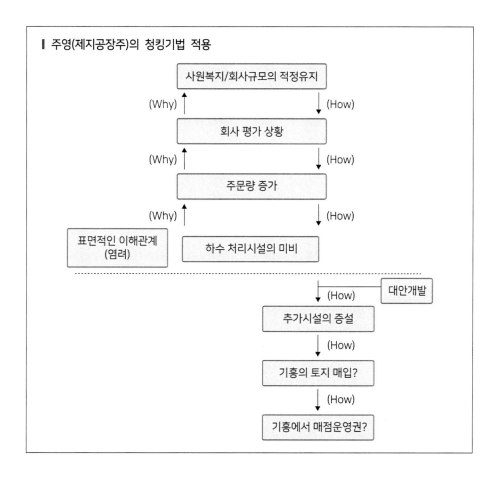

| 주영(제지공장주)의 청킹기법 적용

```
                    사원복지/회사규모의 적정유지
        (Why)  ↑                    ↓  (How)
                        회사 평가 상황
        (Why)  ↑                    ↓  (How)
                          주문량 증가
        (Why)  ↑                    ↓  (How)
   표면적인 이해관계          하수 처리시설의 미비
      (염려)
   - - - - - - - - - - - - - - - - - - - - - - - - - - - - - - - - -
                        ↓  (How)      대안개발
                        추가시설의 증설
                        ↓  (How)
                        기흥의 토지 매입?
                        ↓  (How)
                    기흥에서 매점운영권?
```

공장주인 주영의 이웃에 위치한 토지 소유자인 기흥과 분쟁이 생겼다. 주영의 표면적인 이해관계는 하수처리시설의 미비에 따른 환경오염의 가능성이다. 시장에서 회사평가가 좋아지면서 차츰 사세가 확장되었다. 이에 따라서 회사운영을 위해서는 사원수를 늘려야 한다.

주영의 입장에서 본다면, 기흥과의 협상 이전에는 기흥의 이해관계를 모두 파악할 수 없다. 다만, 주영의 입장에서 회사규모를 유지하기 위해서는 추가시설을 증설할 필요가 있다. 기흥과의 협상과정에서 기흥의 이해관계(필요와 염려)를 파악하고 청킹다운기법을 통하여 대안을 개발할 수 있다. 증설을 위해서는 추가적인 토지의 매입이 필요하므로 기흥 소유의 토지를 매매할 수 있는지를 협상의 대안으로 삼을 수 있다. 해당 토지의 매매를 원활히 하기 위해서 기흥에게 매점운영권을 한시적으로 제공할 수도 있다.

연습문제

영희는 남편과 사별 이후에 6살된 딸과 함께 살고 있다. 철수는 아내와의 이혼 이후에 고등학교 3학년인 아들과 함께 영희의 아파트 아랫층에 살고 있다.

철수는 코로나-19로 인하여 재택근무를 하게 되면서 3-4일 정도를 집에서 일하고 있다. 철수의 아들은 고등학교 3학년이 되면서 성적에 심한 스트레스를 받고 있고 가끔 철수에게 화풀이를 하는 경우가 있었다. 최근 들어, 고등학교 3학년인 아들의 진학문제와 회사일로 인한 스트레스가 심해지며, 끊었던 담배를 다시 피우기 시작하였다.

철수에 의한 담배연기를 윗층에 살고 있는 영희가 집에서 냄새를 맡을 수 있을 정도였다. 영희는 철수에게 담배를 집에서 피우는 것을 자제해 달라고 부탁하였다.

영희의 딸은 6살이 되어서 피아노 연습을 시작하였고 호흡기질환이 있어 외출을 자제하고 있다. 그래서, 주로 실내생활을 하게 되었고, 저녁 무렵에 피아노 연습을 하고, 인형놀이를 하며 방을 돌아다녔다. 철수는 영희에게 딸의 피아노연습과 집안에서 뛰어놀 때의 소음에 유의해 줄 것을 부탁하였다.

그러나, 철수와 영희의 기대와는 다르게 철수는 간간이 담배를 피웠고, 영희의 딸도 여전히 피아노 연습소리와 뛰어노는 소리를 유발하였다.

▌ 영희의 협상정보

영희의 7살된 딸은 호흡기질환이 있었는데, 최근들어 기침을 자주 하고 있다. 영희는 철수의 담배연기로 인하여 기침이 더 심해졌다고 의심하고 있다. 호흡기질환이 있는 영희의 딸은 의사로부터 외출을 삼가고 실내에서 당분간 머물라는 충고를 들었다. 영희는 식당에서 일하고 있는데, 근무시간은 오후 4시부터 10시까지이다.

▌ 철수의 협상정보

철수의 재택근무시간은 아침 9시부터 오후 5시까지이다. 고객응대를 하는 경우가 많아서 전화기를 항상 옆에 두고 있어야 한다.

철수의 고등학교 3학년 아들은 7시부터 저녁공부를 하기 시작하였는데, 윗층에 살고 있는 영희의 딸이 8시부터 피아노 연습을 1시간 동안 하였고, 그 후에는 뛰어다니는 소음을 유발하여 공부에 집중하기가 어려웠다.

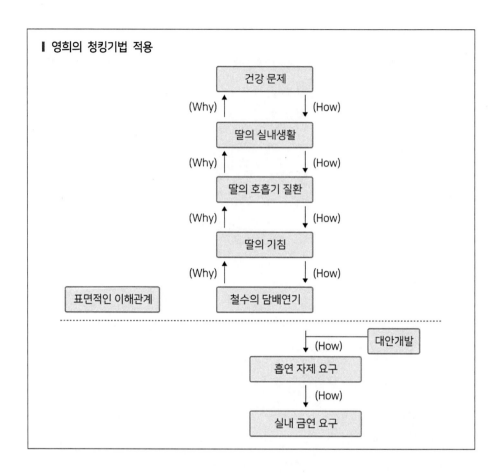

❙ 영희의 청킹기법 적용

건강 문제

(Why) ↑ ↓ (How)

딸의 실내생활

(Why) ↑ ↓ (How)

딸의 호흡기 질환

(Why) ↑ ↓ (How)

딸의 기침

(Why) ↑ ↓ (How)

표면적인 이해관계   철수의 담배연기

↓ (How) 대안개발

흡연 자제 요구

↓ (How)

실내 금연 요구

영희의 표면적인 이해관계(필요와 염려)는 철수의 담배연기로 인하여 딸의 기침이 심해질 것을 우려하고 있다. 현재 딸은 호흡기질환을 앓고 있으며 당분간은 실내생활을 해야 하는 건강상의 문제를 가지고 있다. 딸의 건강을 염려하는 영희에게 당장의 대안은 철수의 실내흡연의 자제 또는 실내금연이다.

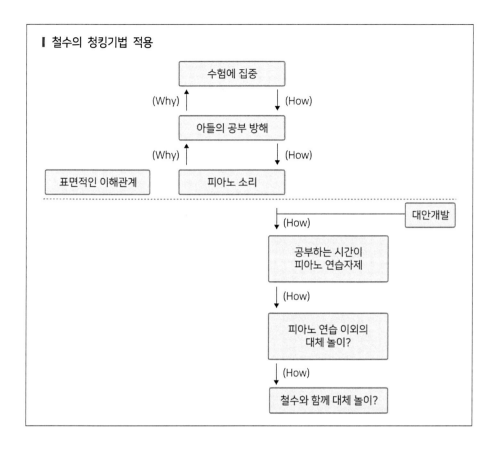

│ 철수의 청킹기법 적용

철수의 아들은 야간에 들려오는 피아노 연주소리에 공부를 방해받고 있다. 현재 아들은 고등학교 3학년으로 수험준비에 집중하고 싶어한다. 이를 위한 대안의 개발하면 영희의 딸에게 아들 공부 시간에는 피아노 연습을 자제해 달라고 요구할 수 있다. 영희의 딸은 실내생활만을 하고 있기 때문에 다양한 활동과 놀이가 필요하지만, 야간에 피아노 연주와 소음을 내는 활동을 자제할 필요가 있다. 영희와 철수는 피아노 연습 이외의 대체놀이를 개발하여야 하는데, 소음을 유발하지 않아야 한다. 영희가 저녁시간에 일을 하기 때문에 잠시 동안 철수와 함께 대체놀이를 하는 대안은 가능한지 고려해 볼 만 하다.

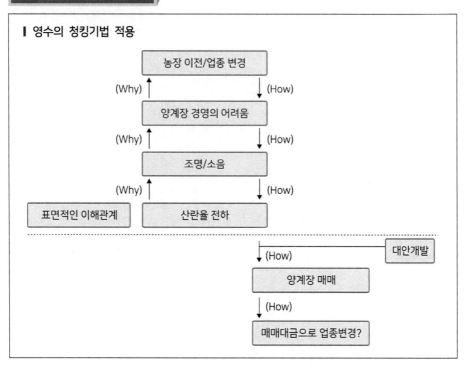

│ 영수의 청킹기법 적용

　　양계장을 운영하고 있는 영수는 철수가 운영하고 있는 야구장의 밝은 조명으로 인하여 닭들의 수면이 방해 받고 있다. 또한, 이웃의 증언에 따르면 야구장에서 유발되는 소음의 수준도 상당하다고 생각한다. 야구장에서 유발되는 소음과 조명으로 인하여 양계장 산란율의 저하를 의심하고 있다. 현재 위치한 양계장에서 경영상의 어려움이 있기 때문에 농장의 이전 또는 업종변경을 고려하고 있다. 표면적인 이해관계(필요와 염려)로는 산란율이 저하되어서 양계장 운영을 힘들어 하고 있다. 이를 해결하기 위해서 농장의 이전 또는 업종변경이 필요한데, 토지매매가 필수적이다. 아니면 또는 매매대금을 기반으로 하여 업종변경을 할 수도 있다. 고향에 계속 거주를 하기 위해서는 야구장에 취업을 하거나 야구장 손님을 대상으로 하는 업종으로 변경을 할 수도 있다.

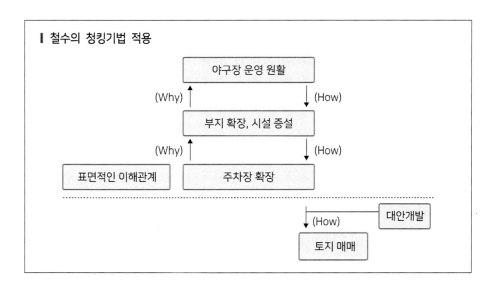

▌철수의 청킹기법 적용

```
                    ┌──────────────────┐
                    │  야구장 운영 원활  │
                    └──────────────────┘
              (Why) ↑              ↓ (How)
                    ┌──────────────────┐
                    │  부지 확장, 시설 증설  │
                    └──────────────────┘
              (Why) ↑              ↓ (How)
  ┌──────────────┐  ┌──────────────┐
  │ 표면적인 이해관계 │  │  주차장 확장  │
  └──────────────┘  └──────────────┘
- - - - - - - - - - - - - - - - - - - - - - - - - - -
                          ↓ (How)      ┌──────────┐
                                       │ 대안개발  │
                          ┌──────────┐ └──────────┘
                          │ 토지 매매 │
                          └──────────┘
```

야구장을 운영하는 철수의 표면적인 이해관계(필요와 염려)는 주차장 확장이다. 이를 위해서는 주차장을 만들 수 있는 땅을 확보하여야 하고 시설의 추가적인 증축도 필요하다. 전체적인 이유는 야구장 운영을 더욱 원활하게 하기 위해서이다. 지금 당장 필요한 주차장을 확장하기 위해서는 영수의 양계장이 위치한 토지를 매입할 수 있다

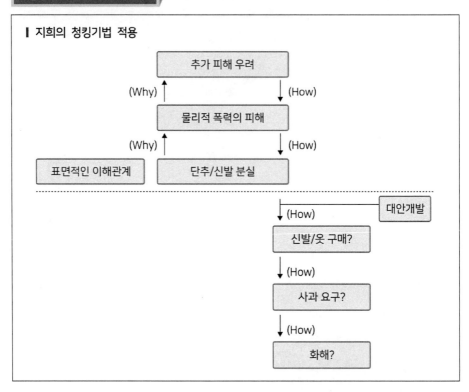

▌지희의 청킹기법 적용

지희는 인수의 행위에 의하여 옷의 단추와 신발을 분실하였고, 물리적인 폭력을 당하였다고 주장할 것이다. 또한, 추가적인 피해를 걱정할 수도 있다. 이에 대한 대안으로 우선 분실한 물건에 대한 배상요구와 폭력에 의한 피해에 대한 사과를 요구할 것이다. 종국에는 추가적인 가해행위와 학교 내 폭력을 제거하고 화해를 통해 학교생활을 함께 하는 것이 가능한 대안이다.

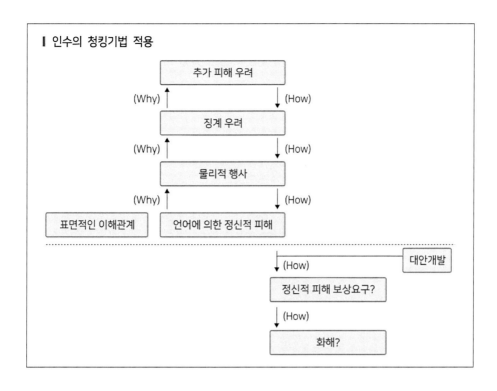

| 인수의 청킹기법 적용

인수의 표면적인 이해관계(필요와 염려)는 언어에 의한 정신적 피해를 입었고, 이에 대한 반감으로 물리력을 행사하였다. 따라서, 학교의 징계와 지희에 의한 추가적인 피해도 우려된다. 이에 대한 대안으로는 정신적인 피해배상을 요구할 것이다. 종국에는 지희와 화해를 하고 함께 친구가 되는 것이 가능한 대안이다.

참고문헌

[한국문헌]

- 김기홍, 한국인은 왜 항상 협상에서 지는가, 굿인포메이션(2002).
- 김성형, 협상천재가 된 홍대리, 다산라이프(2010).
- 김영헌, 속임수의 심리학, 웅진지식하우스(2018).
- 김태기, 협상의 원칙: 대한민국 협상론의 새로운 모색, 사회평론(2003).
- 박노형, 협상교과서, 랜덤하우스코리아(2007).
- 서순복, 거버넌스 상황에서 갈등관리를 위한 대체적 분쟁해결제도, 집문당(2005).
- 서순복, 대체적 분쟁해결론, 조선대학교출판부(2010).
- 안세영, New 글로벌 협상전략, 박영사(2013).
- 유혜숙, 이민호, 방민화, 움직이는 말하기, 집문당(2012).
- 이선우, 오성호, 협상조정론, 한국방송통신대학교출판부(2017).
- 이재홍, ADR, 사법연수원(2012).
- EBS제작팀, 김종명, 설득의 비밀, 쿠폰북(2009).
- 하혜수, 이달곤, 협상의 미학: 상생협상의 이론과 적용, 박영사(2017).
- 함영주, 분쟁해결방법론, 진원사(2014).

[번역문헌]

- 다카하시 겐타로 저, 양혜윤 역, 지지않은 대화, 라이스메이커(2015).
- 로이 J. 레위키 외 저, 김성형 편역, 협상의 즐거움, 스마트비지니스(2008).
- 로널드 M. 샤피로, 마크 A. 얀코프스키 저, 서현정 역, 흥분하지 않고 거친 상대 제압하는 법, 위즈덤하우스(2006).
- 로버트 치알디니 저, 이현우 역, 설득의 심리학, 21세기북스(2005).
- 로버트 치알디니 저, 김경일 역, 초전설득, 21세기북스(2018).
- 리처드 탈러, 캐스 선스타인, 안진환 역, 넛지: 똑똑한 선택을 이끄는 힘, 리더스북(2009).
- 맥스 베이저만, 마가렛 닐 저, 이현우 역, 협상의 정석, 원앤원북스(2007).
- 스튜어트 다이아몬드 저, 김태훈 역, 어떻게 원하는 것을 얻는가, 세계사(2011).

- 윌리엄 유리 저, 이수정 역, 고집불통의 No를 Yes로 바꾸는 협상전략, 지식노마드 (2010).
- 아가와 사와코 저, 정미애 역, 듣는 힘, 흐름출판(2013).
- 장 뿌아크라스, 피에르 르노 저, 박진, 강버들 역, 갈등조정의 ABC, 굿인포메이션 (2007).
- 조 내버로, 토니 사아라 포인터 저, 장세현 역, 우리는 어떻게 설득 당하는가, 위즈덤하 우스(2012).
- 진 M. 브랫 저, 김성형, 이은우 역, 아마추어는 설득하고 프로는 협상을 한다, 스마트비 지니스(2011).
- 탐 가슬린 저, 고빛샘 역, 협상불변의 법칙, 미디어윌(2008).

[외국문헌]

- Joel Bauer & Mark Levy, How oT Persuade People Who Don't Want To Be Persuadeded, Wiley (2004).
- Stuart Diamond, Getting More, Penguin (2010).
- Goldberg, Sander, Rogers & Cole, Dispute Resolution: Negotiation, Mediation and Processes, Aspen Publishers(2007).
- Roger Fisher, William Ury & Bruce Potton, Getting to Yes: Negotiating an Agreement without Giving in, Penguin (2012).
- Folberg, Golann, Stipanowich & Kloppenberg, Resolving Disputes: Theory, Practice, and Law, Aspen Publishers (2010).
- Higgins, E. T. Promotion and prevention: Regulatory focus as a motivational principle. In M. Zanna (Ed.), Advances in Experimental Social Psychology (Vol. 30, pp. 1−46). San Diego, CA: Academic Press (1998).
- Lewichk, Barry & Saunders, Essentials of Negotiation, Mcgraw−Hill (2007).
- Lewicki, R. J., Barry, B., & Saunders, D. M. Negotiation(6th edition). McGraw−Hill; Singapore (2010).
- Rosalie Maggio, Art of Talking to Anyone, Mcgraw−Hill (2005).
- Malhotra & Bazerman, Negotiation Genius, Bantam Book (2008).
- Menkel−Meadow, Love, Schneider & Sternlight, Dispute Resolution: Beyond the Adversarial Model, Aspen Publishers (2011).
- Joe Navarro, What Everybody is Saying, Harper (2008).

- Pruitt, D.G. & Carnevale, P.J. Negotiation in Social Conflict. Buckingham. UK: Open University Press (1993).
- Riskin, Westbrook, Cuthrie, Reuben, Robbennolt & Welsh, Dispute Resolution and Lawyers: Cases and Materials, West (2014).
- Ronald Shapiro & Mark Jankowski, Power of Nice, John Wiley & Sons (2001).
- Jim Thomas, Negotiate to Win, Collins (2005).
- Wklliam Ury, Getting Past No: Negotiating Your Way From Confrontation To Cooperation, Bantam Book (1993).
- William Ury, Getting to Yes with Yourself, HarperOne (2015).

찾아보기

저자 약력

서순복

서울대학교 법과대학을 졸업하고 동 대학원에서 행정학 박사학위를 받고, 현재 조선대학교 법학과 교수로 재직 중이다. 학교에서 조선대 신문방송사 편집인 겸 주간, 법학연구원장을 역임하였고, 현재 법학연구원 산하 지역사회 분쟁해결지원센터장을 맡고 있다. 시민사회 봉사활동으로 현재 품질자치주민자치시민들 대표회장과 사회복지시설 귀일원 인권지킴이 단장으로 섬기고 있다. 학회 활동으로 서울행정학회 회장(2008), 한국행정학회 부회장(2020), 한국문화정책학회 부회장(2012−13), 한국예술법학회 부회장(2020) 등으로 봉사하였고, 행정 분야에서 대통령비서실 정책자문위원(2006−7), 국무조정실 정보화평가위원회 위원(2003−2004), 광주 서구 자치분권협의회 의장(2018−19), 광산구 인사위원회 위원(2012−18), 전남 행정심판위원(2016−2020)을 역임하였고, 현재 동구 발전 혁신위원회 위원장으로 활동 중이다. 저서로는 거버넌스 상황에서 갈등관리를 위한 대체적 분쟁해결제도(2005, 집문당)과 더불어 한국문화콘텐츠와 스토리텔링(2020, 박영사)과 창의한국과 문화정책(2020, 박영사) 등이 있다.

정용환

영남대학교 법과대학을 졸업하고, 인디애나 주립대학교 법학대학원에서 석·박사 학위를 취득하고, 인도에 위치한 진달대학교(O.P. Jindal Global University) 법학과에서 부교수로 재직 중이다. 주요 논문으로는 "A Modernized Pathway to Institutionalization and Privatization of Mediation in India"와 "Understanding Indian Mediation" 외 17편의 민사법과 ADR관련 논문과 보고서를 게재하였다. 진달대학 법학과에서는 [Law of Tort and Consumer Protection Act]와 [ADR], [Negotiation and Mediation]을 강의하고 있다.

협상론

초판발행	2023년 4월 25일
지은이	서순복·정용환
펴낸이	안종만·안상준
편 집	양수정
기획/마케팅	박부하
표지디자인	Ben Story
제 작	고철민·조영환
펴낸곳	(주)**박영사**
	서울특별시 금천구 가산디지털2로 53, 210호(가산동, 한라시그마밸리)
	등록 1959. 3. 11. 제300-1959-1호(倫)
전 화	02)733-6771
f a x	02)736-4818
e-mail	pys@pybook.co.kr
homepage	www.pybook.co.kr
ISBN	979-11-303-4425-6 93360

copyright©서순복·정용환 2023, Printed in Korea

* 파본은 구입하신 곳에서 교환해 드립니다. 본서의 무단복제행위를 금합니다.
* 저자와 협의하여 인지첩부를 생략합니다.

정 가   17,000원